U0035299

法

（下冊）

——實證佛法前應有的條件

作者：張善思居士

ISBN：978-986-94970-5-3

目錄

下冊

平實導師 序

修證佛法之難，在業障之排除；業障排除之難，在不能了知往世曾經造作何種障法之業，是故無以改往修來及造作悔滅之善業，導致無法排除業障，終究成爲證法之障難，令實證佛法之事遙遙無期，世世精進修行而猶不得實證，劫劫精勤而皆唐捐其功，誠爲可悲之事。

猶如《佛藏經》中 世尊所言：「舍利弗！是諸人等，如是展轉乃至我今，於其中間得值九十九億佛，於諸佛所不得順忍。何以故？佛說深經，是人不信，破壞違逆、謗毀賢聖持戒比丘，出其過惡，起破法業因緣，法當應爾。舍利弗！汝且觀之，誹謗聖人，不信聖語，受是無量無邊苦惱，不得解脫。舍利弗！有諸眾生起破法罪業，違逆不信者，其數無量；於九十九億佛所阿僧祇劫，乃至無一人入涅槃者。」

意謂如是謗法、壞戒、謗賢聖者，造如是業已，雖已歷經九十九億諸佛盡心供養、奉侍、聞法，精進修行極多阿僧祇劫之後，連初果向的功德都還無法證得；謂於諸佛所說解脫道仍不能隨順安忍，是故不得初果向功德，何況般若之證悟明心？如是「誹謗聖人，不信聖語」，「起破法罪業，違逆不信者，其數無量」，經歷久劫多佛精進修行以後，至今依舊「受是無量無邊苦惱，不得解脫」，誠可悲矣！是故當代精進學人首要之務，無非日日懺悔往昔謗法、謗賢聖之惡業，一改往習而謙遜接受已得實證之善知識教誨，然後積功累德，繼之以實修，實證解脫之道及佛菩提道，斯可期冀。

至若修證三乘菩提之一，或欲三乘皆得實修者，懺悔滅除業障之後，仍須繼之以「次法」之實修，方有立足之基礎而得實證。然而觀乎現今末法時代諸多所謂「佛弟子、法師」者，迄無「次法」中應有之實修功德，乃竟動輒自謂成佛、成聖，連解脫道與佛菩提道之異同都無所知，妄謂已證解脫、已解般若，皆屬大妄語業。偶有善知識出世弘法，不忍此等眾人之大妄語業來世果報，出之以實說，加之以辨正，乃竟遭逢此等眾人之無根誹謗，將正法謗爲邪法，將善知識之正法教導謗爲邪教，於來世將必實現之謗法、謗賢聖果報視如不見，救之無門，誠可哀哉！

不論二乘解脫道抑或大乘佛菩提道，皆必須有「**次法**」之實修作爲支持基石，乃可得證。謂諸佛如來度眾之常規，對象若非「**善來比丘**」，皆是先說次法「**施論**、**戒論**、**生天之論**」。即是布施之因果、持戒之因果、修習禪定所得生天之因果與層次。若見聞者悉皆信受不疑，已具足「**次法**」，又見其已有未到地定之實修，然後勸以「**欲爲不淨**」，令其心中確實遠離欲界財色名食睡之貪著，令其發起初禪；繼之以「**上漏爲患**」，爲說色界天之禪定清淨境界雖名梵行，仍屬上漏，不離輪迴苦；末則告知「**出要爲上**」，解說無色界尚有意識與定境法塵留存，不免行苦，不離輪迴，仍有生死。末後觀察學人已知已解此等三界境界，並於此等境界悉皆信爲虛妄，確認此等境界悉皆不離生死苦，然後方爲解說四聖諦、八正道、十二因緣等法，令其證得法眼淨、成初果人。

學人得初果已，於 佛陀座下乞求出家，然後山洞中或樹下坐，觀行一夜之後，若本已得初禪及以上禪定者，或是聞說「欲爲不淨」而從深心中信受，因其心得決定而發起初禪者，即因聞法後之繼續深入觀行而得慧解脫果。若是本來已具足四禪八定降伏三界愛之人，一夜深觀之後便得俱解脫果。如斯聖眾皆是觀行已畢，自知「**我生已盡、不受後有**」，亦知「**梵行已立、所作已辦**」，次日天明即來 世尊面前稟告：「**我生已盡，梵行已立，所作已辦，不受後有。**」世尊當場即予隨喜認可。

然末法時代與諸佛子談論「**次法**」時，求其「**梵行已立**」證入初禪者，實為空泛，都不可得；應當求其實證未到地定，此為「**次法**」中應當自修之果；具此定已，知已降伏欲界心，方能支持其取證初果；若無未到地定降伏欲界心之功行，而於觀行四諦八正之後自稱已證初果者，皆屬大妄語人。

而此之前，悉應知解布施之因果而實行之；果能如此，方可謂其往世曾修布施之行而有慣習，積有證果應有之福德。然後觀其信受「**生天之論**」否？若對四禪八定境界等生天之論都無所信，於三界層次不知或不信而論證果，欲其外於大妄語業，迨無可能。如是類人，必以欲界定、未到地定、諸禪定境界中之離念靈知，視作涅槃出三界之境界；若猶不信善知識救護之言，當知已成大妄語業。若因此而誹謗善知識、否定正法，來世必定報在地獄，誠可哀憫！

今觀末法時世諸方法師居士，於次法「**施論、戒論、生天之論**」尚無眞修實證，甫閱經藏或始聞四諦八正，動輒自謂已得阿羅漢果，或謂已得諸地果證，皆屬空中樓閣；又往往以之誤導眾生同犯大妄語業，故謂「**一盲引眾盲，相將入火坑**」。更甚者謂，於善知識救拔之言不生善心，顧視己身名聞利養故，加以誣謗，於未來世極不可愛異熟果報都無所知或不信因果，最爲可憐！

今有正覺同修會中善思居士發心救護當代法師居士及諸學人，造此《次法》一書，雖悟後不久、智慧甫生，然有本會編譯組諸同修之助，及輪值親教師之增益，乃能完善連載於《正覺電子報》廣利當代。今幸連載完畢，又經編譯組集文編輯成書，得以出版利世，誠可慶也！閱之不覺歡欣，乃書之以文，即成此序，以饗佛子。

佛子　**平實**　敬識

於公元二〇一七年春季

編譯組　序

對於次法的正確認知，是學佛人非常重要的基本知見，次法的修學內涵更是學人修學三乘菩提的基礎建設。次法的範圍包含了一切的人天善法，從深信因果開始到歸依三寶，乃至外門廣行布施、持戒、忍辱、精進、禪定等等，都是次法所函蓋的範圍。修學佛法的一一階段都是有次第性的，而三乘菩提每個階段的親證，都必須要有相應的法與次法之修學作爲依憑，否則都是因中說果。

有鑑於次法對佛道修學之重要性，因此必須要讓學人對於次法能夠順利、正確且圓滿而無偏差的如實理解；並且，於我正覺同修會中，上從法主　平實導師、諸親教師，下至所有的正覺菩薩們，都如實地遵奉本師　釋迦如來的教示，於次法的修學上努力不懈，方有今日斷結及證悟的結果。再者，凡是正覺同修會所正式出版發行的法布施所有著作，不論是書籍或文章，都是今時後世佛教中至爲重要的論典，更是我們未來世重新受生修學時的重要依據，這也是本會所有編譯組義工菩薩能夠在幕後全心付出、不求聞達，而甘願默默地自利利他的緣故。

因此，當《次法》這本書從《正覺電子報》第九十六期開始連載，編譯組於徵得作者的同意後，除了必須的查證、校對等基本工作以外，同時也對本文作了較多的補充及修潤工作；直到第一百二十七期連載圓滿，編譯組在這長達近三年的時間裡，義工團隊對於《次法》這本書的內容投入了相當多的時間和心力，而與本書作者善思居士共同成就每一期的連載內容。如今可喜本書即將正式出版，意謂著將有更多的學人能閱讀到此書，並且從中獲得不同層次的受用及法利，依之實行而能作爲將來證道之依憑，這絕對是曾經參與本書連載及出版之幕後工作的所有義工菩薩們都樂見及歡喜之事。

回顧《次法》連載的每一篇稿件，編譯組除了編輯作業，還經過了校對小組的義工團隊，於錯別字、標點符號等作仔細的校正，並針對有疑之處提出標註說明及修改建議，而且內容中所有的引用文也有查證小組負責查證及比對；並且，爲了確保法義的正眞無訛，以及兼顧文字的流暢清晰易於閱讀及理解，最後還會有多位菩薩、老師及親教師針對法義及語意邏輯的部分，再進行多次審核及修潤的工作，而這一部分的工作更是投注了相當多的時間和心力，除了必須針對法義或語意邏輯上的瑕疵加以修改及潤飾以外，為了顧及不同層次的讀者都能有所受用，而必須適度增補文章內容來增加論述內涵的深度及廣度。因此，每一篇稿件其實都經過反覆再三的校對、潤飾以及內容增刪等工作後，才能安心地呈現在讀者面前，就是希望每一位讀者都能從中獲得眞實利益；乃至更是為了尚有隔陰之迷的我們，未來世繼續修學菩薩法道時，能省去摸索期的時程，讓我們一世一世於菩薩道上都能快速前進。

當然，這些校對、修潤的內容，編譯組也完全秉持尊重作者為本書之緣起功德，在每一期發刊前都會轉由作者確認後方才定稿，在此也感謝作者善思居士總是能隨喜編譯組義工團隊對於稿件增刪的潤飾處理，而能以共同成就弘護正法、救護眾生的佛事為樂，眞乃菩薩心性無慢者方得如是。

編譯組的工作一直是屬於幕後性質，各項工作內容一向都是低調的默默進行；更是時時謹遵法主　平實導師的教誨，於法義乃至文字敘述上嚴謹斟酌地校對所有稿件，謹守善護密意同時廣利眾生應有的分際。今於《次法》出版前夕，承法主　平實導師慈悲愍念諸多大心而勇猛撰文護法的菩薩，以及廣大讀者今時後世的法身慧命故，藉此因緣略述編譯組於所有經手文稿謹慎處理的方式及原則，一者是對本書中所陳述的義理表示負責，再者也期願一切撰寫發表佛法相關文章或書籍者，都能以戒慎恐懼而嚴謹以待的態度來自我提醒，發言及行文之時皆能知所分際，避免任何戕害眾生法身慧命乃至謗法、壞法之事；伏願一切學人能深知法主　平實導師大慈大悲愍念眾生之至誠，是則正法萬年之久住可期，並爲廣大有情謀眞實之利益也。

今以《次法》出版流通在即，特以此文略述編譯組謹遵法主　平實導師之教示以協助圓滿本書之過程，是以爲序。

自序

大部分的人，一生當中都在追求安居樂業，想要有幸福快樂的人生，也許要五子登科，也就是要有「房子、車子、銀子、妻（夫）子、孩子」；但也因此奔波忙碌、辛苦一生。而不論能否達到這些目標，到老的時候，才發現人終究還是會死，所以開始追求安身立命之道，於是走入了佛法修行想要悟道解脫、明心見性。

如果這一生不想要悟道解脫，只想要過著幸福快樂的生活，那還是要有基本當人的福報，而這些福報，在佛法中而言，是攝屬於「**次法**」的福德之中；有了次法的基礎才能實現世間有爲諸法。「**次法**」概略來說就是**施論**、**戒論**、**生天之論**等福德之基礎，這些福德基礎**可以讓我們這一生乃至未來世都能有好的福報**；如果想進一步解脫生死也是要靠這些福德，甚至進而想要追求大乘佛法的明心見性，也是需要這些次法福德之修集作爲基礎。

事實上，正確地修學佛法是可以讓人越來越快樂，越來越解脫，福報越來越好，智慧越來越高的。而**佛法的主要內涵就是宇宙實相的一切智慧**，但要實證佛法智慧前，需要有「次法」福德的修集爲先，所以**「次法」就是實證佛法智慧前所必需具備的基礎**，「次法」就是趣向佛法的輔助方法與資糧。**「佛法」**不僅是「存好心、說好話、做好事」而已，佛陀在《阿含經》中教導眾生的**「次法」**是**「施論、戒論、生天之論、欲爲不淨、上漏爲患、出要爲上」**。世間人行善布施、造橋鋪路、救濟貧病、少欲知足……等內容，也都是「次法」所攝的內涵之一。聞法的人對 佛陀演說的這些次法若能聽受，信而不疑，才會繼續爲他傳授解脫道的斷我見、斷我所執、斷我執而出三界等「法」。

但眞實的佛法並非只有那麼簡單而已，**真正的佛法除了上述解脫道的「法」，還包含了宇宙中所有的智慧，是讓人可以親證生命實相的智慧，乃至得以成就佛道具足一切種智，才能成佛。成佛的功德是福德與智慧兩者具足修集圓滿，是親證法界實相的般若智慧以及通達入地後所要進修的一切種智。**而三乘菩提不僅可以讓人解脫於三界輪迴生死而成爲阿羅漢，更可以讓人開悟明心乃至眼見佛性，成為實義菩薩而脫離表義菩薩的層次；甚至入地實證道種智，乃至一步一步往佛地圓滿一切種智邁進。因此「**施論、戒論、生天之論、欲為不淨、上漏為患、出要為上**」，這些內容就是 佛陀教導眾生趣向解脫的實證，乃至是未來大乘佛法實證所需的「**次法**」基礎；有了這些基礎，眾生就可以邁向斷我見、實證初果，乃至成為四果阿羅漢，圓滿二乘解脫道以解脫於輪迴之苦；進而可以實證大乘佛菩提道之一切智慧。

如今 平實導師所領導的大乘證悟菩薩僧團—**正覺同修會**—仍然住世，平實導師不僅開悟明心和眼見佛性，甚至是實證陽焰觀、如夢觀，並且實證了「猶如鏡像」、「猶如光影」現觀，進而體驗過色陰盡境界的地上菩薩。在正覺同修會中所修學的佛法不僅可以讓人斷我見實證初果，甚至可以開悟明心、乃至眼見佛性。而許多已經證悟的菩薩，正努力地繼續修學般若別相智及熏習唯識種智，往初地邁進。因此，學人若欲實證如是勝妙的佛法智慧，必須先有此「次法」之福德基礎，將來才可以親證解脫果乃至佛菩提之開悟明心，甚至地地增上。

所以這本《次法——實證佛法前應有的條件》，不論您是從來沒有接觸過佛法的人，或是已經熏習佛道時劫長遠之久學菩薩，都將會是適合您閱讀的一本書。因爲 佛陀說：「修福不嫌多。」 成佛已久的 釋迦世尊，都願意去幫眼盲的徒弟阿那律尊者穿針引線，佛陀世尊尚且如是繼續修福度眾生，何況我們是尚未入地的淺學菩薩，距離成佛還是如此遙遠呢！因此，希望此書的出版，能使您有福德增上的因緣，將來能得解脫乃至可以開悟明心；也希望幫助菩薩們在度眾時，能具備更多次法的方便善巧來攝受眾生、自利利他，以期早日成就佛道。

謹以此書供養 釋迦世尊、十方諸佛、一切菩薩摩訶薩、恩師平實導師，以及一切佛門四眾與一切眾生。末學除了一心頂禮本師 釋迦牟尼佛、十方諸佛和菩薩摩訶薩，以及一心頂禮恩師 平實導師之外，也隨喜讚歎禮拜一切佛門四眾，並讚歎曰：「**我深敬汝等，不敢輕慢。所以者何？汝等皆行菩薩道，當得作佛。**」

菩薩戒子 張善思 合十頂禮

二〇一二年十一月於正覺講堂

下冊（承上冊第三章未完部分）

第三章　持戒之論

第四節　受持佛戒之功德

第一目　外道戒與佛戒之不同

有的人可能會問：「爲什麼要歸依三寶呢？世間的外道也有戒啊？」關於這個問題　佛陀在經典中也有開示，《優婆塞戒經》卷六〈五戒品　第二十二〉：

智者當觀戒有二種：一者、世戒，二、第一義戒。若不依於三寶受戒，是名世戒；是戒不堅，如彩色無膠，是故我先歸依三寶，然後受戒。若終身受，若一日一夜，所謂優婆塞戒、八戒齋法。夫世戒者不能破壞先諸惡業，受三歸戒則能壞之……。

佛陀說有智慧的人應當觀察戒有兩種：一種是世間法的戒，另一種是第一義法的戒。如果不是依三寶而受戒，那種戒叫作世間戒。例如藏密的三昧耶戒，要在雙身法中享受淫樂；又譬如外道的泡水戒，認為泡水可以生天。佛陀說這樣的戒不堅固，就像只有加水的顏料一樣沒有膠質，水分乾了就會散失不能久住。所以佛陀說，有智慧的人應當要先歸依三寶，然後於三寶處受戒；可受終生的戒，如受持菩薩優婆塞五戒；或者受持一日一夜的戒，如八關齋戒。因為世間法的戒，無法破壞過往所造的種種惡業，但受持三歸依後加上持守五戒或八關齋戒，就能毀壞過往所造的惡業。

《優婆塞戒經》卷六〈五戒品　第二十二〉：

世戒亦有不殺不盜，義戒亦有不殺不盜至不飲酒，亦復如是。如是世戒，根本不淨，受已不淨，莊嚴不淨，覺觀不淨，念心不淨，果報不淨，故不得名第一義戒，唯名世戒。是故我當受於義戒。

佛陀說外道的世間戒也有施設不殺、不盜；但外道們施設的世間戒有許多的不淨：根本不淨、受已不淨、莊嚴不淨、覺觀不淨、念心不淨、果報不淨，所以只能說是世間戒，不能說是第一義戒。

也就是說，外道受戒的根本目的是不清淨的，是從自我今生或後世的世間利益來著眼，只是爲了未來世的果報。因爲根本不淨所以也導致莊嚴不淨，也就是說雖然表相上受持不殺戒，但內心卻仍然想犯戒殺眾生來吃，或是看到仇人時也想殺掉對方，無法生起慈悲心而眞正捨棄瞋恨心與對眾生的殺心，因此覺觀不淨，乃至念心不淨；不像佛弟子有清淨智慧，能把瞋恨給捨掉，心心念念在斷我見、我執，都在修證解脫或佛菩提上用心。因此 平實導師在《優婆塞戒經講記》第七輯第三十一～三十二頁中說：

「**果報不淨**」：外道受持的不殺人戒屬於世間戒，他們的果報就是生到欲界天，因爲他們受持不殺戒時仇恨心還在、瞋恨心還在，所以無辦法修證禪定；只能因爲身行不殺而生到欲界天去，但是貪著五欲的心還在，瞋恨心也仍在，所以果報只是欲界天的不清淨境界。但佛弟子根本清淨、受已清淨、莊嚴清淨、覺觀清淨、念心清淨，結果就是斷除我與我所的執著，乃至大乘菩提中證得法界的實相，沒有我與我所而又不妨害我與我所同時存在，從心中徹底滅除了不淨的心念，獲得出世間的解脫及實相境界，不受染污，叫作果報清淨。所以外道們的不殺戒乃至不邪淫戒，是根本就已經不淨了，接著受已不淨……乃至果報不淨，所以他們不能稱爲第一義戒，只能稱爲世間戒，當然所得到的果報也就只有世間法上的可愛異熟果報而已，不能得到出世間法的果報，由於這個緣故，我們應當要受第一義戒。

第二目　受三歸依發成佛之大願勝過阿羅漢

發菩提心功德無量！《優婆塞戒經》卷一〈解脫品 第四〉中說：【**善男子！若有菩薩初發無上菩提心時，即得名爲無上福田。如是菩薩出勝一切世間之事及諸眾生。**】《瑜伽師地論》卷三十五中云：【**若諸菩薩成就種姓，尚過一切聲聞、獨覺，何況其餘一切有情，當知種姓無上最勝。**】其中還提到最初發菩提心的人，勝過一切聲聞、獨覺。[1]「最初發心」的定義，指的是無量世來第一次發成佛的大願。這樣第一次發此大願，就勝過一切不敢發菩提心的大阿羅漢與辟支佛了。

而佛在經典上也說明在家之人發菩提心，勝於一切辟支佛果。《優婆塞戒經》

卷一〈集會品 第一〉：

善男子！外道斷欲所得福德，勝於欲界一切眾生所有福德。須陀洹人勝於一切外道異見，斯陀含人勝於一切須陀洹果，阿那含人勝於一切斯陀含果，阿羅漢人勝於一切阿那含果，辟支佛人勝於一切阿羅漢果，在家之人發菩提心，勝於一切辟支佛果。出家之人發菩提心，此不爲難；在家之人發菩提心，是乃名爲不可思議。何以故？在家之人，多惡因緣所纏遶故；在家之人，發菩提心時，從四天王乃至阿迦膩吒諸天皆大驚喜，作如是言：我今已得人天之師。

《優婆塞戒經講記》第一輯第八十一～八十二頁中，平實導師開示提到：

佛又開示說：「外道斷欲所得福德，勝於欲界一切眾生所有的福德。」「外道斷欲」就是證得初禪的外道，他所得的福德勝過一切欲界眾生的福德。證得初禪時，雖然他只是外道，但一切眾生在欲界所修的全部福德合起來都不及他，因爲他已經超過一切欲界眾生了。

「須陀洹人勝於一切外道異見」：須陀洹人就是已證得聲聞初果，勝過所有一切外道異見。爲什麼叫作異見？因爲外道們的解脫道見解不同於聲聞初果人嘛！但是一個聲聞初果人所得福德，勝過所有外道得初禪乃至四禪八定具足的人；即使所有外道都證得四禪八定了，但他們的福德合起來仍然及不上一個初果人。所有的初果人合起來的福德不及一個二果人，所有二果人的福德合起來不及一個三果人，所有三果人的福德合起來也不及一個阿羅漢，所有阿羅漢的福德又不及一位辟支佛，所以辟支佛的福德最大。可是 佛陀話鋒一轉又說：如果有一個在家人發起菩提心，也就是發起四宏誓願，並且確實去做而成爲眞正的菩薩了，這個在家人發起成佛度眾之心，福德是不可思議的！所以勝過一切的辟支佛果。

經中不是有個典故嗎？徒弟揹著行囊在阿羅漢後面走，他想著、想著就突然發起大心：「我要行菩薩道，我要救度一切眾生！」這阿羅漢正好是三明六通的大阿羅漢，他想：「我這徒弟竟然敢發大心，我這個師父卻做不到，這個徒弟眞的是菩薩。」就趕快把行囊拿過來自己揹，不敢讓菩薩徒弟揹。可是這徒弟跟著大阿羅漢走著、走著，腳累了，心想：「走路就這麼辛苦了，還要行菩薩道？那眞的太苦了！我看還是修聲聞解脫道就好了。」大阿羅漢馬上就知道了，隨即又把行囊還給徒弟揹了。從這裡就知道：發菩提心眞的不容易啊！發菩提心的人，心中要有準備：有朝一日得要把所有的時間全部奉獻給眾生，不能爲自己求一分一毫的世間利益。

所以若是您三歸依後，而且眞實發了菩提心要廣度眾生行菩薩道，那眞是恭喜您了！儘管您還沒證悟，但您發心的功德就已經勝過一切辟支佛、阿羅漢了。

第三目　持五戒未來可得解脫果

努力受持五戒不僅未來世可以保有人身，甚至未來也可以證得解脫果。《優婆塞戒經》卷三〈受戒品　第十四〉中提到：【善男子！優婆塞戒不可思議，何以故？受是戒已，雖受五欲，而不能障須陀洹果至阿那含果。】

《優婆塞戒經》卷六〈五戒品　第二十二〉中也說：【如是五戒有五種果：一者無作果、二者報果、三者餘果、四者作果、五者解脫果。若有具足受持五戒，當知是人得是五果。】

平實導師在《優婆塞戒經講記》第七輯第五十三～五十四頁中這樣爲我們解釋：五戒有五種果報：第一是無作果；前面講過無作戒，未來世沒有受戒也照樣可以不犯性罪，不墮惡道，這就是無作果。第二、報果，報果就是正報；持五戒者未來世一定可以保住人身，這就是報果；不持五戒而殺盜淫妄，一天到晚醉醺醺的，捨壽後就會墮落三惡道；但是受持五戒不犯，一定可以保住人身。第三是餘果，餘果是說，持五戒的人保住人身，未來世在人間不會有橫逆之災，這就是餘報；日子可以過得很平安，心安理得。第四、作果，作果是說，持五戒以後，大家知道他是持五戒的人，不會害人；因爲戒的行爲，使身口意的清淨造作，導致作果的成就。所以大眾都會相信他，知道他不會騙人，因爲他已經持五戒了，這就是作果，是由身口意行造作出來的果報。第五、未來世乃至這一世得解脫果；五戒若能好好的受持，就表示對於自我得失根本不在意，他在意的是：眾生有沒有因爲我持五戒而得到利益？這樣無我無私的人，怎麼可能不得到解脫果呢？因爲我與我所都不存在了，心心念念想的都是眾生，因爲持五戒而施予眾生無畏，因此有這五果。如果有人能具足受持五戒不犯，我們就知道他一定會快速的得到這五果。

平實導師在《阿含正義》（第五輯）第九章第四節中，有提到「三歸依和五戒是初果解脱的基本要件」，第九節中也說「戒是解脱之依憑」。在第五節同時也說「非僅以戒淨一法能證涅槃」，也就是說如果只有持戒清淨這一法，也不一定就能夠實證涅槃，因爲實證解脱果還需要其他的條件，持戒只是其中的一個必要條件。對於實證解脱果有興趣的讀者，請詳細閱讀並深入思惟 平實導師在《阿含正義》第五輯中之開示。

第四目 受持八關齋戒的利益

之前我們提到受三歸依戒的功德無量，以及受持五戒也是一樣的。接著，我們再來說說八關齋戒，八關齋戒也就是八戒齋，是在五戒之外再加上「不歌舞戲笑花鬘著身、不故往觀聽，不坐臥高廣大床，不非時食」這三個戒。

「不非時食」就是指過午不食的持齋，而「高廣大床」指的並不是我們一般睡覺用的床，而是像古印度國王坐的那種又高又廣的大禪床，是要先坐在大象背上

才能上去坐，或者是像中國皇帝的金鑾寶殿，把寬大的龍椅放在一個很高的壇台上，那個就叫作高廣大床。

受持八關齋戒就是要學習如同阿羅漢一樣，離開殺、盜、淫、妄、酒，離開對男女欲和飲食味道的貪著。譬如 佛陀在《增壹阿含經》卷十六〈高幢品 第二十四〉中開示：

云何為八關齋法？持心如眞人，盡形壽不殺，無有害心，於眾生有慈心之念；我今字某，持齋至明日清旦，不殺、無有害心，有慈心於一切眾生。如阿羅漢，無有邪念，盡形壽不盜，好喜布施；我今字某，盡形壽不盜，自今至明日持心。如是眞人，我今盡形壽不淫泆，無有邪念，恆修梵行，身體香潔；今日持不淫之戒，亦不念己妻，復不念他女人想，至明日清旦，無所觸犯。如阿羅漢，盡形壽不妄語，恆知至誠，不欺他人；自今至明日不妄語，我自今以後不復妄語。如阿羅漢，不飲酒，心意不亂，持佛禁戒，無所觸犯；我今亦當如是，自今日至明旦，不復飲酒，持佛禁戒，無所觸犯。

如阿羅漢，盡形壽不壞齋法，恆以時食，少食知足，不著於味；我今亦如是，盡形壽不壞齋法，恆以時食，少食知足，不著於味，從今日至明旦。

如阿羅漢，恆不在高廣之床上坐。所謂高廣之床，金、銀、象牙之床，或角床、佛座、辟支佛座、阿羅漢座、諸尊師座。是時，阿羅漢不在此八種座，我亦上坐不犯此坐。

如阿羅漢，不著香華、脂粉之飾；我今亦當如是，盡形壽不著香華、脂粉之好。

佛陀最後說：受持八關齋戒的功德要發願迴向不墮三惡道和八難之地，要迴向早證三乘菩提、早成佛道；不要迴向生天，也不要迴向當轉輪聖王。如《增壹阿含經》卷十六〈高幢品 第二十四〉中說：

我今字某，離此八事，奉持八關齋法，不墮三惡趣。持是功德，不入地獄、餓鬼、畜生八難之中，恆得善知識，莫與惡知識從事，恆得好父母家生，莫生邊地無佛法處，莫生長壽天上，莫與人作奴婢，莫作梵天，莫作釋身，亦

莫作轉輪聖王，恆生佛前。自見佛，自聞法，使諸根不亂。若我誓願向三乘行，速成道果。

佛陀在《增壹阿含經》卷三十八中也說，如果不發大誓願，「雖獲祈福，但福不足故」。佛陀並說明自己往世無量劫前當王女牟尼時，因爲幫助一位長老比丘施燈供養 寶藏如來，長老比丘將供佛功德迴向成佛，因此被授記將來成佛時名爲 燈光如來；王女牟尼當時也發了成佛的大誓願，因此她在 燈光佛住世時成爲一位梵志，同樣供養 燈光佛並且發願成佛，因此也被 燈光佛授記將來能夠成佛，也就是後來的 釋迦牟尼佛。因此，我們要發大誓願，將一切功德迴向早成佛道，這是非常重要的。

另外，受持八關齋戒也會種下未來世出家的因緣，平實導師在《優婆塞戒經講記》第六輯第三〇九～三一一頁中開示：

一日受持八關齋戒的目的是爲未來世或今世的出家種下因緣。有人說：「那又何必？你蕭老師不是現在家相嗎？過去世出家，現在又不出家了，那我們何必要出家？」其實不然！每一個人都要先經過出家的過程，三賢位中以出家身修行比較容易，因爲在家修是很難修的。怎麼說呢？在家修就是惡因緣多嘛！出家是爲了將來十地的修行作準備，所以悟後如果能出家是最好的，修行大多是在順境中，除非自己性障眞的很重：貪瞋特重。將來如果要回歸在家身相，要過將近一大無量數劫再來回歸，開始讓眾生磨，讓眾生誹謗，你去習慣它，這叫作除習氣種子。可是在初地之前，你最好是以出家身去修行，遮障會比較少。這當然不是指現在佛教界的情況，因爲現在佛教界的情況，出家求悟眞的很困難，各道場都會限制你：「你只能修師父教你的法，別的統統不許學，更不許去外面受學。」所以現在很多法師私下想要學我們的法，但都不能成功，因爲在道場中會被排擠，最後只好出來外面租個房子自己住，成立一個精舍，才能方便來學。……

但一般而言，在三賢位中的修行是以出家身來修比較容易，遮障少很多的緣故；因此應該爲此世或來世的出家而受持八戒齋，爲自己三賢位的迅速修道完成作準備，但是得要先正確的開悟了再出家。這一世若不能出家，結婚了，

有義務在身時，我就不鼓勵你們出家了！這要看因緣，總不能說太太娶來、孩子生了，然後丟給人家去辛苦一輩子，你就把這個責任給卸了，只顧自己輕鬆的出家。也不能嫁了以後，孩子生了丟給丈夫，然後就把他丟了，自己就出家了。要到一個階段，把你的任務完成了：孩子扶養長大了，成家立業了，父母也安排好了，對方同意了，那我就鼓勵你出家。悟後出家是三賢位中迅速修完道業的非常好的方法，所以我們過去世就這樣一世一世出家，所以我們往世走很快，原因也在這裡，三賢位以後則以在家身來讓眾生磨掉你的習氣種子爲佳。

平實導師在《優婆塞戒經講記》第四輯中第二三一～二三二頁開示：

受八戒就是近住男所受的八戒，六齋日要受八戒而且過午不食，日已過中就不許再吃食物了，這就是受持八戒齋。一天之中不許違犯八戒，這叫受持八戒齋。受八戒齋時要早上到寺院去受，在那邊打坐、經行、打理雜務、出坡；在寺院中受八戒齋時，當天一定要隨分供養三寶……。

受八戒齋的目的，在前面已經講過，是說菩薩優婆塞戒是爲將來兼受比丘戒及大乘菩薩戒作準備的；既然將來想要求受比丘戒，就是想要求證解脫道，就是爲將來出家而作準備的；那當然每個月要有六天受八戒齋，這個八關齋戒一定要受。

《優婆塞戒經》卷五〈八戒齋品 第二十一〉中說：

善男子！若有從他三受三歸、三受八戒，是名得具一日一夜優婆塞齋；明相出時，是時則失，是故不得佛像邊受，要當從人；根本清淨，受已清淨，莊嚴清淨，覺觀清淨，念心清淨，求報清淨，是名三歸清淨齋法。善男子！若能如是清淨歸依、受八戒者，除五逆罪，餘一切罪悉皆消滅。如是戒者，不得一時二人並受，何以故？若一時中二人共受，何因緣故一人毀犯、一人堅持？是戒力故，後世生時，不能造惡；受已作罪，復不永失。若先遣信欲刑戮人，信遲未至，其人尋後發心受齋；當受齋時，信至即殺，雖復一時，以戒力故不得殺罪。若諸貴人，常敕作惡，若欲受齋，先當敕語遮先諸惡，乃得成就；若先不遮，輒便受齋者，不名得齋。欲受齋者，先當宣令所屬國境：我欲受齋，凡是齋日，悉斷諸惡罰戮之事。

佛陀說受了三歸依並受八關齋戒，就稱為一日一夜的優婆塞齋。這個優婆塞齋到了明天早上明相出來，也就是太陽即將出來、天開始亮時，這個八戒齋才算結束，所以八戒齋不可以從佛像邊求受，必須要從僧人邊求受。受戒後心要清淨，四威儀要莊嚴，不可以攀緣聊天，就算晚上睡覺時也不可以光著上身，覺觀也要清淨，不可以貪愛五欲，要用心在佛法上面；持齋的目的不可求生天享福，要迴向廣度眾生、早成佛道。佛陀說這樣的清淨三歸依和八戒齋有大功德，除了五逆罪[2]以外，其他一切罪都可以消滅。受八關齋戒不可以一時之中二人並受，也就是說一定是為你自己受，不許代別人受，得要親自到場受，不能一時二人並受，是各人受各人的齋法。八關戒齋有一個功德，叫作無作戒，由於八關戒齋力量的關係（因為已經熏習到種子裡面去了），所以到後世出生之後，自然就能不造惡業。如果受了八關戒齋而不小心犯了戒罪，這個戒的力量也不會永遠失去，只要懂得懺悔，戒力就不會失去。

佛陀說如果有人當國王，受八戒齋前一天派人傳遞訊息，要把某一個犯人處決；這個訊息第二天才會傳到，但國王第二天才受這八戒齋，而訊息第二天到時犯人就馬上被處決了，國王這時正好在受八關戒齋，雖然是同一個時間國王仍然不算違犯殺戒，但是他的八戒齋法不清淨。所以 佛陀交代，爲了避免這種情況，貴人、有權勢的人，有生殺予奪大權的人，他們如果想要受齋時，必須先告誡屬下們說：「一切惡事及處決惡劣眾生等事，在我持八關戒齋那一天全部暫停。」

接著 佛陀在《優婆塞戒經》卷五〈八戒齋品 第二十一〉：

若能如是清淨受持八戒齋者，是人則得無量果報，至無上樂。彌勒出時百年受齋，不如我世一日一夜，何以故？我時眾生具五濁故，是故我爲鹿子母說：善女！若娑羅樹能受八齋，是亦得受人天之樂至無上樂。善男子！是八戒齋即是莊嚴無上菩提之瓔珞也。如是齋者，既是易作而能獲得無量功德；若有易作而不作者，是名放逸。

佛陀說如果能這樣清淨地持八關齋戒，未來一定可以得到無量果報，乃至得無上樂，解脫之樂及成佛之樂。而在五濁惡世受八關戒齋極爲殊勝，佛說：「在彌勒菩薩成佛時整整一百年每天受八關齋戒，不如在我釋迦佛的時代一天一夜受持八關齋戒。爲什麼這樣呢？因爲我釋迦牟尼佛出現在人間時的眾生具足五濁的緣故，所以持八戒齋的功德很大。」因爲 彌勒菩薩成佛時人壽八萬四千歲，大家心性都已經很好了，每個人都是好人，持戒能利益誰呢？而現在五濁惡世人們心性不善良，持戒的利益就非常大。所以　佛陀又說：「由於這個緣故，我釋迦牟尼佛爲鹿子母說：『善女人啊！假使娑羅樹也能受八戒齋的話，它一樣可以得人天之樂乃至無上樂，何況是有情受持八戒齋法呢！』八戒齋是莊嚴無上菩提的瓔珞。像這樣清淨八戒齋，一日一夜清淨受持，既是容易做得到的事情，而又容易獲得無量的功德；如果有這種容易作的功德而不願意去做，那這個人就叫作放逸。」

第五目　聲聞戒

聲聞戒就是比丘戒、比丘尼戒，是出家人才要受的戒。一般來說，聲聞戒在受持戒法後，只要身、口不犯戒就沒事，心中若有習氣種子現前而有虛妄想，都不算犯戒。然而眞正出家的目的是要離欲修行，要斷我見乃至尋求證悟實相，如此才是出家的眞正目的。《過去現在因果經》卷四說：

雖復處居家，服寶嚴身具；善攝諸情根，厭離於五欲；若能如此者，是爲眞出家。雖身在曠野，服食於麤澁；意猶貪五欲，是爲非出家。一切造善惡，

> 皆從心想生，是故眞出家，皆以心爲本。

經中說如果是在家人即使他有很多財寶，但他能夠厭離五欲，乃至能夠悟道證果，這樣才是眞出家。[3]

因此，眞正的法師是要能夠宣說三乘菩提的才是法師，至少要能夠宣說斷我見之法，告訴眾生五陰—色、受、想、行、識—皆是虛妄，要厭離五陰、離欲、滅盡五陰證得寂靜的涅槃；能如此說法者才算是眞正的法師。如《雜阿含經》卷一中云：

> 佛告比丘：「若於色，說是生厭、離欲、滅盡、寂靜法者，是名法師；若於受、想、行、識，說是生厭、離欲、滅盡、寂靜法者，是名法師，是名如來所說法師。」

聲聞戒的目的是要讓學人解脫生死成爲阿羅漢入無餘涅槃的，此乃小乘解脫果之修證。而不論我們是在家或出家，都應當發大心行菩薩道，並且發願未來要成佛，因此應該要受持菩薩戒。爲什麼呢？因爲菩薩勝過一切聲聞、獨覺的境界，

《大般若波羅蜜多經》卷五八六中說：

又諸菩薩所有淨戒，普能安立無量有情令住淨戒，是故菩薩安住大乘所得淨戒量無邊際，聲聞、獨覺所不能及，普勝聲聞、獨覺淨戒。又，滿慈子！諸菩薩名普勝一切聲聞、獨覺，謂修淨戒波羅蜜多，迴向趣求一切智智。

然而聲聞人出家受戒的目的是將來要證得阿羅漢果，平實導師曾經在宣講《法華經》時舉過經論中的一個故事，說明在正法道場裡所做的每一件事情都會有大因果。在《大智度論》[4] 中有提到佛世時，有一位優鉢羅華比丘尼，她是六通具足的大阿羅漢，她常常勸導貴婦們說：「姊妹們！您們可以出家。」貴婦們說：「我們還年輕貌美、身體健壯，持戒很難，恐怕會破戒。」優鉢羅華比丘尼就回答說：「還是要出家，破戒就破戒。」貴婦們問：「破戒會下墮地獄。怎麼說可以破戒呢？」優鉢羅華比丘尼回答：「下墮地獄就下墮地獄。」貴婦們笑著說：「在地獄裡是要受罪的，怎麼可以下墮地獄呢？」此時優鉢羅華比丘尼說：「我用宿命通回憶起往世曾當過唱戲、演戲的女子，當時穿著各種衣服說著古語，有時候也穿著比丘尼的僧服來演戲娛樂大眾。但也因為演戲穿比丘尼僧服的緣故，使我在迦葉佛時有因緣可以出家作比丘尼，當時卻自恃高貴種性和端正的外貌，因此心生憍慢而破戒，因爲破戒造罪而下墮地獄受種種罪報。當我受罪報完畢後，在此世就值遇釋迦牟尼佛而出家，並且成爲有六種神通的阿羅漢。因此您們要知道，出家受戒雖然可能會破戒，但因爲受戒的因緣可以在將來得阿羅漢道；如果您只是造惡，而沒有受戒的因緣，那將來也無法得阿羅漢道。我往昔無量世常常墮地獄，地獄受報完回來當惡人，造罪死後又繼續下墮地獄，因爲沒有受戒的緣故一直都無法得道。今天以我的因緣來證知出家受戒，雖然破戒，但因爲有受戒的因緣，將來就可以得道證果。」

又譬如某一次 佛陀在精舍時，有一位喝醉酒的外道婆羅門來到佛的住所，請求要出家當比丘，佛陀就命令阿難尊者幫他剃頭著僧服。當他酒醒後覺得很驚訝：「奇怪！我怎麼變成比丘了？」於是便走了。比丘們就請問 佛陀：「爲什麼要讓這位喝醉酒的婆羅門出家當比丘呢？」佛陀說：「這位婆羅門無量劫來都沒有發出家的心，如今他因爲喝醉酒的緣故暫時發了那微薄的出家心，也因爲這樣的因緣，他在未來世也可以出家並且證得道果。」[5]

由前面所說的兩個故事我們可以知道，在正法道場中所做的一切事情都是大事，未來都將會有大果報！因此，我們今天既然能夠值遇大善知識 平實導師，能夠值遇眞正的正法道場，不論我們是在家菩薩或是出家菩薩，一定要把握機會好好努力來累積護持正法的廣大福德，將來一定可以開悟明心、眼見佛性，乃至到了彌勒菩薩成佛時，我們除了可以成爲阿羅漢以外，如果福德夠的話，還有機會在彌勒佛二轉、三轉法輪時，超越三賢位進入初地聖位，接著地地增上速成佛道。

第六目　菩薩為成佛道應受菩薩戒

菩薩戒就是發願要成佛、要當菩薩的有情所要受持的戒。

菩薩戒有《梵網經》的菩薩戒與《優婆塞戒經》的菩薩戒，另外還有《菩薩善戒經》及《菩薩地持經》、《瑜伽師地論》等的菩薩戒。《梵網經》的菩薩戒是十重戒、四十八輕戒，是生生世世盡未來際受的菩薩戒；而《優婆塞戒經》是六重戒、二十八輕戒，是一世受的戒。

平實導師在《優婆塞戒經講記》的序中就說：

宣講菩薩戒的經典，有《梵網經、地持經、菩薩瓔珞本業經、優婆塞戒經》以及《瑜伽師地論》，此書所宣講之經典是其中一部經典，全名為《菩薩優婆塞戒經》。

此經專為在家菩薩宣示菩薩戒的精神，詳細地說明：在家菩薩修學佛法以布施為第一要務。

《楞伽經詳解》第一輯第一九六頁：

菩薩戒有一生受者，如《菩薩優婆塞戒經》之六重二十八輕戒。餘皆盡未來際受，生生世世隨於學人乃至成佛，不失戒體，故一受永受，無有捨法，非如出家聲聞戒之有捨法。盡未來際受之菩薩戒，其戒相或增或減，大同小異，各依不同戒經而有小差別，依據經律為：《菩薩瓔珞本業經、梵網經、地持經、瑜伽師地論》。

菩薩戒有三個大項目，也就是要行一切善法、要利益一切有情、還有攝律儀戒，也就是自己不犯一切惡業；平實導師在《楞伽經詳解》第一輯一九七頁中開示：

三聚淨戒：一、攝律儀戒——盡未來際受持十重戒，永無違犯；二、攝善法戒——盡未來際修學一切善法，於一切深經及所未聞法，無所畏懼，無有一善法不修學者；三、饒益有情戒——以四攝法饒益有情，救度有情置於佛法之中。若有佛子欲求成佛而不受菩薩戒、不依止菩薩戒者，無有是處。

而菩薩戒與聲聞戒有許多不同：

第一、受戒的時間：菩薩戒是依菩薩藏生生世世受的，聲聞戒是依一世的五蘊身受的。

第二、受戒的目的：菩薩戒的目的是成佛，聲聞戒的目的是解脫成爲阿羅漢入無餘涅槃。

第三、受戒之方法：菩薩戒是以心地爲戒，若是起心動念是惡的即是犯戒；而聲聞戒是以身爲戒，心犯身不犯就不算犯戒。

我們先來略說一下《梵網經》菩薩戒中的十重戒[6]。十重戒就是：不殺生、不偷盜、不邪淫、不妄語、不酤酒、不說在家出家菩薩等四眾之過失、不自讚毀他、不故慳、不故瞋、不誹謗三寶。《菩薩瓔珞本業經》卷下〈大眾受學品 第七〉：【佛子！受十無盡戒已，其受者過度四魔，越三界苦。從生至生不失此戒，常隨行人乃至成佛。】

菩薩戒的違犯，要從根本、方便、成已這三項是否具足來判斷，跟世間的《刑法》學說思想也很類似。「**根本**」的意思就是初發心，也就是我們犯戒時有沒有那個犯意或稱故意。譬如《刑法》中也有殺人罪或過失致人於死罪；殺人罪要成立，必須殺人者有殺人之故意（作意），然後有殺的行爲（方便），以及此行爲造成了被害人死亡的結果（成已）。在《刑法》的學說中，殺的行爲（方便）與被害人死亡（成已）必須有因果關係才成立殺人罪。

而殺的行爲就是「**方便**」，不管是用下毒的方式，或是施設各種陷阱手段都是「**方便**」，而被殺的對方死了那就是「**成已**」；另外，也必須是此方便手段與對方的死亡有因果關係，這樣在戒律上才具足成立殺的重罪。而不論刑法或戒律，殺人者沒有親自動手，但有殺人之故意，而主謀叫屬下動手或雇請殺手也成立殺人罪，因有根本、方便及成已。所以刑法中的過失致人於死罪，就是沒有殺人的故意，但因過失行爲而造成對方的死亡，例如開車，因自己的過失不愼車禍造成對方死亡。菩薩戒律上也是如此，當行者沒有殺害眾生的故意，卻不小心造成眾生死亡，例如過失殺人這個例子，追究起來是沒有殺的重罪！頂多成立殺罪中的輕罪。

《優婆塞戒經講記》第八輯第三十三頁：

菩薩戒卻以心爲根本，心動了念想要殺人、計劃殺人，就已得根本罪；但這是說惡念一直沒有懺除，所以根本罪成立；若是已經懺除了，就沒有根本罪。但是得要身與口犯了，方便罪與成已罪才能成立。所以聲聞戒中縱使心中怎麼樣想入非非都不犯邪淫戒，但是菩薩戒就不然，只要心中對某人想像共淫，就是犯戒。

《優婆塞戒經講記》第五輯第一五一頁：

菩薩可能身、口犯戒，但只要是爲了利益眾生，只要是爲了護持正法，犯戒也無所謂，菩薩是心不犯戒的。所以菩薩受持戒法，跟聲聞不一樣，因爲菩薩證悟後無戒可持，也無戒可犯。

菩薩戒中的十重戒絕對不可違犯，若是故意違犯者，不論是修證到三賢十地的哪個階位，全部都會失去！《梵網經》卷下云：

善學諸仁者！是菩薩十波羅提木叉應當學，於中不應一一犯如微塵許，何況具足犯十戒？若有犯者，不得現身發菩提心，亦失國王位、轉輪王位，亦失比丘、比丘尼位，亦失十發趣、十長養、十金剛、十地佛性常住妙果，一切皆失；墮三惡道中，二劫、三劫不聞父母三寶名字，以是不應一一犯。汝等一切諸菩薩，今學、當學、已學，如是十戒應當學，敬心奉持，八萬威儀品當廣明。

當然如果眞的不愼犯了十重戒，補救的方法就是找四位以上受菩薩戒的菩薩在佛前對眾懺悔，並且每天自己在佛前殷重懺悔直到見好相，也就是懺悔到佛來加持才能滅罪。我們受菩薩戒的人不必害怕犯戒，因爲佛陀在《菩薩瓔珞本業經》卷下〈大眾受學品 第七〉中說：

又復法師能於一切國土中，教化一人出家、受菩薩戒者，是法師其福勝造八萬四千塔，況復二人、三人、乃至百千？福果不可稱量！其師者：夫婦、六親，得互為師授。其受戒者，入諸佛界菩薩數中，超過三劫生死之苦，是故應受。有而犯者，勝無不犯；有犯名菩薩，無犯名外道。

也就是說，受菩薩戒的法師教導眾生出家、受菩薩戒，這位法師的福德勝過造八萬四千佛塔，何況教導兩、三人乃至百千人受菩薩戒呢！那福德果報更是不可思議！而夫婦或六親眷屬若有先受菩薩戒者，也可以為傳戒師而傳授菩薩戒；受菩薩戒以後，就進入諸佛法界的菩薩眾當中了，將來可以超越三劫生死之苦，早成佛道，所以我們應該要受菩薩戒。而 佛陀又說受戒而犯戒的人，勝過不受戒而沒有犯戒者；因為有犯菩薩戒的當然是菩薩，沒有受菩薩戒的人當然不會觸犯菩薩戒，所以他叫作外道，不在菩薩數中，當然也無法成就佛道。如 平實導師在《楞伽經詳解》第一輯第二九五頁中云：

凡解傳戒法師語者，悉受得戒，此即菩薩戒。菩薩戒者比丘、比丘尼亦得受，受菩薩戒已，以菩薩戒為依止，即名菩薩比丘、比丘尼。此戒乃為不畏生死，能發大悲心之佛子而制，一受永受，盡未來際不失戒體，以之得成佛道。此戒無有捨法，唯有破戒而失戒體；如犯重戒者失其戒體。佛子若不受此戒，永不能成佛道；受此戒已，得超三大劫生死，是故應受。

因此，受菩薩戒的功德那麼大，我們歸依三寶後應該要發願受菩薩戒；而受菩薩戒前必須要先圓滿學習瞭解菩薩戒的所有內涵，了知菩薩戒十重、四十八輕戒的全部內容與精神，才有資格受戒。如今正覺講堂每年四月和十月都陸續有開設禪淨班，學人可以前往熏習基礎佛法、菩薩六度萬行，在上課約一年左右親教師會開始宣講菩薩戒，其中可以熏習完整的菩薩戒精神和正知見，進一步還可在正覺講堂求受上品菩薩戒，由具有道種智的大乘勝義菩薩僧 平實導師爲授戒師。因此本章節僅概說菩薩戒中的基本精神，其餘戒相微細之處，請自行參閱《梵網經》、《優婆塞戒經》、《菩薩瓔珞本業經》等宣說菩薩戒的經典；並且歡迎學人來到正覺講堂禪淨班上課並受戒，不但可以熏習三乘菩提解脫道與佛菩提道正知見，並能學習無相憶佛拜佛，成就一心不亂與參禪功夫，還有菩薩六度的課程，讓您得以消除煩惱、成就菩薩種性，變成一位慈悲又有智慧的菩薩，甚至還可以開悟明心、乃至眼見佛性，成爲一位眞實義的菩薩喔！

第五節 如何讓身邊有一大群護法善神

第一目 鬼神處處有——行善之人善神護祐

俗話說：「中國人怕鬼！西洋人也怕鬼！世界上的人都怕鬼。」也只有修行人眞的不怕鬼！俗話又云：「平常不做虧心事，半夜不怕鬼敲門。」其實鬼神並不可怕，不過就是六道眾生中的鬼道眾生罷了。鬼神也跟我們一樣都有第八識如來藏，他們也曾經當過人，因爲造作不善業的關係，所以就投生到鬼道中了。

一般人死後都會出生中陰身，作爲投胎轉世的媒介。如果，往生者因爲太執著於生前的眷屬、錢財等等不能放捨，而在死後的七七——四十九天之內沒有去投胎的話，那就只能淪爲鬼道眾生了，也就是一般民間信仰所供奉的「祖先」。所以，有些旅館或飯店的鬼故事中，也有不少是眞的，因爲有旅客死在那邊沒有去投胎，又沒人幫他超度或供奉，所以變成流連該處的鬼道眾生了。這種現象 平實導師在講經時以及在書上剛好有提到，請看《楞嚴經講記》第十四輯一五七頁：

就好像一個健康的人，本來能跑能跳能說話，可是睡覺時被魔鬼壓住身體，也就是常常有人遇到的鬼壓床。常常有人好端端地住在大飯店中，沒想到那個房間以前死過人，那個死人落入鬼道中沒有離去，因為沒有人為他超度，所以就與鬼同住一個房間裡。以前我曾經去台南住在一位同修家裡，他的祖先還在鬼道中沒有重新受生為人，所以夜半都還在房子裡走動；不過我們相安無事，因為他很善良，我也很善良（眾笑…），所以大家相安無事，也因為過去世都沒有結過怨。

可是有的鬼不分青紅皂白，那就是惡鬼；他才不管是誰住進來，也不管房客往世有沒有和他結怨，他認為：「這是我的地盤，你住進來干擾到我，我就要捉弄你。」於是就把房客壓在床上，讓房客動彈不得，這就是「魘人」，也就是被鬼壓在床上的意思。這時，那個人睡在床上，手腳都好好的，但就是不能動，這就是世俗人講的鬼壓床。

佛陀說一切地方都有鬼神。佛在《長阿含經》的開示：不論是人們居住的房舍、屋宅或是山河大地，乃至一切國家、城市、村莊都有鬼神；所以有山神、海神、湖神、河神、江神、樹神、花神、草神……，也有各地的城隍爺、土地公等等鬼神。而且，每個人生下來都有鬼神在旁邊守護，但如果壞事做多了就沒有護法神守護了，那隨時都可能會被鬼神欺負或干擾的。如果，一個人行善乃至修行當菩薩，那就會有很多的護法神在保護，就像是國王會有百千人保護著他一般。

接著我們來看佛經的開示內容，《長阿含經》卷二十〈忉利天品 第八〉：

佛告比丘：「一切人民所居舍宅，皆有鬼神，無有空者；一切街巷四衢道中，屠兒市肆及丘塚間，皆有鬼神，無有空者。凡諸鬼神皆隨所依，即以爲名；依人名人，依村名村，依城名城，依國名國，依土名土，依山名山，依河名河。」

佛告比丘：「一切樹木，極小如車軸者，皆有鬼神依止，無有空者。一切男子、女人初始生時，皆有鬼神隨逐擁護。若其死時，彼守護鬼攝其精氣，其人則死。」

佛告比丘：「設有外道梵志問言：『諸賢！若一切男女初始生時，皆有鬼神隨逐守護，其欲死時，彼守護鬼神攝其精氣，其人則死者。今人何故有爲鬼神所觸嬈者？有不爲鬼神所觸嬈者？』設有此問，汝等應答彼言：『世人爲非法行，邪見顛倒，作十惡業；如是人輩，若百若千乃至有一神護耳。譬如群牛、群羊，若百若千一人守牧；彼亦如是，爲非法行，邪見顛倒，作十惡業，如是人輩，若百若千乃有一神護耳。若有人修行善法，見正信行，具十善業；如是一人有百千神護。譬如國王、國王大臣，有百千人衛護一人，彼亦如是。修行善法，具十善業，如是一人有百千神護。以是緣故，世人有爲鬼神所觸嬈者，有不爲鬼神所觸嬈者。』」

白話略釋：

佛陀告訴比丘說：「一切人民所居住的房舍屋宅，都有鬼神居住其中，沒有任何一所舍宅是沒有鬼神的；一切的街道巷弄及十字路口，屠宰場、市集及山丘墳墓堆中，也都有鬼神居住其中。這些鬼神都以所依止的處所爲他的名字；譬如依附於人則以此人爲名，依附村落就以村落爲名，依附城鎮就以城鎮爲名，依附國家就以國家爲名，依附土地就以土地爲名，依附山岳就以山岳爲名，依附河川就以河川爲名。」

佛陀又告訴比丘說：「一切的樹木，即使樹幹像車軸那樣細的樹，也都有鬼神依止其上，沒有哪棵樹是空著的。一切人不論是男是女剛出生時，就都有鬼神跟隨守護。當人快死的時候，守護他的鬼神就會把他的精氣攝走，屆時這個人就死了。」

佛陀再告訴比丘說：「如果有外道的修行人問你們說：『各位賢人呀！若是一切的男女剛生下來的時候，都有鬼神跟隨守護，死的時候，守護的鬼神就把他們的精氣攝走，他們才死。如果眞是這樣的話，現在有的人爲什麼會被鬼神騷擾？有的又不會被鬼神騷擾呢？』如果他們這麼問的話，你們就應該這樣回答說：『世間人有造作不如法的身口意行者，他們是非不分、邪見顚倒，造作十惡業行；像這一類的人，或是百人、或千人，才會有一位神來守護他們而已。那就譬如像是一群牛或一群羊，有上百頭或上千頭，才由一個人來看守放牧；那些造惡的人也是一樣，造作非法的行爲，邪見顚倒，行十惡業，這種人成千上百，才有一位神來守護他們。如果有人修行善法，知道是非善惡，有正確的知見，行十善業；像這樣的人，單單他一個人就會有千百位的善神守護他。這就譬如是國王及大臣，有成千上百的衛士來衛護他一般，造作善行的人也像那樣。修行善法，造十善業的人，他一個人就有百千位善神來守護他。因爲這樣的緣故，世間人就會有被鬼神騷擾的，也有不被鬼神騷擾的差別。』」

由此可知，我們應該要行善持戒，如此就會有很多護法神隨身守護！請讀者接著看下去。

第二目　三歸依、五戒、菩薩戒可得大量護法神護祐

佛陀說只要歸依三寶、發菩提心，就會有三十六位護法神護祐著我們[7]；若持五戒（不殺、不盜、不邪淫、不妄語、不飲酒）的話，每一戒各有五位護法神護持，這樣就有二十五位護法神了[8]！所以，若受持三歸及五戒，就會有三十六加二十五總共六十一位的護法神守護[9]。如果想要有很多護法神守護，那就要受三歸依和五戒，如果還能再受菩薩戒（十重戒、四十八輕戒）那護法善神就更多了。佛弟子若修行越好則護法善神就越多，當然護法神的層次也越高。所以還沒受三歸依或五戒的人，

每年十一、十二月快來正覺講堂歸依和受戒吧！

另外經典中也提到，如果發心當菩薩，就會得到比轉輪聖王還要多一倍的護法神守護，可知那護法神一定是超多的！

《瑜伽師地論》卷三十五〈發心品　第二〉：

最初發心堅固菩薩，略有二種發心勝利：一者、初發菩提心已，即是眾生尊重福田，一切眾生皆應供養；亦作一切眾生父母。二者、初發菩提心已，即能攝受無惱害福。由此菩薩成就如是無惱害福，得倍輪王護所守護；由得如是護所護故，若寢、若寤、若迷、悶等，一切魍魎、藥叉、宅神、人非人等不能嬈害。

如果受了菩薩戒之後，還努力護持正法乃至證悟明心可以行深般若波羅蜜，那護法神更是多得不可想像！甚至會得到欲界六天、大梵天王的禮敬，乃至得到十方一切如來的護念。如《大般若波羅蜜多經》卷三四六〈堅等讚品〉說：

佛告善現：「若菩薩摩訶薩能如是行甚深般若波羅蜜多，非但常為諸天帝釋、大梵天王、諸世界主之所禮敬，是菩薩摩訶薩亦為過此極光淨天、若遍淨天、若廣果天、若淨居天及餘天眾常所禮敬。」

「善現！是菩薩摩訶薩能如是行甚深般若波羅蜜多，亦為十方無量、無數、無邊世界一切如來、應、正等覺常所護念。」

《大般若波羅蜜多經》卷四二八〈窣堵波品〉：

復次，憍尸迦！若善男子、善女人等怖畏怨家、惡獸、災橫、厭禱、疾疫、毒藥、呪等，應書般若波羅蜜多大神呪王，隨多少分香囊盛貯，安寶筒中恒隨逐身，供養恭敬、尊重讚歎，諸怖畏事皆自銷除，天龍、鬼神常守護故。憍尸迦！譬如有人或傍生類入菩提樹院，或至彼院邊，人非人等不能傷害。何以故？憍尸迦！過去未來現在諸佛皆坐此處證得無上正等菩提，得菩提已施諸有情，無恐、無怖、無怨、無害身心安樂。安立無量無數有情，令住人天尊貴妙行；安立無量無數有情，令住三乘安樂妙行；安立無量無數有情，令現證得或預流果、或一來果、或不還果、或阿羅漢果；安立無量無數有情，令當證得獨覺菩提，或證無上正等菩提。如是勝事皆由般若波羅蜜多威神之力，是故此處一切天、龍、阿素洛等皆共守護，供養恭敬、尊重讚歎。當知**般若波羅蜜多甚深經典隨所住處亦復如是，一切天、龍、阿素洛等常來守護，**供養恭敬、尊重讚歎，不令般若波羅蜜多有留難故。

因此，如果有人怕鬼的話，那就要當菩薩努力布施行善，努力護持正法乃至實證般若，這樣身邊的護法神就會越來越多的！如果能夠再受持菩薩戒那就更好了！因為佛在經典上說受三歸依就會有三十六位護法神來護持，若受五戒則每一戒又有五位護法善神，總共就是二十五位善神守護著受五戒的人。或者是好好唸佛或唸〈正覺總持咒〉[10]。但記得千萬不要唸六字大明咒，這「唵嘛呢叭咪吽」其實是男女雙修的邪淫咒語，六字大明咒源自喇嘛教密續「經典」中的《大乘莊嚴寶王經》，而這部經其實是偽經，是西藏喇嘛教徒眾們所編造的；所以此咒絕非觀世音菩薩說的咒語。請讀者詳閱正玄教授所著的《俺曚你把你哄——六字大明咒揭密》[11] 一書；另外正覺電視弘法「學佛釋疑（二）」第三十三、三十四集[12] 中，正鈞老師也詳細說明此部偽經《大乘莊嚴寶王經》諸多錯謬之處，證明此「六字大明咒」的來源是僞經，絕對不是 觀世音菩薩所說的咒語，也請讀者自行上網收看或閱讀。

若是誦唸六字大明咒，就會招感那些愛樂男女雙修的夜叉、羅刹們來親近，使得我們修行上不得清淨！因此我們具正信的佛弟子，應該要誦念的是〈大悲咒〉、〈楞嚴咒〉，或是〈正覺總持咒〉。而且誦持〈正覺總持咒〉的許多菩薩們都有不可思議的感應，例如他們在遇到靈異事件或鬼神道眾生干擾時，誦唸〈正覺總持咒〉之後大都能平安無事，這也證明我們在誦持某咒時，護持此咒的天龍八部護法神部族，都會來守護我們。

平實導師也說過，當我們修行越好，身邊的護法神修行也會跟著提升，如果我們開悟明心了，我們的護法神菩薩眾也會跟著開悟。因此我們要好好的修行，爲了自己也爲了身邊的護法神菩薩眾們，讓大家一起努力在佛道邁進！

第六節 吃素不殺生、天下殺生與我無關

古德云：「**千百年來碗裡羹，冤深如海恨難平；欲知世上刀兵劫，但聽屠門夜半聲。**」這首偈的意思是說，自古以來我們碗盤裡面的眾生肉，都是許許多多的眾生被殺害而來的，因此那些被殺眾生的怨恨哀嚎聲就像大海一樣難以平復；所以如果想要知道世間會有那許許多多的刀兵劫（像是各種大大小小的戰爭）的因緣，我們只要聽聽半夜屠宰場裡，殺豬宰羊等種種的悲慘哀嚎聲音就可以知道了。

第一目　琉璃王滅釋迦族的故事

接著我們來看一則佛典故事，這則故事說明了因爲過去世殺魚而造成今世戰爭導致釋迦族被滅的因緣。這是發生在兩千五百多年前 佛陀在世時，佛陀親族——釋迦族——的一件血淋淋的故事。在許多經典如《增壹阿含經》卷二十六〈等見品〉中皆有記載。

這個故事的起因是憍薩羅國的波斯匿王，他年輕時因爲希望與釋迦族的公主通婚，於是他命令釋迦族送一名公主入宮和親。釋迦族暗自違命，由摩呵男長者家中的一位美貌的婢女假扮成公主，那位婢女也就是後來波斯匿王的大夫人——

茉利夫人；茉利夫人與波斯匿王生下了王子——毘琉璃。後來，琉璃王子長大回到母親的釋迦族故鄉卻遭受族人羞辱，才知道她母親是婢女的眞實身分，因此心中怨恨著釋迦族，發下惡願希望長大繼位後能夠報仇。後來他登上王位成爲琉璃王率兵攻打釋迦族，佛陀還阻擋了二次，但仍舊無法阻止此業力的牽引；並且琉璃王還殺死了他的兄長祇陀太子，只因爲沒幫著他去滅釋迦族人。

《法句譬喻經》中也有提到這個故事，從前 佛陀在舍衛國時，波斯匿王的次子琉璃，於二十歲時領兵將父王罷黜，自立爲王。有一惡臣名爲耶利，慫恿琉璃王說：「大王！當初您身爲皇子，到迦毘羅衛國學習，受到釋迦族人的辱罵。那時，大王曾發誓說：『若當上國王，必報此仇！』現在我們兵強馬壯，正是報仇的時候。」於是琉璃王在惡臣的佞言挑撥之下，便興兵攻伐迦毘羅衛國。

佛陀聽到消息後，當然知道這是迦毘羅衛國釋迦族人共業的果報即將成熟，但因爲悲憫釋迦族人，更爲了憐憫琉璃王的緣故，於是 佛陀獨自來到琉璃王軍隊必經的路上等待，並且刻意選在路邊一棵枯樹下靜坐。琉璃王遠遠地就看見佛陀，於是立即下車頂禮 佛陀，問道：「佛陀！這前方不遠處就有棵枝葉繁茂的大樹可以爲您遮陽蔽日，爲何您要選擇在這棵枯樹下坐呢？」佛陀回答：「你說的沒錯，但是親族之蔭，更勝餘蔭。」琉璃王聽出 佛陀的弦外之音，深受感動，心想 世尊爲了親族尚且在此示現，那我還是退兵回國好了。

就這樣連續三次出兵，前兩次琉璃王帶兵攻打迦毘羅衛國時，途中都遇到 佛陀端坐在枯樹底下，所以琉璃王只好下令回兵。但是 佛陀知道釋迦族共業的果報是無可避免的，所以也就沒有再去阻止了。[13]

所以，當目犍連尊者聽到琉璃王又集兵要去攻打迦毘羅衛國，憐憫著那些釋迦族人，於是向 佛陀稟白說：「現在琉璃王要去攻打迦毘羅衛國，我希望以四種方便來救護迦毘羅衛國的人：一是將人民安置於虛空中，二是安置在大海中，三是移至兩座鐵圍山之間，四是安置到他方大國中，令琉璃王不知他們的去處。」

佛陀告訴目犍連尊者：「雖然你有神通力可以安置迦毘羅衛國的人，但眾生有七件事是無法逃避的，就是生、老、病、死、罪、福和因緣，所以即使你欲以神通力解救迦毘羅衛國的苦難，他們還是無法逃脫於過去所種下的罪業果報。」

目犍連尊者聽了 佛陀開示後，還是不忍迦毘羅衛國的人民受到迫害，於是運用神通力將四、五千人放至缽內，舉至虛空當中安置，希望能幫助他們躲過此劫難。後來琉璃王攻伐迦毘羅衛國，殘殺了三億[14]人民。

戰事結束後，目犍連尊者前往精舍，沾沾自喜地稟告 佛陀：「當琉璃王攻打迦毘羅衛國時，弟子承佛威神力，將迦毘羅衛國四、五千人安置於虛空當中，解救了他們。」佛陀問目犍連尊者：「你已經去看過缽中的那些人了嗎？」目犍連尊者回答：「還沒有。」於是 佛陀說：「你先去看看他們吧！」

目犍連尊者以神通力將缽從虛空中取下，結果看到裡面的人全都已經死亡，不勝悲泣地稟告 世尊：「缽中之人均已死亡殆盡，我雖欲以神通力要救護他們，仍無法免除他們的宿世罪業。」佛陀慈悲地告訴目犍連尊者與大眾：「生、老、病、死、罪、福和因緣這七件事，即使是佛陀、菩薩聖眾、神仙道士，隱形分身也都無法逃脫。」並說偈言：「非空非海中，非隱山石間，莫能於此處，避免

宿惡殃。眾生有苦惱，不得免老死，唯有仁智者，不念人非惡。」

世尊說完此偈，座上無數聽眾，因聽聞佛所說之無常法要深感悲戚，個個專心思惟 佛陀的開示，不久即證得須陀洹果。[15]

佛陀後來授記琉璃王和他的軍隊在七天後全部都會死亡，後來果眞如同 佛陀的授記：琉璃王與他的軍隊在阿脂羅河大河邊遊憩時，夜半遇上暴風雨全都被大水淹沒而死。[16]

佛陀也說明了釋迦族被滅的過去世因緣：因爲「久遠以前，在羅閱城中有一個捕魚的村落，村中有個大池塘，裡面有很多的魚。當時食物缺乏，大家都非常的饑饉，有一天城裡的人決定將池中的魚全都撈來吃掉，所以全城不分男女老幼都聚集於池邊捕捉。那時村裡有一個小孩雖不捕魚，也沒有傷害那些魚的性命，但他見到魚兒被捕殺在岸邊，心裡非常的歡喜而笑著（也另有一說是拿著棒子朝最大條魚的頭上敲了三下）。當時的大魚就是現在的琉璃王，他所帶領的軍隊就是當時的魚群，羅閱城裡的人就是現在的釋迦族，而那個頑皮的小孩就是佛陀的前世，雖未捕殺那些魚，卻也因見魚被殺心生歡喜而笑，故今患頭疼（或敲魚頭三下而頭痛三天）。」[17] 而當初有兩隻大魚在即將被殺時互相討論說：「我們今天無緣無故被這群人捕殺來吃，未來世有福德的時候，一定要報復這群人。」其中一隻大魚是琉璃王，另外一隻魚就是後來勸琉璃王攻打釋迦族的大臣。

第二目　佛陀曾施設三淨肉，但一切菩薩皆不應食肉

所以由上面的故事我們可以知道，吃肉不但會造成眾生被殺害，還會與眾生結怨，而且未來世還要償還吃對方肉的債。而我們學佛行菩薩道是爲了要救度眾生，菩薩是不該也不會去傷害眾生的，菩薩發菩提心不害眾生所以吃素；但是家中眷屬如果堅持要吃肉的話，身爲菩薩還是要隨順著家人的因緣而不能強求，菩薩甚至還得爲家人準備肉食；而如此行爲都是爲了攝受眷屬、攝受眾生，但菩薩也要有種種善巧方便，慢慢地設法勸導家人跟我們一起吃素，最重要的是要讓家人、眷屬心生歡喜，乃至未來可以跟著我們一起學佛行菩薩道。

因此，佛陀爲了化導初學佛者，施設了三淨肉。平實導師的《楞伽經詳解》

第十輯第二八一～二八二頁有提到：

三淨肉：謂一者我不見殺，其肉可食；二者，非爲我而殺，其肉可食；三者非是自手所殺，其肉可食。是名三淨肉，乃是爲諸初機學人得入佛法而方便施設者。

復有五淨肉者，於上述三淨肉外，復加其二：一者，若疑是爲我而殺者，則不應食；若無疑者，則可食之。二者，野外壽命終了，自然死亡者；或野獸所捕殺之食餘，其肉可食；但不得搶而食之，否則即非淨肉。是名五淨肉。

如是三淨、五淨之肉食，乃是爲接引初機學人而設，久學之人所不應食，若學菩薩行，新學之時亦不應食之。

但對於發心當菩薩的我們來說，其實 佛在經典中已經說明了行菩薩道是不可以吃肉的，佛在《入楞伽經》卷八之下：

大慧！羅刹惡鬼常食肉者，聞我所說尚發慈心、捨肉不食，況我弟子行善法者，當聽食肉？若食肉者，當知即是眾生大怨，斷我聖種。大慧！若我弟子聞我所說，不諦觀察而食肉者，當知即是旃陀羅種，非我弟子，我非其師。是故大慧！若欲與我作眷屬者，一切諸肉悉不應食。

因此，如果我們自認爲是菩薩，自認是佛弟子，要行菩薩道的話，那就不能吃眾生肉了喔！因爲每位眾生都是我們過去世的父母，也都是未來佛。我們如果吃眾生肉，那就是跟眾生結惡緣的！

網路上流傳著一篇文章，標題名爲〈做什麼善事可以讓一個人一輩子最少救一千七百條命？〉：

以目前英國人每星期有二千人改吃素的情況來看，到了二〇四七年，全英國可能都是素食主義者。

根據一項調查顯示，英國現在有百分之六的人口吃全素，有四成的民眾則是每星期至少挑一天不吃肉。

消費者分析機構的人員表示：「有些人聽到二〇四七年全英國人都吃素可能

會嚇一跳，但其實這代表我們進入一個新時代，英國人終於開始瞭解並尊重環境。」

英國是歐洲國家中素食人口第二高的國家，僅次於德國。

——補充驚人資料（英國）——

根據統計，一輩子吃素的一名英國人，大約可省下：七六〇隻雞，五頭牛，二十隻豬，二十頭羊，半噸的魚。這亦意味著，將有一大片森林可以被保留下來。

——補充驚人資料（台灣）——

二〇〇三年，美國人一年吃掉九十一點五億隻動物（不含水產），美國約有二億七千萬人，因此每人每年吃掉三十四隻動物，加上魚蝦類則更多。請注意，這是二〇〇三年的數字，美國每年被屠殺作爲盤中餐的動物數字每年都在增加中。

因此，在美國，只要一人棄肉茹素，每年就可救三十四隻動物。

根據台灣農委會發佈的資料，臺灣在二〇〇三年吃掉近六十萬噸的雞肉，以一隻雞二公斤計算，臺灣人每年吃掉約三億隻雞。因此，臺灣每人每年吃掉十四隻雞，一個一生吃五十年素的臺灣人，終其一生可以救一千七百隻雞免於被屠宰及在養殖場被虐待。再加上豬牛羊魚蝦海鮮等其他動物，這個數字相當可觀。做什麼善事可以讓一個人一輩子救一千七百條命？就是只要能控制嘴巴、筷子，開始吃素就可以了！[18]

菩薩吃素的最主要原因就是眾生平等「一切眾生都有第八識如來藏」，而且一切眾生都可能是我們自己過去世的父母、兄弟姊妹，所以吃眾生肉就好像是吃自己的親人一樣。如《央掘魔羅經》卷四中說：

文殊師利白佛言：「世尊！因如來藏故，諸佛不食肉耶？」佛言：「如是，一切眾生無始生死，生生輪轉，無非父母兄弟姊妹。猶如伎兒變易無常，自肉他肉則是一肉，是故諸佛悉不食肉。復次文殊師利！一切眾生界、我界即是一界，所宅之肉即是一肉，是故諸佛悉不食肉。」

平實導師在《眞假開悟》這本書第七～八頁解釋這段經文說：《央掘魔羅經》這一段經文這麼說：【文殊師利菩薩向佛稟白說：「世尊！您是因爲如來藏的緣故，所以才說諸佛都不吃肉嗎？」佛說：「就是這樣啊！**一切眾生無始劫以來，死生生死，這樣生生世世輪轉不停、互為眷屬，所以，所有的眾生，無非都是父母兄弟姊妹啊**！但是，卻像是魔術師在變化一樣——魔術師就是講如來藏——一下子把我們變成天人，一下子把我們變成人，一下子又把我們變成畜生、地獄身……等，就像伎兒一樣把我們變來變去，所以眾生身是無常的。那麼，自己的肉跟眾生身上所有的肉，同樣都是同一個種類的如來藏所變現出來，同樣是一種肉啊！因爲這個緣故，所以諸佛不吃肉。」】此外，佛說：【「文殊師利啊！一切的眾生界，一切的我界，其實都是同一界，也就是如來藏界。都是如來藏所變化而出生的十八界，所以大家的色身也是如來藏所變。因此如來藏所安住執持的身肉，其實同樣都是如來藏的肉嘛！都是如來藏所變現的啊！因爲眾生與諸佛都是同一類的如來藏的肉，所以諸佛不吃眾生肉。」】

因此菩薩修大悲心，絕對不會吃眾生肉！有的人可能會辯解說：「佛世出家人托缽時也可能會吃到肉啊！」但且不說出家是聲聞法非菩薩之所行，何況 佛陀在涅槃前更是再度嚴厲說明在家、出家四眾不可以吃肉，托缽乞食若飲食中有肉，也要挑出來並且用水把其他食物洗乾淨，如果有太多肉就不應該接受，吃肉是犯戒有罪過的。如《大般涅槃經》卷四〈如來性品〉中說：

爾時迦葉復白佛言：「世尊！諸比丘、比丘尼、優婆塞、優婆夷，因他而活，若乞食時，得雜肉食，云何得食應清淨法？」佛言：「迦葉！**當以水洗令與肉別，然後乃食**；若其食器為肉所污，但使無味，聽用無罪；**若見食中多有肉者，則不應受；一切現肉悉不應食，食者得罪**。我今唱是斷肉之制，若廣說者即不可盡，涅槃時到，是故略說。」

其實佛早在經中就說過「食肉者非佛弟子」，如《楞嚴經》卷六中說：

我滅度後，末法之中多此神鬼熾盛世間，自言食肉得菩提路。……汝等當知：**是食肉人縱得心開似三摩地，皆大羅剎，報終必沈生死苦海，非佛弟子**。如是之人相殺相吞，相食未已，云何是人得出三界？汝教世人修三摩地，次斷殺生，是名如來先佛世尊第二決定清淨明誨。是故阿難！若不斷殺、修禪定者，譬如有人自塞其耳，高聲大叫、求人不聞；此等名爲欲隱彌露。**清淨比丘及諸菩薩於岐路行，不踏生草，況以手拔？云何大悲、取諸眾生血肉充食**？（《楞嚴經》卷六，《大正藏》，冊十九，頁132，上21-23。）

由此可知，菩薩是絕對不吃眾生肉的，若像是假藏傳佛教的喇嘛他們自稱是「活佛」，還在吃眾生肉，甚至整天想著哪種肉好吃以及怎麼料理好吃，由此簡單的分析我們就知道，那些喇嘛他們絕對不是佛弟子，更不可能是開悟的菩薩。

第三目　植物是無情生，吃植物沒有殺生

某些愛吃肉者會很無厘頭地說：「**植物也有生命啊！所以你們吃素的人也在殺生。**」但這樣的說法是錯誤的，因爲植物其實是無情生。因爲，所謂有情的六道輪迴是天道、人道、阿修羅道、傍生道、鬼道和地獄道，也就是說我們無始劫來只可能投生在這六道眾生之中，不會投生爲植物、山川河沼乃至日月星辰。因

爲人和動物等其他有情是有「情識」的，也都是有第八識如來藏——眞如佛性，所以說一切眾生將來都可以成佛，因此稱爲「有情」眾生；而植物是「無情生」，因爲沒有情識，當然也沒有第八識如來藏，只是像山河大地一樣是共業有情的如來藏所共同創造的環境或產物，不會轉生投胎更不可能成佛！

因此，當人和動物等其他有情死了以後，還是會繼續投胎輪迴生死，所以如果殺了人或動物，就會跟對方結怨，未來世對方就會想要報仇。如果我們被別人殺了，或煮來吃，難免一定會怨恨對方。

但吃植物並沒有殺生，因爲植物不像動物和人有情識、有眞如佛性。植物只是眾生的共業所出生的，只是環境的產物而已。就算我們眞的把一整株植物「殺」來吃，植物也不會變成鬼來報仇，也不會投胎到下輩子跟你要債，因爲植物是「無情」。更何況大部分吃素的人都是吃五穀類或豆類乃至蔬菜水果等，並沒有破壞大自然環境。

可是如果你殺了人或動物，對方就可能會變成鬼來報仇，或是下輩子遇到你想要殺你。有人路上不小心撞死了貓，就被貓的鬼魂糾纏的鬼故事也是有聽說過的。

關於植物是無情生，這點 平實導師在《心經密意》中也有開示道：

植物叫作無情生，所以植物沒有意識。那些人在實驗，對植物放音樂，它就會有較好的反應，譬如生長較好等等。我告訴你，那個是聲波反應所產生的，植物沒有意識，它沒有喜怒哀樂，它也沒有記憶。舉個例子來說：你每天去關心它，給它較好的水分養分與較正常的陽光，它就長得比較好，是不是因此就可以說植物對你有回應？就可以說植物是有情？其實只是生長的環境比較好，而產生出來的情況罷了。

植物沒有第八識，它怎麼可以叫作有情？它雖然是有生命的，但是它叫作無情生；它這個無情生，是由於共業眾生的如來藏所含藏的業種的力量感招而共同產生的。所以，由於我們所有的有情眾生第八識裏面，都有出生植物的那個種子——也就是大種性自性，這種共業種子會使得植物在適當的時候發芽，也會長大、開花、結果，結果以後它會自動爛熟，會掉下來，又腐化掉，回歸大地。

如果植物沒有這種開花、結果、成熟、腐爛、毀壞的過程，你就沒有辦法吃東西，因爲你吃進去的食物不會熟爛，那你就沒有辦法吸取它的養分，就沒辦法生存。這個並不是說植物本身有自體性，這個體性是眾生的業力所感，而產生的一個功能性。植物既是因有情眾生的如來藏所含藏的種子業力，而使得它能生長及結果……等，當然它本身是沒有意識的。

如果有誰說植物有意識，我們可以來作實驗看看，隨便你找一棵植物，看你是什麼樣的醫學家、植物學家都可以，看它有沒有記憶？看它有沒有情緒反應？實際上，它從來沒有意識，也從來沒有記憶；沒有記憶就表示它沒有情緒反應，就表示它沒有阿賴耶識。

你所說的它那個反應，是因爲聲音的波動，使它產生了一種良性的成長的現象，就好像你用心的澆水施肥，讓它有良好的生長運作的環境，它就會生長得很好；比沒有細心照顧、不會照顧的人所種的，要長得好；這不是因爲它有意識，聽了音樂歡喜，所以才長得好。如果它會歡喜，有意識心，那就應該可以用心電圖測得到啊！結果，有誰測到植物的心電圖呢？

由此可知，吃植物絕對沒有殺生的問題！當有愚癡人說吃植物也是殺生時，我們就應該用上述的方式回答他就好了。

第四目 學佛人不吃五辛的原因

學佛行菩薩道的人也不食五辛，最主要是因為吃五辛者「善神遠離、餓鬼舔脣」，還有「熟食發婬，生啖增恚」。所以 佛陀除了在《楞伽阿跋多羅寶經》中說佛弟子因爲大悲心不得食肉外，也說不能吃五辛，原因就在此！因此受菩薩戒的人更不能吃五辛。《梵網經》卷下：【若佛子不得食五辛：大蒜、革蔥、慈蔥、蘭蔥、興渠是五種，一切食中不得食，若故食者，犯輕垢罪。】五辛就是大蒜、革蔥、慈蔥、蘭蔥、興渠。興渠在中國地區沒有，其他像是大蒜、洋蔥、一般的蔥、韭菜，這些都屬於五辛，不能吃五辛的原因是這些食物煮熟了吃容易讓人產生淫欲，而如果生吃了以後容易使人脾氣增大。

另外，更恐怖的事情是吃這些食物散發出來的味道，會讓「善神遠離」，因爲吃了五辛以後身體和口氣都是臭的，天神和護法菩薩們很討厭這樣的味道，所以就算這個人能夠宣講佛法，而從十方來護持的護法龍天們，在大老遠就覺得很臭，也只好離去。

而且羅刹、餓鬼們卻很喜歡這樣的味道，因爲餓鬼福報很差，當某人在吃五辛的時候，餓鬼們就會趕快去舔這個吃「五辛」者的嘴脣。

所以吃五辛的人，十方的菩薩、善神、護法龍天們都不喜歡那樣的味道，都會遠離這類的修行者，而且餓鬼們卻會親近他，就使他身邊都是這些餓鬼。常常跟鬼在一起，福德自然就變少了，有福德的善神和眾生們就更不喜歡親近他了。修行者因爲吃「五辛」所以沒有善神守護，漸漸的大力魔王、鬼神也就有機會接近他，就很容易把他引入魔道中造諸惡業，魔王甚至會冒充變化成佛的身相教導這位修行人修雙身法，這位修行人就會走入魔道中，最後福報享盡後，未來就會墮入地獄了。

以上說的這些 佛陀在《大佛頂如來密因修證了義諸菩薩萬行首楞嚴經》（本書後文皆以《楞嚴經》簡稱）中都有說，也可參閱 平實導師所著的《楞嚴經講記》第十一輯第一五五頁之後有介紹。《楞嚴經》卷八：

阿難！一切眾生食甘故生，食毒故死；是諸眾生求三摩提，當斷世間五種辛菜；是五種辛，熟食發婬，生啖增恚。如是世界食辛之人，縱能宣說十二部經，十方天仙嫌其臭穢，咸皆遠離；諸餓鬼等，因彼食次舔其脣吻，常與鬼住；福德日銷，長無利益。是食辛人修三摩地，菩薩、天仙、十方善神不來守護，大力魔王得其方便，現作佛身來為說法；非毀禁戒，讚婬怒癡。命終自為魔王眷屬，受魔福盡，墮無間獄。阿難！修菩提者永斷五辛，是則名為第一增進修行漸次。

在 平實導師所著的《楞嚴經講記》第十一輯第一五五～一五六頁中，有此段經文白話翻譯：

阿難！一切眾生由於進食甘甜的食物所以能夠生存，誤食有毒物質的緣故就會死亡。這十二類所有眾生如果進求佛菩提的三昧境界時，應當斷除世間的五種辛菜；這五種辛菜，煮熟了以後食用就會發起貪婬之心，如果是生吃時就會增長瞋恚。像這樣子，世界中進食五辛的人們，縱使能夠爲人宣說十二部經，十方天仙總是嫌他們說法時身體與口氣都散發出臭穢氣息，於是全部遠離而去；以致有許多餓鬼道眾生，都會在這一類人進食五辛的時候，前來舔舐他們的嘴脣而長養餓鬼身，所以吃五辛的人就常常與無福的鬼類有情同住；由於這樣的緣故就使他們的福德日漸銷損，長時以來都對自己沒有利益。這種貪食五辛的人們修習佛菩提的金剛智慧三昧境界時，菩薩、天仙、十方善神都不會前來守護；因此大力魔王就可以在他們身上獲得干擾障礙的方便機會了，於是就來修習佛菩提三昧境界的吃五辛者面前，示現作諸佛的身相來爲他們說法；於是開始非議及毀壞諸佛的禁制與戒法，廣爲讚歎行婬、瞋怒、愚癡。這一類常吃五辛而修學佛菩提的人們，命終以後自然就成爲魔王的眷屬，生到他化自在天中享受魔業所得的天福；等到天福享盡了以後，就會下墮於無間地獄中。阿難！修習佛菩提的人應當永遠斷除五辛，這就是我所說的第一種增進修行的漸次。

由此緣故，發願要學佛當菩薩後就不能再吃五辛了。

第七節 持戒總結

由這一篇持戒之論，我們可以知道**受戒的目的是爲了不損害衆生、不墮惡道、得生善趣**。所謂：「**五戒成人、十善生天。**」因爲犯戒造惡就是傷害眾生，造惡者若違犯世間律法或善良風俗，不僅今世會受法律制裁，或被眾人所非議責難，未來世也會承受惡業的苦果，歷經三惡道等惡報之後，就算回到人間也是貧病交迫、諸事不順、受苦難當；是故學人應該要受戒。

但佛弟子受戒也不是爲了要生天享樂，而應該是要求佛菩提道之樂；因爲六道輪迴是苦，而縱使因爲持戒而永遠在人天善道中，也無法解脫永離生死苦之輪迴。所以，受持佛戒當然要先歸依三寶受三歸依戒，如此才能不同於外道的「**持戒**」了。外道之持戒只是世間戒而無法得證出世間的解脫，而在佛門中受三歸依戒與五戒則是將來得證初果解脫之正因。還有出家眾所受持的聲聞戒是一世受的戒，其目的在求證阿羅漢果而入無餘涅槃，此乃小乘之修行；若行者受三歸依後勇發菩提心成為菩薩，以至誠心發了四宏誓願，也就是：「眾生無邊誓願度、煩惱無盡誓願斷、法門無量誓願學、佛道無上誓願成。」之菩薩大願，那麼行者此時**在廣行布施度之後，應該積極進求第二度持戒度，也就是受持菩薩戒，成為「名符其實」的菩薩**。

今時，此界眾生有幸值遇大乘勝義菩薩僧 平實導師出世弘法，而且正覺講堂每年四月和十月在台北、桃園、新竹、台中、嘉義、台南、高雄皆有開設禪淨班，乃至香港、美國洛杉磯亦有開班授課，因此有緣的學人皆可前往熏修大乘佛法及菩薩的六度萬行。

在禪淨班上課約一年後親教師會開始宣講持戒度，學人可於課程之中熏習菩薩戒之內容，在菩薩戒戒相課程圓滿後，學員就可以在每年正覺講堂舉辦之菩薩戒傳戒法會中具足受持上品菩薩戒，這是由證悟且具道種智的大乘勝義菩薩僧 平實導師為傳戒師，所傳授之稀有難得的上品菩薩戒。歡迎有緣的菩薩種性學人前

來共襄盛舉，您不但可以在正覺講堂教授的課程中，熏習三乘菩提（解脫道與佛菩提道）的正知見，並且能學習無相念佛之憶佛拜佛的動中定力鍛鍊方法，迅速成就一心不亂與參禪的功夫，以及菩薩六度的課程，讓您漸漸消除煩惱、發起菩薩性，成為一位慈悲又有智慧的眞正菩薩，乃至可以得證初果解脫，甚至開悟明心、眼見佛性喔！

在看完了持戒之論以後，我們如果想要更上一層樓，那應該要加修十善、修除性障、鍛練定力，清淨自己的內心，增加自身的福德資糧，讓自己能像天人一樣身心調柔，心性慈悲。因此，接著請大家繼續看下一章「生天之論」。

1 《瑜伽師地論》卷三十五〈發心品 第二〉：【「最初發心堅固菩薩，由初發心求菩提故所攝善法，比餘一切所攝善法，有二種勝：一者、因勝，二者、果勝。謂諸菩薩所攝善法，皆是無上正等菩提能證因故；所證無上正等菩提是此果故。比餘一切聲聞、獨覺所攝善法尚爲殊勝，何況比餘一切有情所攝善法！是故菩薩所攝善法，比餘一切所攝善法，因果俱勝。最初發心堅固菩薩，略有二種發心勝利：一者、初發菩提心已，即是眾生尊重福田，一切眾生皆應供養，亦作一切眾生父母。二者、初發菩提心已，即能攝受無惱害福。由此菩薩成就如是無惱害福，得倍輪王護所守護；由得如是護所護故，若寢、若寤、若迷、悶等，一切魍魎、藥叉、宅神、人、非人等不能嬈害。」】（《大正藏》冊三十，頁 482，上 25-中 10）

2 五逆罪就是殺父、殺母、殺阿羅漢、破和合僧、出佛身血。

3 關於眞出家的內涵，請詳見《三乘菩提之學佛釋疑（二）》第七十一~七十四集，由正文老師開示：出家是出哪個家？（一）~（四）http://www.enlighten.org.tw/dharma/9

4 《大智度論》卷十三〈序品 第一〉：【復次，佛法中出家人，雖破戒墮罪，罪畢得解脫。如《優鉢羅華比丘尼本生經》中說：「佛在世時，此比丘尼得六神通阿羅漢。入貴人舍，常讚出家法，語諸貴人婦女言：『姊妹可出家！』諸貴婦女言：『我等少壯，容色盛美，持戒爲難，或當破戒！』比丘尼言：『但出家，破戒便破。』問言：『破戒當墮地獄，云何可破？』答言：『墮地獄便墮！』諸貴婦女笑之言：『地獄受罪，云何可墮？』比丘尼言：『我自憶念本宿命時作戲女，著種種衣服而說舊語，或時著比丘尼衣以爲戲笑。以是因緣故，迦葉佛時作比丘尼，自恃貴姓端政，心生憍慢而破禁戒；破戒罪故，墮地獄受種種罪。受罪畢竟，值釋迦牟尼佛出家，得六神通阿羅漢道。以是故，知出家受戒，雖復破戒，以戒因緣故得阿羅漢道；若但作惡，無戒因緣，不得道也。我乃昔時世世墮地獄，地獄出爲惡人，惡人死還入地獄，都無所得。今以此證知出家受戒，雖復破戒，以是因緣，可得道果。』」】

5 《大智度論》卷十三〈序品 第一〉：【復次，如佛在祇洹，有一醉婆羅門來到佛所，求作比丘。佛敕阿難與剃頭，著法衣。醉酒既醒，驚怪己身忽爲比丘，即便走去。諸比丘問佛：「何以聽此醉婆羅門作比丘？」佛言：「此婆羅門無量劫中初無出家心，今因醉故暫發微心，以是因緣故，後當出家得道。」如是種種因緣，出家之利，功德無量。以是故，白衣雖有五戒，不如出家。】

6 《梵網經》卷下：【佛告諸佛子言：「有十重波羅提木叉，若受菩薩戒不誦此戒者，非菩薩非佛種子，我亦如是誦，一切菩薩已學，一切菩薩當學，一切菩薩今學。已略說菩薩波羅提木叉相貌，應當學，敬心奉持。」】（《大正藏》冊二十四，頁 1004，中 11-15）

7 《佛說灌頂經》卷三：【佛言：「梵志！汝能一心受三自歸已，我當爲汝及十方人，勅天帝釋所遣諸鬼神，以護男子女人輩受三歸者。」梵志因問佛言：「何等是也？願欲聞之，開化十方諸受歸者。」佛言：「如是灌頂善神，今當爲汝略說三十六。」】（《大正藏》冊二十一，頁 501，下 24-28）

8 《佛說灌頂經》卷三：【佛語梵志：「是爲三歸五戒法也！汝善持之勿有毀犯。」說已，梵志因白佛言：「世尊說言若持五戒者，有二十五善神，衛護人身在人左右，守於宮宅門户之上，使萬事吉祥。惟願世尊爲我說之。」佛言：「梵志！我今略演，勅天帝釋使四天王，遣諸善神營護汝身，如是章句善神名字，二十五王其名如是。」】（《大正藏》冊二十一，頁 502，下 7-13）

9 《佛說灌頂經》卷三：【佛語梵志：「是爲三十六部神王，此諸善神凡有萬億恒河沙鬼神，以爲眷屬陰相番代，以護男子女人等輩受三歸者。……」梵志又白佛言：「世尊以賜三自歸法，天帝遣善神三十六大王護助我身，已蒙世尊哀愍救度。今更頂禮請受法戒。」佛言：「善哉！梵志汝當淨身口意，懇惻至心敬受法戒。」】（《大正藏》冊二十一，頁 502，中 12-20）

10 正覺總持咒：【五陰十八界，涅槃如來藏，般若道種智，函蓋一切法。一切最勝故，與此相應故，二所現影故，三位差別故，四所顯示故，如是次第現。具足解脫道，及佛菩提道，求正覺佛子，一切應受持。】

11 全文下載閱讀點：http://foundation.enlighten.org.tw/book/17

12 淨業學人家裡能不能供「唵嘛呢叭咪吽」的條幅？（上）—學佛釋疑（二）第三十三集
http://www.enlighten.org.tw/dharma/9/33
淨業學人家裡能不能供「唵嘛呢叭咪吽」的條幅？（下）—學佛釋疑（二）第三十四集
http://www.enlighten.org.tw/dharma/9/34

13 《增壹阿含經》卷二十六〈等見品〉：【爾時，眾多比丘聞流離王往征釋種，至世尊所頭面禮足在一面立，以此因緣具白世尊。是時，世尊聞此語已即往逆流離王；便在一枯樹下，無有枝葉於中結加趺坐。是時，流離王遙見世尊在樹下坐，即下車至世尊所，頭面禮足在一面立。爾時，流離王白世尊言：「更有好樹，枝葉繁茂，尼拘留之等，何故此枯樹下坐？」世尊告曰：「親族之廕故勝外人。」是時，流離王便作是念：「今日世尊故為親族；然我今日應還本國，不應往征迦毘羅越。」是時，流離王即辭還退。是時，好苦梵志復白王言：「當憶本為釋所辱。」是時，流離王聞此語已復興瞋恚：「汝等速嚴駕，集四部兵，吾欲往征迦毘羅越。」是時，群臣即集四部之兵，出舍衛城，往詣迦毘羅越征伐釋種。是時，眾多比丘聞已，往白世尊：「今流離王興兵眾，往攻釋種。」爾時，世尊聞此語已，即以神足往在道側，在一樹下坐。時，流離王遙見世尊在樹下坐，即下車至世尊所，頭面禮足在一面立。爾時，流離王白世尊言：「更有好樹，不在彼坐，世尊今日何故在此枯樹下坐？」世尊告曰：「親族之廕勝外人也。」是時，世尊便說此偈：「親族之蔭涼，釋種出於佛，盡是我枝葉，故坐斯樹下。」是時，流離王復作是念：「世尊今日出於釋種，吾不應往征，宜可齊此還歸本土。」是時，流離王即還舍衛城。是時，好苦梵志復語王曰：「王當憶本釋種所辱。」是時，流離王聞此語已，復集四種兵出舍衛城，詣迦毘羅越。是時，大目乾連聞流離王往征釋種，聞已，至世尊所頭面禮足在一面立。爾時，目連白世尊言：「今日流離王集四種兵往攻釋種，我今堪任使流離王及四部兵，擲著他方世界。」世尊告曰：「汝豈能取釋種宿緣，著他方世界乎？」時，目連白佛言：「實不堪任使宿命緣，著他方世界。」爾時，世尊語目連曰：「汝還就坐。」目連復白佛言：「我今堪任移此迦毘羅越，著虛空中。」世尊告曰：「汝今堪能移釋種宿緣，著虛空中乎？」目連報曰：「不也，世尊！」佛告目連：「汝今還就本位。」爾時，目連復白佛言：「唯願聽許以鐵籠疏覆迦毘羅越城上。」世尊告曰：「云何，目連！能以鐵籠疏覆宿緣乎？」目連白佛：「不也，世尊！」佛告目連：「汝今還就本位，釋種今日宿緣已熟，今當受報。」爾時，世尊便說此偈：「欲使空爲地，復使地爲空，本緣之所繫，此緣不腐敗。」」】（《大正藏》冊二，頁 690，下 26-頁 691，中 16）

14 古印度的「億」這個單位可能是指現今「十萬」的數目。

15 《法句譬喻經》卷二〈惡行品 第十七〉：【昔佛在舍衛國精舍之中，爲諸天人說法。時國王第二兒名曰瑠璃，其年二十，將從官屬退其父王，伐兄太子自禪爲王。有一惡名曰耶利，白瑠璃王：「王本爲皇子，時至舍夷國外家舍，看到佛精舍中，爲諸釋種子所呵，罵詈無有好醜。爾時見勑：『若我爲王，便啓此事。』今時已到，兵馬興盛宜當報怨。」即勑嚴駕引率兵馬，往伐舍夷國。佛有第二弟子名摩訶目揵連，見琉璃王引率兵士伐舍夷國以報宿怨，今當伐殺四輩弟子，念其可憐便往到佛所，白佛言：「今琉璃王攻舍夷國，我念中人當遭辛苦，我欲以四方便救舍夷國人：一者舉舍夷國人著虛空中，二者舉舍夷國人著大海中，三者舉舍夷國人著兩鐵圍山間，四者舉舍夷國人著他方大國中央，令琉璃王不知其處。」佛告目連：「雖知卿有是智德，能安處舍夷國人，萬物眾生有七不可避。何謂爲七？一者生，二者老，三者病，四者死，五者罪，六者福，七者因緣。此七事，意雖欲避不能得自在。如卿威神可得作此，宿對罪負不可得離。」於是目連禮已便去，自以私意取舍夷國人知識檀越四五千人，盛著鉢中，舉著虛空星宿之際。琉璃王伐舍夷國，殺三億人已引軍還國。於是目連往到佛所爲佛作禮，自貢高曰：「琉璃王伐舍夷國，弟子承佛威神，救舍夷國人四五千人，今在虛空皆盡得脫。」佛告目連：「卿爲往看鉢中人不也？」曰：「未往視之。」佛言：「卿先往視鉢中人眾。」目連以道力下鉢，見中人皆死盡，於是目連悵然悲泣愍其辛苦，還白佛言：「鉢中人者今皆死盡，道德神力不能免彼宿對之罪。」佛告目連：「有此七事，佛及眾聖神仙道士，隱形散體皆不能免此七事。」於是世尊即說偈言：「非空非海中，非隱山石間，莫能於此處，避免宿惡殃。眾生有苦惱，不得免老死，唯有仁智者，不念人非惡。」佛說是時，座上無央數人聞佛說無常法，皆共悲哀念對難免，欣然得道逮須陀洹證。】（《大正藏》冊四，頁 590，下 27-頁 591，中 7）

[16]《增壹阿含經》卷二十六〈等見品　第三十四〉：【是時，流離王聞世尊所記：「流離王及諸兵眾，却後七日盡當消滅。」聞已恐怖，告群臣曰：「如來今以記之云：『流離王不久在世，却後七日及兵眾盡當沒滅。』汝等觀外境，無有盜賊、水火災變來侵國者，何以故？諸佛如來語無有二，所言終不異。」爾時，好苦梵志白王言：「王勿恐懼，今外境無有盜賊畏難，亦無水火災變；今日大王快自娛樂。」流離王言：「梵志當知，諸佛世尊，言無有異。」時，流離王使人數日，至七日頭，大王歡喜踊躍，不能自勝。將諸兵眾及諸婇女，往阿脂羅河側而自娛樂，即於彼宿。是時，夜半有非時雲

起，暴風疾雨，是時，流離王及兵眾盡為水所漂，皆悉消滅，身壞命終，入阿鼻地獄中。復有天火燒內宮殿。爾時，世尊以天眼觀見流離王及四種兵為水所漂，皆悉命終，入地獄中。」】（《大正藏》冊二，頁 693，上 18-中 6）

17 《增壹阿含經》卷二十六〈等見品　第三十四〉：【諸比丘白世尊言：「今此諸釋昔日作何因緣，今為流離王所害？」爾時，世尊告諸比丘：「昔日之時，此羅閱城中有捕魚村。時，世極飢儉人食草根，一升金貿一升米；時彼村中有大池水，又復饒魚。時，羅閱城中人民之類，往至池中而捕魚食之，當於爾時，水中有二種魚：一名拘璅，二名兩舌。是時，二魚各相謂言：『我等於此眾人先無過失，我是水性之虫不處平地，此人民之類皆來食噉我等，設前世時，少多有福德者，其當用報怨。』爾時，村中有小兒年向八歲，亦不捕魚，復非害命。然復彼魚在岸上者，皆悉命終；小兒見已，極懷歡喜。比丘當知，汝等莫作是觀。爾時羅閱城中人民之類，豈異人乎？今釋種是也。爾時拘璅魚者，今流離王是也；爾時兩舌魚者，今好苦梵志是也；爾時小兒見魚在埠上而笑者，今我身是也。爾時釋種坐取魚食，由此因緣，無數劫中入地獄中，今受此對。我爾時坐見而笑之，今患頭痛如似石押，猶如以頭戴須彌山。所以然者，如來更不受形，以捨眾行，度諸厄難，是謂；比丘！由此因緣今受此報。諸比丘當護身、口、意行，當念恭敬、承事梵行人。如是，諸比丘！當作是學。」爾時，諸比丘聞佛所說，歡喜奉行。】（《大正藏》冊二，頁 693，中 13-下 9）

18 http://www.a202.idv.tw/discuz/forum.php?mod=viewthread&tid=14079（擷取日期：2012.12.8）

第四章 生天之論

第一節 佛教的世界觀

第一目 宇宙的真相：無量無數的三千大千世界

在兩千五百多年前，還沒有超級天文望遠鏡的時候，佛陀就知道宇宙不是只有這個地球，佛陀就知道宇宙是無量無邊的，有無量無數個星球和無量無數個銀河系，從科學的角度來看，科學越進步就越可以證明 佛陀的智慧是眞實的。因爲佛陀是一切智者，宇宙中所有器世間的眞相和智慧只是三界世間中很小的一部分，因此 佛陀當然是全都具足了知。

我們在學校學過天文學，知道一個太陽系就是有許多行星圍繞著一個太陽不斷的運行，而我們這個地球旁邊還有月亮圍繞著地球運轉，地球上的環境正是適合要生活在這個世界的人類及動、植物生存；而我們現在也知道宇宙中有無量無數的銀河系，更有無量無邊的太陽系，當然在其他的太陽系中也會有適合有情眾生居住的星球。而這個觀點，在兩千五百多年前 佛陀於《起世因本經》中就開示過：**一個小世界就是一個太陽和月亮**（也稱一日月）**所行之處，照四天下。而一千個小世界，就是一千個太陽系**[1]；佛陀說，一千個小世界（就是一千個太陽系）當中就有一千個六欲天，在六欲天上面是梵天（色界天）。最早在梵天出生的那個色界天人，當他出生時只有他自己一個人，後來他希望能有其他人來作伴，漸漸地因緣成熟了，別的天人也眞的開始出生在梵天之中了；所以他誤以爲自己是造物主，就說：「**我能創造世間，我是主父。**」但 佛陀說他這樣是我慢，因爲事實上，一切器世間都是與這個器世間有緣的有情共同業力而感生成就的。一千個太陽系這樣的世界就叫作小千世界；而一千個小千世界，就是一個中千世界；一千個中千世界，就是一個大千世界；這樣的大千世界就是三個千乘在一起，因此也稱爲三千大千世界。這樣一個三千大千世界其實就是現代所謂的星雲漩系，例如我們太陽系所在的銀河系就是一個星雲漩系，也就是一個三千大千世界，其中有數十億（有些甚至更多）個太陽系，由此也證明 佛陀的說法是眞實不虛的。而且 佛陀早就已經說過：在宇宙當中有無量無數像這樣的三千大千世界，但是以現代的天文科學技術，能夠辨識出的星系還十分有限，這與 佛陀一切智者的證境是遠遠無法相比擬的。

第二目 一切器世間皆是眾生的共業所成

這個世界其實是很有趣的！不是只有人間，我們在持戒之論中除了談到有三惡道（畜生道、鬼道、地獄道）之外，還有天界眾生的存在。

佛教說的三界流轉、六道輪迴，其中所說的三界就是欲界、色界、無色界，而六道就是天道、阿修羅道、人道、畜生道、餓鬼道、地獄道。

這個世間並不是各種一神教所主張的，說是由某個造物主創造的。而是由每個眾生的如來藏所共同創造的，因此佛教說世間是眾生共業形成的，是大家的如來藏共同創造出來的。譬如《楞伽阿跋多羅寶經》卷四〈一切佛語心品〉說：

佛告大慧：「如來之藏，是善不善因，能遍興造一切趣生，譬如伎兒變現諸趣，離我我所；不覺彼故，三緣和合方便而生，外道不覺，計著作者。」

也就是說如來藏像個魔術師一樣，依照我們各自所造不同的業種，然後變化出我們每一世不同的色身，如果我們持五戒就會繼續當人，如果我們再加修十善就可以生天享福；如果造作各種惡業，依照所造惡業的輕重就會生到不同的三惡道中。而我們的如來藏自身則是沒有任何執著性的，祂完全依照我們所造作的業種而執行因果律則，因緣和合就出生我們未來世的業道。但一神教外道沒有這個實相智慧，不知不解一切都是我們的「**自心如來**」所造，因此就創造出有一個造物主存在的思想，所以事實上是人類創造了上帝，而不是上帝創造了人類。

第三目 三界諸天

所謂的三界，就是欲界、色界、無色界；三界諸天由下往上就是欲界天、色界天以及無色界天。欲界包含了欲界天、阿修羅、人及畜生、餓鬼道和地獄等三惡道眾生。俗話說「**飲食男女、食色性也**」，那就是欲界的境界了，因爲有男女欲的貪愛以及對香塵、味塵的貪愛，欲界中就有了男女性的差別，也需要不同種類的摶食等飲食才能存活。又眾生修十善可以往生欲界天，欲界天有六個層次，也就是四天王天、忉利天（又稱爲三十三天）、夜摩天、兜率陀天、化樂天、他化自在天；他化自在天之上另有魔宮，也就是天魔波旬所住之處[2]。

欲界六天中的第一層四天王天，是在須彌山的半山腰，分別在東、西、南、北四個方位，由四位天王各自掌管一方。

在須彌山頂上是第二層的忉利天，又稱爲三十三天，是說此天之中分爲三十三個天，最中間的天主就是中國人所說的玉皇上帝，經中也稱之爲釋提桓因，或名帝釋。在中國道教所說的各種天帝，都是在此三十三天的境界中，其中以玉皇上帝爲最尊貴。佛陀是親眼看見他們住在哪裡，就依實際所見而說。

接著，在忉利天之上的第三層天就是夜摩天，夜摩天再往上就是第四層的兜率陀天，兜率陀天就是諸佛成佛前最後身菩薩位所住的地方，最後身妙覺菩薩成佛前都會上生兜率天宮去住持及說法，例如當來下生的 彌勒尊佛，也就是現在的彌勒菩薩就在兜率陀天的彌勒內院中說法度眾。

兜率陀天往上是第五層化樂天，化樂天天人可以隨意變化出自己能夠受用的東西。在化樂天上面則是欲界第六層天他化自在天，會稱爲他化自在天就是此天中的天人，想要什麼不需要自己去變現，只要把化樂天天人所變化出來的東西直接拿過來用就好，也就是於他所化得自在，因此稱爲他化自在天。

超過欲界天後再往上則是色界天，因爲已經離開了欲界欲，所以就沒有男女的差別了，色界天以禪悅爲食，所以也沒有摶食的飲食，因此色界天沒有香塵及味塵當然也就沒有鼻識與舌識，因爲在色界天中味覺和嗅覺都用不上了。而色界天是有初禪乃至四禪的禪定證量的有情所生的天，色界天包括有初禪三天（梵眾天、梵輔天、大梵天）、二禪三天（少光天、無量光天、光音天）、三禪三天（少淨天、無量淨天、遍淨天）、四禪四天（福生天、福愛天、廣果天、無想天）及四禪之上色界之頂的五淨居天（無煩天、無熱天、善見天、善現天、色究竟天，也稱爲五不還天，是證得不還果以上與四禪證量之聲聞人以及菩薩所生之處），共計有十八天。〔案：《起世經》分類爲二十二天，學人可自行恭閱，筆者於此不多贅述。〕[3]

再來說無色界天也就是四空天，那是修證四禪之上的「**四空定**」者捨報後所得之果報；也就是空無邊處天、識無邊處天、無所有處天、非想非非想處天，在這四空天是一切色法都沒有的狀態，純粹是意識境界。[4]

第四目　天龍八部

在三界中的有情也包含了「天龍八部」等六道輪迴之眾生。金庸膾炙人口的武俠小說中有一部叫作《天龍八部》，這個名詞雖然是出自於佛經，但讀者千萬別誤以為他的內容就是經典說的「天龍八部」，那可是完全不相干的。欲界天中除了天人之外，尚有天、龍、夜叉、乾闥婆（樂神）、阿修羅、迦樓羅（金翅鳥）、緊那羅（歌神）、摩睺羅伽（大蟒神），因此將這八種攝屬人非人的眾生就合稱天龍八部，或稱八部眾。

佛陀在人間或在天上說法時，天龍八部中各個天主、龍王、夜叉王、乾闥婆王、阿修羅王、迦樓羅王、緊那羅王、摩睺羅伽王等都會帶著他們無量的眷屬一起前來聽經聞法。

佛陀說會生到龍族裡有四種因緣，如《佛說罵意經》中說：【墮龍中有四因緣：

一者、多布施，二者、多瞋恚，三者、輕易人，四者、自貢高坐，是爲四事作龍。上頭一得福，後三事得龍身。】所以，如果有人過去世多懷瞋恚、輕視他人、傲慢自高等，心性彎曲但又常作布施而有福德，因此生而爲龍，如《大智度論》卷十二〈序品 第一〉也說：**【又知惡人多懷瞋恚，心曲不端而行布施，當墮龍中，得七寶宮殿，妙食好色。】**

龍又分爲卵生、胎生、濕生、化生四類；最有威德的是化生龍，接著依序是濕生龍、胎生龍及卵生龍。分別在海中或在天上等等，天界中的龍就是天龍。《妙法蓮華經》中開示 文殊師利菩薩在海中爲眾生說《法華經》，以及後續的龍女成佛這段故事，其中的龍女就是龍眾——海龍王娑竭羅的女兒[5]。金翅鳥也是一樣分爲此四種生，《起世因本經》卷五〈諸龍金翅鳥品 第五〉中說：

復次，諸比丘！一切諸龍，有四種生。何等爲四？一者卵生、二者胎生、三者濕生、四者化生，如此名爲四種生龍。諸比丘！其金翅鳥，亦四種生，所謂卵生、胎生、濕生及以化生，此等名爲彼金翅鳥有四種生。

龍及金翅鳥雖然都是旁生道的眾生，然而因爲有較大的福德，所以能夠生在攝屬於天界的旁生道中，受用比一般旁生道有情好的福報與境界，但終究還是屬於畜生道的眾生，並不值得佛弟子們愛樂或稱羨。金翅鳥又稱迦樓羅，是龍族的天敵，金翅鳥專門吃龍，據說甚至一天要吃一條龍王和五百條小龍，就像吃麵條一樣。金翅鳥就是喇嘛教所崇拜畏懼的孔雀明王，會成為金翅鳥是因為過去世比較憍慢，布施時常以瞋心而行布施，因此雖然是畜生道的金翅鳥，但卻很有福報，還有如意寶珠等作為瓔珞莊嚴之具，需要什麼就可變化出什麼。如《大智度論》卷十二〈序品 第一〉云：

又知憍人多慢，瞋心布施，墮金翅鳥中，常得自在。有如意寶珠以為瓔珞，種種所須，皆得自恣，無不如意，變化萬端，無事不辦。

又據說大鵬金翅鳥的翅膀伸開有三百六十由旬那麼寬廣。（案：有說小由旬四十里，中由旬六十里，大由旬八十里者，有說十二里、十六里或三十二里者，總而言之就是表示很長的距離。）且卵生的金翅鳥只能吃到卵生龍，吃不到其他三種龍；胎生金翅鳥則能吃胎生龍和卵生龍，卻吃不到其他兩種龍；濕生的金翅鳥則三種龍都可以吃，只有化生龍吃不到；化生的金翅鳥就可以吃卵胎濕化四種龍。[6] 但金翅鳥都不能吃某些龍王，如娑伽羅龍王……等」，也不能吃受了八關齋戒的龍，因此大部分的龍也都持八關齋戒。就是因爲金翅鳥一直吃龍，導致龍族都快滅絕了，所以龍王就去找佛陀求救；因此 佛陀就告誡金翅鳥不能再吃龍了！金翅鳥就擔心從此以後沒東西吃了，所以 佛陀慈悲安慰牠們，並規定出家人每日中午吃飯時要施食供養金翅鳥。例如我們所知寺院午供施食的供養偈曰：「**大鵬金翅鳥，曠野鬼神眾，羅剎鬼子母，甘露悉充滿。**」所以出家人每日午供時，都會有施食的儀軌，而且不單單給金翅鳥，也給曠野鬼神眾，和羅剎鬼子母等眾生受用。

乾闥婆又名樂神，喜樂音律，擅長吟詠，常以天樂娛樂忉利天主釋提桓因等天人。樂神身上會散發出香氣，並且也是以香爲食，故亦名香陰。古今中外許多音樂家一生下來沒多久就會作曲、演奏，如貝多芬、莫札特等人，或許他們的前世都是樂神來轉世的。

緊那羅就是天上的歌神，配合著乾闥婆一起爲帝釋天演奏及歌唱；人間許多很會唱歌又很有名的歌星，過去世就可能是緊那羅。

阿修羅分布於五趣之中，若在天道中則是天阿修羅，阿修羅的意思是無端，容貌醜陋之意，男的阿修羅極醜，女的卻是絕色美人。會往生到阿修羅道是因爲身口意行有微惡業，個性有憍慢、我慢、增上慢、大慢……，但仍常修布施及善業，因此生到修羅道中。如《佛爲首迦長者說業報差別經》中說：

復有十業能令眾生得阿修羅報：一者，身行微惡業；二者，口行微惡業；三者，意行微惡業；四者，憍慢；五者，我慢；六者，增上慢；七者，大慢；八者，邪慢；九者，慢慢；十者，迴諸善根，向修羅趣。以是十業得阿修羅報。

《楞伽經詳解》第一輯第二二三頁中說：

無德天謂阿修羅。阿修羅天常欲與欲界諸天共戰；以常布施而喜怒不定，道德有虧，故其果報無酒可飲，亦名無酒。

因爲忉利諸天時常受阿修羅的騷擾而必須與之鬥戰，因此諸天看到人間眾生多修十善，就會很歡喜！因爲，將來往生到天道的眾生就會增加，而相對來說往生到阿修羅道的眾生會減少，這樣忉利天的勢力就會勝過阿修羅，天人就能安隱無憂。

「摩睺羅伽」是大蟒神，人身而蛇頭。夜叉又名「藥叉」，就是有修布施但在心性上有染汙、貪瞋等業習，因此成爲夜叉鬼神[8]，其中有分爲「地夜叉、虛空夜叉、天夜叉」[9]。地行夜叉是過去世喜歡吃肉、喝酒，而且瞋恨心比較重，但又有作布施，因爲瞋恨重又愛吃眾生肉的關係，生爲地行夜叉，身體粗重飛不動；因爲有布施的關係，所以福報很好。如《大智度論》卷十二〈序品 第一〉：**【又知多瞋很戾、嗜好酒肉之人而行布施，墮地夜叉鬼中，常得種種歡樂、音樂、飲食。】**

虛空夜叉則是個性剛愎強悍而且很堅持己見，然而卻喜歡布施，但不喜歡付出勞力，平時又不喜歡走路都以車馬代步，因此生爲「虛空夜叉」都用飛的。如《大智度論》卷十二〈序品 第一〉：**【又知有人剛愎強梁而能布施，車馬代步，墮虛空夜叉中而有大力，所至如風。】**

還有一種福報很好的飛行夜叉有天宮，因爲過去世常布施房舍，因此果報是可以住在天宮中，但因爲喜歡跟別人競爭計較誰布施作得比較大，因此生爲有福報的宮殿飛行夜叉。如《大智度論》卷十二〈序品 第一〉：【又知有人妬心好諍，而能以好房舍、臥具、衣服、飲食布施，故生**宮觀飛行夜叉**中，有種種娛樂便身之物。】

另有一種**精行夜叉**專門吸人的精氣，那就是假藏傳佛教（喇嘛教）中修雙身法的空行母之類。

實際上有許多夜叉神都已經歸依三寶、吃素，並發願成為佛教中的護法神[10]，這樣的夜叉是吸收草木之氣，是我們三歸依或受五戒以及菩薩戒後來守護我們的護法神。另外夜叉也在四天王天和忉利天的宮殿中保護著四天王[11]和保護著忉利天諸天[12]。

第二節 天界之快樂

第一目 天上人間的愛情故事

天人的壽命都很長，佛經上常說：「天上一日，人間百年。」[13]就是指玉皇大帝的忉利天。如《大樓炭經》卷三〈高善士品 第七〉云：

於世間百歲爲忉利天上一日一夜，世間三千歲爲忉利天上一月，世間三萬六千歲爲忉利天上一歲。如天上計，第二忉利天上人壽千歲。

在巴利文的《法句經》的英譯版本[14]中，有一個〈尊夫女〉的故事，述說一位忉利天的天女壽終後到人間過完了一世，又回到天界中，但天界的天人們感覺才過一個下午而已。接下來，我們引用這個故事給大家看：

有一段時期，佛陀在摩竭陀國遊化，住在竹林精舍裡。尊夫女的故事就是發生在這個時候，佛陀藉此因緣，開示了生命無常的法義。

在忉利天（三十三天）上有一位天子，叫作佩花環天。他與一千名天女在他的天宮樂園裡遊玩。其中五百名天女飛升到樹上將花丟下來，另外五百名天女就把丟下來的花拾起來，用來莊嚴那位天子。其中有一名天女業報壽命盡了，因此在天界中忽然消失。

接著她在印度的舍衛國中出生，在十六歲時出嫁，生了四個兒子。她是一位品德高尚又樂於布施的良家婦女，喜歡以食物和其他的生活必需品供養比丘僧眾，也時常去寺院裡打掃環境，給水壺添水，爲僧團提供種種的勞務。

尊夫女與生俱來就有少許的宿命通，因此她依稀記得自己前世曾是忉利天上的一位天女，丈夫是一位名叫佩花環天的天子。她還記得有一天，正當佩花環天與他的妻子們在忉利天宮的花園裡採拾花朵盡情玩樂時，自己因天壽終結而死去，然後受生在人間。因此，她每次供養了比丘僧，作了種種布施之後，她都會發願，希望來生能再受生於忉利天上，能與她摯愛的佩花環天再續前緣。

有一天傍晚，尊夫女忽然得了急病，當天夜裡就去世了。正如她所願，她再度受生於忉利天上，成爲佩花環天的妻子。由於人間的一百年只相當於忉利天界的一天，因此這時佩花環天與他的妻子們在花園裡的遊戲還在進行著，而她彷彿只是暫時離開了一會兒。

當尊夫女加入她們之中時，佩花環天問道：「妳剛才去了哪裡？我整個早上都沒看到妳。」她回答道：「親愛的，我因爲天壽盡而死亡不見，接著受生在人間一處名叫舍衛國的地方，成爲人類的女子。我十六歲時嫁給一個男人，爲他生了四個兒子。有一天，我得了急病，身壞命終，又在忉利天受生。我在人間時，勤作布施，發願迴向，希望能與你重逢，如今總算如願以償了。」

比丘們得知尊夫女的死訊，有人悵然若失，也有人感到悲傷。他們去面見 佛陀，向祂報告此事。這時，有比丘問道：「世尊！這位尊夫女生前樂行布施，廣造善業，祈求來生再與她的丈夫相聚，請問她往生到哪裡去了？」佛陀回答道：「她已經如願往生到她的丈夫身旁。」比丘們不解地說：「可是她並沒有在她丈夫那裡啊！」

佛陀回答道：「她祈求的不是人間的這個丈夫，而是她過去生在忉利天爲天女時的丈夫，是一位名叫佩花環天的忉利天子。如今，尊夫女已經受生在忉利天上，再度成爲佩花環天的妻子。」

聽了 佛陀的開示，比丘們感慨地說：「尊夫女早上還在熱心地供養僧團飲食，傍晚卻一病不起！」佛陀開示道：「衆生的生命眞是短促，死魔主宰了一切有情。在他們還沈溺於種種欲樂難以饜足時，死魔突然就來臨。」接著，佛陀以偈語說出了以下這段話：

似錦年華，恣意攀折，五陰熾盛，貪樂無饜；
當此之時，死魔驟臨，彼人不覺，終爲魔勝。[15]

第二目　諸天壽命與身量廣大

由此可知，天人的壽命都非常的長壽。在佛經上也說欲界天：第一層的四天王天，他們的一天是人間的五十年，也是三十天爲一個月，十二個月爲一年；而四天王天的壽命是五百年的天壽，這樣換算成人間的時間大約是九百萬歲。而第二層的忉利天，他們的一天是人間的一百年，而他們的天壽是一千年，如此換算人間的時間是三千六百萬歲左右。第三層的夜摩天，他們一天是人間的二百年，此天的天壽是二千年，換算成人間的時間約一億四千四百萬年左右。第四層的兜率陀天，一天是人間的四百年，天壽四千歲，換算成人間的時間是五億七千六百萬年左右，因此佛經上說　彌勒菩薩五億七千六百萬年會下生成佛，就是這個道理。第五層的化樂天，一天是人間的八百年，天壽八千歲，換算成人間的時間是二十三億四百萬年。第六層的他化自在天，一天是人間的一千六百年，天壽爲一萬六千年，因此換算成人間的時間是九十二億一千六百萬年。[16]

而色界天的壽命更是長了，是用劫來計算！無色界天中最高的非想非非想天，壽命是八萬四千大劫，眞的是非常非常不可思議的長壽。

又天界的身量都很廣大！在《起世因本經》卷七〈三十三天品 第八〉中都有詳細的開示，等級越高的天界眾生身量越高大。[17]而越上層的天，定力福德越大，光明也越殊勝。[18]但所有的天都比不上諸佛的光明，諸佛的光明是一切光明中最殊勝的，因爲如來具足無量無邊的一切功德。[19]

第三目 天界的快樂生活

在欲界天上眞的是過著五欲充足快樂的生活，因爲一個欲界天人有五百天女來服侍，每一位天女又有七位侍女侍奉著；在天界中不用上班工作賺錢，來滿足買房、買車、教育、飲食等等開銷，自然就有華麗莊嚴的天宮可安住，而且五通具足（有天眼通、天耳通、神足通、他心通、宿命通），可以到處飛來飛去，四處遊玩，眞是樂不思蜀，哪裡還可能會想到要修行！所以，菩薩不樂生天享福。

《起世因本經》卷七〈三十三天品 第八〉：

諸比丘！諸天別有十種之法。何等爲十？諸比丘！一、諸天行來去無邊；二、諸天行來去無礙；三、諸天行無有遲疾；四、諸天行脚無蹤跡；五、諸天身無患疲乏；六、諸天身有形無影；七、諸天無大小便；八、諸天身無有涕唾；九、諸天身清淨微妙，無有脂髓皮肉及血筋骨脈等；十、諸天身欲現長短青黃赤白大小麤細，隨意悉能，並皆端正，可喜殊絕，令人愛樂。諸天之身，有此十種不可思議。諸比丘！又諸天身，充實不虛悉皆平滿；齒白方密，髮青齊整柔軟光澤；身自然明，有神通力飛騰虛空；眼視不瞬，瓔珞自然衣無垢膩。

天界中還有十種殊勝可愛之法：第一、天人之行可以來去無有邊際限制；第二、天人之行可以來去無有障礙；第三、天人之行沒有快慢的差別；第四、天人之行不會留下蹤跡；第五、天人身體的功能不會疲倦匱乏；第六、天人之身雖有形體但不會有影子；第七、天人沒有大小便等汙穢產生；第八、天人的身體沒有鼻涕、眼淚、唾液等不淨；第九、天人的身體清淨微細勝妙，沒有油脂、骨髓、皮肉和血液、筋、骨、氣脈等不清淨的組織；第十、天人的天身，想要變長變短，或顏色顯示青、黃、赤、白，乃至是要變大變小、變粗變細等，都能隨意變化，並且不論怎麼變化都會很端正，令人看了歡喜愛樂。〔案：由經典中的開示也充分證明了，喇嘛教（假藏傳佛教）所供奉敬仰與崇拜的「佛像、護法神像」，都是些青面獠牙，能令眾生產生怖畏、厭惡等汙穢不淨的眾生，連欲界天的層次都還稱不上，只是些比大部分人類果報更差的低階鬼神種類罷了。〕而且天人的天身，都充實不會有凹陷空虛或瘦骨嶙峋缺少福德的模樣〔案：由經典中的開示也充分證明了，就算只是欲界天人，都有福德莊嚴之相，而不會有乾扁瘦弱的樣貌，何況是福慧圓滿具足的佛陀，更不可能會是乾扁瘦弱的模樣，如果有人製作出過瘦或過胖的塑像，還說那是諸佛世尊的聖像，那就是在謗佛，學人皆應以智慧謹慎簡擇。〕，個個都很平滑圓滿，牙齒也是又白又整齊也很緊密，頭髮烏黑整齊、柔軟而有光澤，身體有自然的光明。天人也都有神通力，可以在虛空中隨意來去；天眼所視，不需左顧右盼也不需眨眼，一切都能清晰分明，瓔珞莊嚴自然而有，天衣光潔不會有任何汙垢或油膩。

可以往生欲界天者，是因爲身口意行廣修十善的關係，因此在身壞命終後，他的如來藏就會幫他出生欲界天身，就在欲界天的天人或天女的兩膝內化生出來，剛出生時就像人間的十二歲小孩那樣，如果是生而爲男就從天子的兩膝旁出生；如果是生而爲女就從天女的大腿內側出生。就像這樣出生以後，天子或天女就說：「**這是我的兒子、女兒**」。[20]

而修善往生欲界天之後，一般來說這位天子或天女若是利根者，都會記得自己是何因緣來生天界的。如果是鈍根的天人，就只顧著享樂其他都不在意了。如《賢愚經》卷五〈迦旃延教老母賣貧品 第二十六〉〔作者案：《賢愚經》卷五〈迦旃延教老母賣貧品 第二十六〉的故事請詳見本書第二章〈布施之論〉之第二節第二目。〕：【**生天之法，其利根者，自知來緣，鈍根生者，但知受樂。**】

所以，利根的天人都會知道自己過去生因爲身口意修了十善業道，所以生到此天當中。又當他想要飲食，才念著要吃的時候，就會有許多珍寶所成的器皿現前，並且裝滿了非常好的美味甘露飲食，隨著每個天人的福報而有差異，果報最殊勝者受用最好的食物是白色、最好吃，中等的是紅色，下等的則是黑色；食物都是入口即化，自然消化而無殘渣汙穢。如果想喝飲料，就有杯子裝著美酒供他飲用，同樣是看這個天人的福報是上等、中等或下等的差別，美酒的顏色也是分爲白、紅、黑三類；喝了以後也是自然消化而沒有殘餘排泄。

吃飽喝足後，這位初生的天子或天女就長大了，跟一般的天子、天女身形同樣的大小。身體既然長大了，就各自隨意走向澡浴池邊。進入彼池水內，澡浴清淨，歡喜受樂。洗浴之後就到香樹的旁邊，這時香樹的樹枝自然低下，從樹枝中散發出種種妙香，流入他的手中，就用這個妙香塗身。接著又到了衣樹旁，也是一樣樹枝垂下來，有許多微妙的好衣服，使他可以拿起穿著。穿好衣服後接著到瓔珞樹，一樣樹枝自然垂下種種美好的瓔珞可帶在身上，莊嚴自身。接著又到華鬘樹旁，樹枝垂下流出種種妙好華鬘，拿來裝飾頭髮。又到了器具樹，有許多眾寶雜器，隨意入手。又到了果林中，盛著種種水果可以吃或取汁飲用。接著又到了音樂樹邊，樹亦低垂，自然而出種種樂器，隨意而取，開始彈奏或打擊樂器、唱歌跳舞，總之音聲微妙。接著又走到遊憩的林苑。進入林苑中時，就看見無量無數的諸天玉女。在這位天子還沒有看見諸天玉女的時候，所有前世的知見和業報：「**我從何處而來生到此天中，我自己過去身造何業，今生受此報。**」對於因果業報了了分明，也記憶起宿世之事，猶如觀看自己的指掌。但是，因爲看見了美妙的諸天玉女之後，沉迷於天女的美色，因此意識心中正念覺察的智慧就被遮蓋而消失了，開始耽著於欲望，接著口中就唱言：「**好美貌的天界玉女啊！好美貌的天界玉女啊！**」這就是欲愛的束縛。[21]

第四目 不應只為了生天享福而行善

由上述可知，在欲界天中的生活是非常快樂的，但因爲福報太好了，就容易沉迷於五欲當中，因此 佛陀雖然鼓勵眾生修十善，強調除了念佛、念法、念僧之外，也要念施、念戒、念天，但也告誡菩薩們：雖然有生天的福德，但不要求生天享受福報，因爲在天界中容易迷失於五欲當中，而且福報很快地就消耗掉了，當福報享盡了就該下墮惡道了。

佛弟子在欲界天中受報享福是沒有智慧的選擇，我們將在〈欲爲不淨〉的章節中，再爲大家仔細說明；接著我們還要先爲大家說明如何具備生天的福德，也就是說要造何善業才有資格生天？

第三節　供佛生天的故事

第一目　供佛修福、見佛歡喜而生天的故事

在《雜寶藏經》中，有非常多關於眾生修福生天的故事，譬如〈長者造舍請佛供養以舍布施生天緣〉、〈長者爲佛造講堂獲報生天緣〉、〈長者見王造塔亦復造塔獲報生天緣〉和〈賈客造舍供養佛獲報生天緣〉……等，這些故事都是造佛塔、講堂、或造房舍供養佛而獲得生天果報的因緣，可見造作這些善業的福德、功德是很大的。我們在前面〈布施之論〉的章節中曾經提到：布施修福時，有所謂的施主勝、福田勝和所施物勝的差別；如果這三者的條件越殊勝，所獲之果報也就越殊勝。佛是三界中最殊勝的第一福田，因此供佛的果報也是最殊勝的，不但可

以獲得生天果報，甚至還能夠獲得更勝於三界中任何果報的解脫果功德。例如，在《雜寶藏經》卷五〈天女本以蓮華供養迦葉佛塔緣〉中天女如是云：

我昔以蓮花，供養迦葉塔，
今日值世尊，得是勝功德，
生處於天上，得是金色報。

上述故事中，天女因爲過去世以蓮花供養 迦葉佛的舍利塔，獲無量功德而得以生天享福，並且還能夠值遇 釋迦世尊，聞佛說法而獲得法眼淨的殊勝功德果報。此外，在佛世時還有衆生，因爲乘車時遇見 佛陀入城托缽，即刻迴車讓路而且心生歡喜，以此因緣命終之後得以往生於忉利天。[22]

也有人是在早起掃地時，看見 佛經過家門口，因爲見到 佛心生歡喜，因此命終之後往生天界成爲天人；並且能知生天因緣，爲報佛恩故來供養，聞佛說法即得初果解脫德。[23] 甚至有一位貧女快餓死了，剛好遇到 佛陀，她向 佛乞食，佛陀慈悲地吩咐阿難尊者取來食物給她，貧女得到 佛陀的布施心生歡喜，僅以此歡喜接受 佛陀布施之感恩善根，獲得往生欲界天的果報；[24] 另外，還有長者婦只

因為遙見　佛陀而作禮，命終之後即得生天的。[25] 並且都能於生天之後前來供養　佛陀報答佛恩，更能以此因緣聞佛說法皆得法眼淨的須陀洹果。由此可知，我們不論是禮敬諸佛、供養三寶，乃至對　佛陀一念淨信、隨喜功德，其果報都是無比殊勝難以計量的。因此，我們平常要盡可能的每天供佛，乃至見到佛像也應該要問訊以及頂禮，這樣才是有智慧的人。

第二目　歸依三寶、受八關齋戒而生天的故事

在〈持戒之論〉中我們也提到受持三歸五戒和八關齋戒的功德無量；因此，當然也有眾生因為受持三歸五戒、八關齋戒而得以生天。如《雜寶藏經》卷五：【佛言：「昔為人時，於迦葉佛所，受持八齋，由是善行生於天上，而見道迹。」】甚至在佛世時，有一女子原本不信三寶，因為貪愛錢財的因緣，父親施以利誘之方便，只要她肯歸依佛，父親就給她千枚金錢，如果再歸依法、歸依僧並且受持五戒，就給八千金錢。雖然這個女兒是因為貪愛父親的金錢才受三歸五戒的，但同樣能夠得到來世生天的果報。[26] 這樣的故事在經典中不勝枚舉，讀者若有興趣

深入了知，請自行恭閱《大藏經》，筆者於此不多贅述。接著我們再來看，如果要生天，還需要怎麼樣的福德？

第四節 十善業道：生天的福德

第一目 略說十善

經典上常常提到持五戒未來世可以繼續當人，若加修十善就可以往生欲界天[27]。如《佛為首迦長者說業報差別經》：「復有十業能令眾生得欲天報，所謂具足修行增上十善。」

因此，受持五戒與力行十善，這是非常重要的！在淨土諸經中也提到，往生阿彌陀佛的極樂世界要修三福淨業，這三福淨業就包括了十善業。如《佛說觀無量壽佛經》中云：

欲生彼國者，當修三福：一者、孝養父母，奉事師長，慈心不殺，修十善業。二者、受持三歸，具足眾戒，不犯威儀。三者、發菩提心，深信因果，讀誦大乘，勸進行者。如此三事名爲淨業。

所謂的十善業道就是十惡業道的相反，十惡業道就是身、口、意的十種惡業。也就是身惡業有三：殺、盜、淫；口惡業有四：惡口、妄語、兩舌、無義語（綺語）；意惡業有三：貪欲、瞋恚、愚癡（惡見、邪見）。如《優婆塞戒經》卷六〈業品 第二十四之一〉中云：

身三道者，謂殺、盜、婬；口四道者：惡口、妄語、兩舌、無義語；心三道者：妒、瞋、邪見：是十惡業，悉是一切衆罪根本。

所以，十善業就是指不造這十惡業，因爲這十惡是一切衆罪的根本。經中接著說：

如是十事，三名爲業，不名爲道；身口七事，亦業亦道，是故名十。是十業道自作他作，自他共作，從是而得善惡二果，亦是衆生善惡因緣，是故智者尚不應念，況身故作？

也就是說這十個業與道中，心的三業是我們的意識和意根所想的，還沒有身口的行爲造作出來，只是內心中產生惡思惟而成就的惡業，但還沒有傷害到他人，因此只是業而不是道；但身行、口行的七個業，也是要經由意的念想決定，並且已經由身、口的行爲造作出來，對眾生有了影響，因此既是業也是道。而這十個業道不論是自己作或教他人作，或自己和他人一起作，都會得到相應的善惡業果報；因此，有智慧的人不會去造作十惡業，甚至連想都不應該去想了，更何況是自己故意去造作惡事呢？

這十善不僅是學佛人應該修學的，世間人行十善也會受到社會的尊敬，相反地，造十惡之人則會被大眾所厭惡，甚至是違法而遭受刑罰，所以 佛陀說**行十善的人可以增加內、外財物及壽命，行十善不僅是未來世可以得到好的果報，今世也是利益無窮**。

第二目 佛說十善業道經

因此，修集福德和行十善業是非常重要的，而眾生的果報都不一樣，也是因爲過去生造了不同的業。以下本目次第列舉《十善業道經》中 佛陀的開示並略釋

於後，以利學人瞭解行十善業道的利益與重要性：

如是我聞：

一時，佛在娑竭羅龍宮，與八千大比丘眾、三萬二千菩薩摩訶薩俱。

爾時世尊告龍王言：「一切眾生心想異故，造業亦異，由是故有諸趣輪轉。龍王！汝見此會及大海中，形色種類各別不耶？如是一切，靡不由心造善不善身業、語業、意業所致。而心無色不可見取，但是虛妄諸法集起，畢竟無主，無我、我所。雖各隨業所現不同，而實於中無有作者；故一切法皆不思議，自性如幻。智者知已，應修善業，以是所生蘊、處、界等，皆悉端正，見者無厭。龍王！汝觀佛身，從百千億福德所生，諸相莊嚴、光明顯曜蔽諸大眾；設無量億自在梵王悉不復現，其有瞻仰如來身者莫不目眩！汝又觀此諸大菩薩，妙色嚴淨，一切皆由修集善業福德而生。又諸天龍八部眾等大威勢者，亦因善業福德所生。今大海中所有眾生，形色麁鄙，或大或小，皆由自心種種想念，作身、語、意諸不善業，是故隨業各自受報。汝今當應如是修學，亦令眾生了達因果，修習善業。汝當於此正見不動，勿復墮在斷、常見中！於諸福田歡喜、敬養，是故汝等亦得人天尊敬、供養。」

佛陀跟龍王開示說：一切眾生都是因爲意識心的想法不一樣，所造的業也就不一樣，因此而有了三界六道等各類不同眾生的生死輪轉。有的眾生造了善業所以當人或生天，有的眾生造了惡業所以生在三惡道（畜生、餓鬼、地獄）中；除了往生的地方不同，乃至形色、種類也都不一樣，這都是因爲在身口意業上造作了各種不同善惡業的緣故；而眾生心無形無相不可見取，都只是虛妄諸法因緣的積集而興起而終將壞滅，其中本來就沒有一個作主的我，也沒有一個我與我所可言。雖然，有情隨各自所造業之不同，而現有不同的蘊處界法相，但是其中卻沒有一個眞實的造業者，都只是如來藏所出生虛妄的五蘊身心，虛妄地造作了種種的善惡業，於是如來藏就完整地收藏了這些善惡業的種子，當因緣成熟時，就會興起與所造業相應的五蘊在來世受善惡的果報。因此一切法都不可思議，無有眞實自性猶如幻化，但卻都不昧因果。了知這個道理以後，智者應該要勤修善業來莊嚴自己，讓所生的五蘊十二處十八界等諸法相，也就是六根、六塵、六識等皆身心端正，讓眾生見到我們都會歡喜無厭。

而佛身圓滿的光明相好，是因爲無量無邊的福德莊嚴所成，大菩薩的妙色莊嚴也是修集廣大善業福德而成，天龍八部等眾的天福與威勢，同樣也都是因爲修集善業福德而成的。譬如大海中的所有眾生，外表形色的好壞、大小，都是因爲各自的自心如來藏所生的意根、意識有各種不同的想法、念頭，因此前際造作了身、口、意業的各種善惡業，所以今世眾生各自隨著自己所造的業而自己承受相應的果報。

所以 佛陀又開示說：你們要這樣勤修善業，也要讓眾生能夠瞭解及通達因果的道理來修集善業。你們也要心得決定於這樣的正見而不退轉，不要墮入斷見或常見外道的邪見中，而遇到各種的福田時也要歡喜的恭敬供養，因此你們大家也才可以成爲眾生的良福田，而受到人們或諸天的尊敬與供養。

所以修十善業是非常重要的！不僅是想要繼續保住人身或生天要修，不僅是想要求解脫證得聲聞果或緣覺果要修，更是菩薩道行者所必須要修的，因爲**十善業是行菩薩道的基礎**。

龍王！當知菩薩有一法，能斷一切諸惡道苦。何等爲一？謂於晝夜，常念、思惟、觀察善法，令諸善法念念增長，不容毫分不善間雜；是即能令諸惡永斷、善法圓滿，常得親近諸佛、菩薩及餘聖衆。言善法者，謂人天身、聲聞菩提、獨覺菩提、無上菩提，皆依此法以爲根本而得成就，故名善法。此法即是十善業道。何等爲十？謂能永離殺生、偷盜、邪行、妄語、兩舌、惡口、綺語、貪欲、瞋恚、邪見。

佛陀跟龍王開示說：菩薩有一個法，能夠斷除一切惡道的苦。是哪個法呢？就是不論在白天或晚上，要常常憶念、思惟、觀察這些善法，讓這些善法於心中念念增長廣大，不要讓絲毫的不善間雜其中；這樣能令各種惡業永斷，善法圓滿，並且常常得以親近諸佛、菩薩以及其餘的聖眾們。這裡所說的善法，就是能夠成就人天身、聲聞菩提、獨覺菩提的解脫果，和菩薩道的無上菩提之佛果，這些都要以此善法作爲根本而得以成就，因此故名爲善法。此善法就是十善業道。是哪十個善業呢？也就是身業能永遠離開殺生、偷盜、邪淫，口業能離開妄語、兩舌（挑撥離間）、惡口（罵人）、綺語（說不正經或無義利的話），意業能離開貪欲、瞋恚、愚癡邪見。

龍王！若離殺生，即得成就十離惱法。何等為十？一、於諸眾生普施無畏；二、常於眾生起大慈心；三、永斷一切瞋恚習氣；四、身常無病；五、壽命長遠；六、恒為非人之所守護；七、常無惡夢，寢覺快樂；八、滅除怨結，眾怨自解；九、無惡道怖；十、命終生天；是為十。若能迴向阿耨多羅三藐三菩提者，後成佛時，得佛隨心自在壽命。

如果能夠遠離殺生的惡業，也就是於一切眾生皆不殺生，就能避免與眾生結惡緣，佛說這樣就能遠離十種煩惱。佛陀開示說：「龍王！如果離開殺生，即可成就十種遠離煩惱之法。哪十種呢？第一、對於一切眾生都能普遍布施無畏；第二、常常對於眾生起大慈悲心；第三、永遠斷除一切瞋恚之習氣；第四、身體健康不會常生病；第五、壽命長久；第六、恆常有護法神守護；第七、心安理得故不作惡夢，睡時醒時都安穩快樂；第八、可滅除種種怨結，與眾生的怨結都能自然化解；第九、沒有墮入惡道的恐懼；第十、命終後可以生天。如果能把此不殺生的善業，迴向成就佛道的無上正等正覺，這就是未來成佛時，所擁有的如來壽命隨心自在之功德。」

復次，龍王！若離偷盜，即得十種可保信法。何等爲十？一者、資財盈積，王、賊、水、火，及非愛子，不能散滅；二、多人愛念；三、人不欺負；四、十方讚美；五、不憂損害；六、善名流布；七、處眾無畏；八、財、命、色、力、安樂、辯才具足無缺；九、常懷施意；十、命終生天；是爲十。若能迴向阿耨多羅三藐三菩提者，後成佛時，得證清淨大菩提智。

如果能夠遠離偷盜的惡業，他就是與眾生結善緣。因此佛陀開示說：「如果眾生離開偷盜，可以得到十種確保無虞之法。哪十種呢？第一、資產財富會充盈積滿，不會因爲國王、盜賊、水災、火災及不肖子孫等而消散滅失；第二、會得到眾人的愛念；第三、不會被他人欺負；第四、十方眾生都會讚美他；第五、不用憂慮會遭受損害。第六、好名聲流布四方；第七、在大眾中無所畏懼；第八、財富、壽命、身體形色、氣力、安樂、辯才等都能具足無缺；第九、心中常懷著布施的作意；第十、命終之後可以往生天界。如果能把此不偷盜的功德，迴向成就佛道的無上正等正覺，將來成佛時，能夠親證清淨的大菩提智。」

復次，龍王！若離邪行，即得四種智所讚法。何等爲四？一、諸根調順；二、永離諠掉；三、世所稱歎；四、妻莫能侵；是為四。若能迴向阿耨多羅三藐三菩提者，後成佛時，得佛丈夫隱密藏相。

如果能夠遠離邪淫的惡業，因為他沒作侵犯自己眷屬或他人眷屬之事的緣故，可以得到許多利益。佛陀開示說：「如果離開了邪淫，可以得到四種智者所稱讚之法。哪四種呢？第一、諸根都可以調伏柔順；第二、永遠離開喧鬧掉散；第三、世間人所稱譽讚歎；第四、別人不會也不能侵犯他的妻子。若能把這個不邪淫的善業功德，迴向成就佛道的無上正等正覺，未來成佛時可以得到三十二大人相的丈夫馬陰藏相。」

復次，龍王！若離妄語，即得八種天所讚法。何等為八？一、口常清淨、優鉢華香；二、為諸世間之所信伏；三、發言成證，人天敬愛；四、常以愛語安慰眾生；五、得勝意樂，三業清淨；六、言無誤失，心常歡喜；七、發言尊重，人天奉行；八、智慧殊勝，無能制伏；是為八。若能迴向阿耨多羅三藐三菩提者，後成佛時，即得如來眞實語。

離開妄語的人，佛陀說：「可以得到八種諸天所稱讚之法。哪八種呢？第一、口常清淨，有優曇鉢羅花之香味；第二、為一切世間的眾生所信伏；第三、他所發言都可以被證實，人天有情都會敬愛他；第四、他常以愛語安慰眾生；第五、他可以得到殊勝的意樂快樂，身口意行都清淨；第六、他所言語都無有誤失，心常歡喜；第七、他的發言都會被人尊重，人天都會信受奉行；第八、智慧殊勝，沒有人能制伏他。若能以此不妄語的善業功德，迴向成就佛道的無上正等正覺，當他成佛時，將可以得到如來眞實語的功德。」

復次，龍王！若離兩舌，即得五種不可壞法。何等為五？一、得不壞身，無能害故；二、得不壞眷屬，無能破故；三、得不壞信，順本業故；四、得不壞法行，所修堅固故；五、得不壞善知識，不誑惑故；是為五。若能迴向阿耨多羅三藐三菩提者，後成佛時，得正眷屬，諸魔外道不能沮壞。

兩舌也就是挑撥離間。佛陀說：「如果能夠離開兩舌的惡業，就可以得到五種不可壞之法。哪五種呢？第一、得不壞身，沒有人能害他的緣故；第二、得不被破壞感情的眷屬，沒有人能夠破壞離間他與眷屬的緣故；第三、得到不被破壞的信心，隨順著他本來善業的緣故；第四、得到不被破壞的如法修行，所作修行都很堅固的緣故；第五、得到不可破壞的眞善知識，不會誑惑籠罩眾生的緣故。這個不兩舌的善業功德，如果能迴向成就佛道的無上正等正覺，將來成佛時，將可以得到很正直之眷屬，諸魔、外道都不能破壞。」

復次，龍王！若離惡口，即得成就八種淨業。何等爲八？一、言不乖度；二、言皆利益；三、言必契理；四、言詞美妙；五、言可承領；六、言則信用；七、言無可譏；八、言盡愛樂；是爲八。若能迴向阿耨多羅三藐三菩提者，後成佛時，具足如來梵音聲相。

惡口就是粗語罵人，不論大聲、小聲，總之是粗鄙傷害人的話。佛陀說：「如果能離開惡口的惡業，就可以得到八種淨業。是哪八種呢？第一、說話有分寸，如理如法不會失當、違度；第二、一切言說皆能利益眾生；第三、所說所言必定契合眞實理；第四、所說的言詞美妙；第五、言語讓人喜歡接受；第六、言而有信，能被人相信；第七、言語無可譏嫌；第八、言語都是令人愛樂的。如果把此不惡口的善業功德，迴向成就佛道的無上正等正覺，成佛的時候能夠得到如來梵音聲相。」

復次，龍王！若離綺語，即得成就三種決定。何等爲三？一、定爲智人所愛；

二、定能以智，如實答問；三、定於人天，威德最勝，無有虛妄；是爲三。若能迴向阿耨多羅三藐三菩提者，後成佛時，即得如來諸所授記，皆不唐捐。

綺語就是說不正經、吹捧或言不及義的話語，例如風花雪月、黃色笑話等。如果離開綺語的不善業，可以成就三種決定。哪三種呢？第一、一定會被有智慧的人所喜愛；第二、一定能以智慧，如實的回答問題；第三、一定能於人間或諸天中，威德最殊勝，沒有虛妄。如果能以此不綺語的善業功德，迴向成就佛道的無上正等正覺，成佛的時候就能得到如來爲人授記的功德力，凡有授記皆不會落空。

復次，龍王！若離貪欲，即得成就五種自在。何等爲五？一、三業自在，諸根具足故；二、財物自在，一切怨賊不能奪故；三、福德自在，隨心所欲，物皆備故；四、王位自在，珍奇妙物皆奉獻故；五、所獲之物，過本所求百倍殊勝，由於昔時不慳嫉故；是爲五。若能迴向阿耨多羅三藐三菩提者，後成佛時，三界特尊，皆共敬養。

如果能離開貪欲，那就能夠成就五種自在。是哪五種呢？第一、於身口意三業得到自在，五根圓滿具足的緣故；第二、財物都能自在使用，一切怨賊都不能侵奪的緣故；第三、福德自在，隨心所欲，需要的物資全都具備的緣故；第四、王位自在，當國王時，大家皆來奉獻珍奇妙物；第五、所獲得的物資，超過本來所求的百倍殊勝，這是由於往昔不慳吝嫉妒的緣故。如果能把此離貪欲的善業功德，迴向成就佛道的無上正等正覺，將來成佛時，是三界中最爲尊貴者，一切眾生都同樣的禮敬供養。

復次，龍王！若離瞋恚，即得八種喜悅心法。何等爲八？一、無損惱心；二、無瞋恚心；三、無諍訟心；四、柔和質直心；五、得聖者慈心；六、常作利益安眾生心；七、身相端嚴，眾共尊敬；八、以和忍故，速生梵世；是爲八。若能迴向阿耨多羅三藐三菩提者，後成佛時，得無礙心，觀者無厭。

離開瞋恚心，可以得到八種喜悅心法。是哪八種呢？第一、無損害惱亂眾生的心；第二、無瞋恨怨恚之心；第三、無有與人諍論訴訟的心；第四、心地柔和，樸實而且正直；第五、得聖者的慈悲心；第六、常作利益安樂眾生的心；第七、身相端正莊嚴，受到大眾共同的尊敬；第八、以柔和忍辱的緣故，能迅速的證得禪定而得以往生到梵天。如果能以此遠離瞋恚的善業功德，迴向成就佛道的無上正等正覺，當成佛時可以得到無礙解脫心，眾生看了都心生歡喜而沒有厭足。

復次，龍王！若離邪見，即得成就十功德法。何等爲十？一、得眞善意樂、眞善等侶；二、深信因果，寧殞身命，終不作惡；三、唯歸依佛，非餘天等；四、直心正見，永離一切吉凶疑網；五、常生人天，不更惡道；六、無量福慧，轉轉增勝；七、永離邪道，行於聖道；八、不起身見，捨諸惡業；九、住無礙見；十、不墮諸難；是爲十。若能迴向阿耨多羅三藐三菩提者，後成佛時，速證一切佛法，成就自在神通。

如果能夠離開無明之愚癡邪見，就可以得到十種功德。是哪十種呢？第一、得到眞實善法的意樂，以及眞實善法的眷屬；第二、深信因果，寧可失去身命也始終不會造作惡業；第三、只歸依佛，不會歸依其餘諸天等外道；第四、因爲有直心正見、深知因果，故永離一切事相吉凶疑惑邪見之網；第五、永遠都生在人間或天界，不再墮落惡道；第六、擁有無量的福德與智慧，並且不斷地漸漸增上殊勝；第七、永遠離開邪道，行於三乘菩提之聖道；第八、不再執著身見、我見，因此能夠遠離各種惡業的身口意行；第九、安住於眞實無礙的智慧見地；第十、不會墮入種種厄難之中。如果能以此棄捨種種邪見的善業功德，迴向成就佛道的無上正等正覺，當成佛之時能速證一切佛法，成就佛地的自在神通。

爾時世尊復告龍王言：「若有菩薩依此善業，於修道時，能離殺害而行施故，常富財寶，無能侵奪；長壽無夭，不爲一切怨賊損害。離不與取而行施故，常富財寶，無能侵奪；最勝無比，悉能備集諸佛法藏。離非梵行而行施故，常富財寶，無能侵奪；其家直順，母及妻子，無有能以欲心視者。離虛誑語而行施故，常富財寶，無能侵奪；離眾毀謗，攝持正法，如其誓願，所作必果。離離間語而行施故，常富財寶，無能侵奪；眷屬和睦，同一志樂，恒無乖諍。離麁惡語而行施故，常富財寶，無能侵奪；一切眾會，歡喜歸依，言皆信受，無違拒者。離無義語而行施故，常富財寶，無能侵奪；言不虛設，人皆敬受，能善方便斷諸疑惑。離貪求心而行施故，常富財寶，無能侵奪；一切所有，悉以慧捨，信解堅固，具大威力。離忿怒心而行施故，常富財寶，無能侵奪；速自成就無礙心智，諸根嚴好，見皆敬愛。離邪倒心而行施故，常富財寶，無能侵奪；恒生正見敬信之家，見佛、聞法、供養眾僧，常不忘失大菩提心。是爲大士修菩薩道時，行十善業，以施莊嚴，所獲大利如是。

如果菩薩依此十種善業來修道之時，能夠離開殺害眾生而行布施的緣故，未來世常可富有許多財寶，沒有人能侵損搶奪；並且可得長壽不會夭折，也不會被任何怨賊所損害。能夠離開偷盜而行布施的緣故，未來世常得富裕，有許多財寶，沒有人可以侵奪他；並且也能具備最勝無比的佛法寶藏。離開邪淫而行布施的緣故，未來世常可富有許多財寶，沒有人可以侵犯奪取；他的家眷也都會直心柔順，沒有人會以貪欲之心來看待他的母親和妻子，因爲他過去生也不以貪欲之心看待別人的眷屬。離開妄語而行布施的緣故，未來世常可富有許多財寶，沒有人可以侵占奪取；也能不受大眾的誹謗，能夠攝受護持正法，就如同他所發的誓願，其所作都必定能夠成就。離開兩舌離間語而行布施的緣故，未來世常可富有許多財寶，無人可以侵占奪取；而他的眷屬都會和睦、同一心志意樂，永遠都沒有乖離與爭執。離開粗惡語而行布施的緣故，未來世常可富有許多財寶，沒有人可以侵奪；而一切眾生遇到他，都會歡喜歸依，他所說的言語都會信受，不會違背抗拒。

離開無義言語而行布施的緣故，未來世常可富有許多財寶，沒有人可以侵占奪取；而他所言皆不虛妄，大家都尊敬信受，他能夠以種種善巧方便來斷除眾生的疑惑。離開貪求之心而行布施的緣故，未來世常常得到富裕財寶，沒有人能夠侵損奪取；而他擁有的一切五欲資財，都能夠以智慧來放捨，信力和慧解堅固，具有大威德力。離開憤怒心而行布施的緣故，未來世常富有財寶，沒有人能夠侵占奪取；他能快速地成就無礙心的智慧，內外諸根都很莊嚴妙好，眾生見了都很尊敬喜愛。離開邪見顛倒之心而行布施的緣故，未來世常富有財寶，沒有人能夠侵占奪取；他永遠都會出生在正見敬信的菩薩家庭中，乃至能親見 佛陀、聽聞正法、供養眾僧，常不忘失成就佛道之心。所以這是大菩薩修菩薩道時，行十善業，以布施為莊嚴，所以能獲得如此的大利益。

第三目　十善業道是一切佛法之基礎

菩薩道的六度都要以十善為基礎的[28]，因為六度中的前五度就是福德，而福德與智慧是相互含攝、相互成就的！如佛在《優婆塞戒經》卷二〈二莊嚴品〉第十二〉中說：

善男子！福德莊嚴即智莊嚴，智慧莊嚴即福莊嚴。何以故？夫智慧者能修善法，具足十善，獲得財富及大自在；得是二故，故能自利及利益他。

也就是有智慧的人，才願意去修集善法而具足十善，也才能因此獲得財富及大自在，接著才能自利利他來利益眾生。再說，佛法智慧的實證，也需要福德莊嚴才能成就。譬如 佛陀在《十善業道經》中最後所說：

龍王！當知此十善業，乃至能令十力、無畏、十八不共，一切佛法皆得圓滿。是故汝等應勤修學。龍王！譬如一切城邑、聚落，皆依大地而得安住；一切藥草、卉木、叢林，亦皆依地而得生長。此十善道亦復如是，一切人、天依之而立，一切聲聞、獨覺菩提、諸菩薩行、一切佛法，咸共依此十善大地而得成就。

佛陀最後告訴我們，這十善道乃至能令佛地的十力、四無所畏、十八不共法，以及一切佛法都具足圓滿。所以我們應該要努力精勤的修學，就好像一切城市、村落都要依靠大地才能安住；一切藥草、各種樹木、叢林也是要依靠大地才能生長。這個十善業道也是同樣的道理，一切人、天善趣都依十善而建立，一切聲聞、獨覺菩提、諸菩薩行、一切佛法，全都是依此十善大地而得以成就。

因爲我們所造的一切善惡業都會有因緣果報，而這些善惡業種，都存在我們各自的如來藏中，因此我們不但自己要努力修十善業，也要勸衆生努力修十善業，佛陀的三十二大人相中，也是有因爲長劫自行十善並教導衆生修十善而得的莊嚴相果報[29]。如此教導衆生，讓大家未來世福報都愈來愈好，就可以快快樂樂地修學而令道業增上，早日成就佛道。

第四目 天神之格思：慈悲調柔

欲界天神是怎麼樣的慈悲呢？天神大都非常的有耐心，當人們有事情問天神時，不管請問的人是多麼的囉嗦嘮叨或愚笨難解，就算同一件事情問了好多好多遍，天神還是會很有耐心的一再地回答他，都不會不耐煩！這就是天神的慈悲與調柔。天人因為堅定的常常修行十善，所以都很慈悲及調柔，因為修十善者要離開瞋恚心，所以個性一定會很溫柔，對眾生都會很有耐心。平實導師在《金剛經宗通》第二輯中有這樣的開示：

如果地獄道的苦受完了，終於知道去惡修善，或者遇到 地藏王菩薩告訴他：「你會受這個苦，就是往世怎麼樣行惡而來的。」也把具體的因緣告訴他，他聽了以後極力懺悔，於是離開地獄，一一經歷過餓鬼道、畜生道以後終於回到人間，重新獲得人類的格；然後他廣行善事，那他這時不但跟地獄道的意識心相不同，甚至又跟人類的意識心相不一樣了，因為他持五戒、行十善，具有欲界天人的格了，於是死後就往生欲界天當天人或天神去了，那他就有天格、神格了。

有時候可以看到神龕上面寫了四個字「神之格思」……神的格思是什麼意思？是說神有神的格，以及他的思想，這叫作神之格思。神之格思有一個具體表現，就是不管眾生多麼囉嗦嘮叨，今晚對同一件事情一問、再問、三問了，明晚又來問，欲界天神還是會同樣有耐心地去指示。天神都不會厭煩，會厭煩的神是鬼神；會生起大瞋心而用大火、大水來懲罰人類的都是鬼神，不是天神，所有欲界天的天神都不會對眾生厭煩或厭惡，更不會藉故處罰人類。譬如一個不識字的老太婆，剛才這位天神降乩爲她講了一大堆，問她：「知道了？」她知道了，於是告辭回去了！然後天神繼續處理第二個人的問題，沒想到剛才還說已經沒有問題的老太婆又來問：「某某上帝！某某爺！我剛剛記不清楚，那事情到底是該怎麼樣？」天神還是會很有耐心地告訴她。說清楚了，老婆婆走了，天神正在辦別人的事情時，她又來問，但天神還是很有耐心地繼續詳細告訴她，都不生氣。

凡是欲界天的上帝們，那些天神都是很仁慈的，都不會輕易生起瞋心來對待那些愚癡的人類，這表示他的天界神格是具足顯示的。而他的思惟是什麼呢？也是在度眾生，希望所度的眾生都不要下墮惡道，所以爲了眾生的利樂而在人間非常地辛苦。這就表示說，他的意識已經是天神的格，跟以前生在人間的時候不一樣了，那又是另一種法相。如果當天神以後又修得禪定……生到色界天去，那又是不同的心相了。接著可能再生到無色界去，那時他的意識心相又不一樣。這顯示什麼呢？顯示出意識有許多種的變相，在無量劫中是變換不定的，不是常相、無相，所以並不是一相；而且不是永遠一相而會繼續變化，所以意識覺知心是有相而不是無相的心。

所以我們要培養像天神一樣慈悲調柔的個性，尤其是行菩薩道的人，更應該如此慈悲地利樂眾生。而且天界的護法菩薩們也都在保護著我們，如果我們發願要成佛行菩薩道，學般若波羅蜜乃至開悟明心，天界的護法菩薩天人們都會來守護著我們，讓我們不會遭遇橫難，可以不驚不怖安隱的修學佛道。30

第五節　欲界天的貪欲差別與定力層次

第一目　貪欲越少、果報越殊勝

佛陀在《楞嚴經》中就開示過，欲界天的天人對於「男女欲」貪愛的程度，是越往上層的欲界天，對男女欲就越淡薄，如果能夠遠離欲界的種種欲貪而證得初禪，捨壽後就能夠脫離欲界的繫縛而往生到色界天中。接著我們來看看經典中的開示，《楞嚴經》卷八：

阿難！諸世間人不求常住，未能捨諸妻妾恩愛。於邪婬中心不流逸，澄瑩生明；命終之後鄰於日月，如是一類名四天王天。於己妻房婬愛微薄，於淨居時不得全味；命終之後超日月明，居人間頂，如是一類名忉利天。逢欲暫交，去無思憶，於人間世，動少靜多；命終之後，於虛空中朗然安住，日月光明上照不及，是諸人等自有光明，如是一類名須焰摩天。一切時靜，有應觸來未能違戾；命終之後上昇精微，不接下界諸人天境，如是一類名兜率陀天。我無欲心，應汝行事，於橫陳時味如嚼蠟；命終之後生越化地，如是一類名樂變化天。無世間心，同世行事，於行事交，了然超越；命終之後遍能出超化無化境，如是一類名他化自在天。阿難！如是六天，形雖出動，心跡尚交；自此已還，名為欲界。

此段經文 平實導師在《楞嚴經講記》第十三輯中的白話解釋如下：

阿難！欲界中不同心性的各種人都不求常住之法，也還沒有能力捨棄妻妾之間的種種恩愛。但是處於四處都有邪婬事相的欲界人間，他的心中卻不會因此便流散放逸於邪婬之中，心地澄清瑩亮而出生了微少的光明；命終之後相鄰於日月，像這樣的一類人名爲四天王天。對於自己的妻子房室中事已經婬愛微薄，於清淨修行安居的時候不會貪求具足行淫的所有境界；這類人命終之後超出日月光明，居住於人間之頂，像這一類人就名爲忉利天。若是逢遇配偶提出要求而履行義務暫時交合，過去了以後就不再思念及回憶剛才的境界，住於人間的時候也是動心的時候少而靜心的時候多；這類人命終之後，於虛空中清朗而獨自安住，日月的光明向上照不到他，這一些人自己有光明照耀，像這樣的一類人名爲須焰摩天。一切時候都是靜心不動，配偶若有與婬行相應的觸來到他身上時，他仍沒有能力違背抵抗；這類人命終之後會上昇於精細微妙境界中，不再接觸下界各種人與天的境界，像這一類人名爲兜率陀天。我的心中本無行欲之心，只是回應你而共行婬事，於床上橫陳行事時無心領受，所以味如嚼蠟；命終之後出生於超越欲界四天事物而能自行變化的境界中，像這一類人名爲樂變化天。沒有欲界世間之心，只是如同世間人一般行於婬事，於婬行的事情中互相交合時，心境是清楚而不迷戀地超越的；命終之後普遍地可以出離及超越「能變化天」及「不能變化天」的境界，像這樣的一類人名爲他化自在天。阿難！像這樣的六天有情，身形雖然出離了心動的境界，然而心的行跡仍然與婬欲或多或少都有交錯；所以從這個他化自在天開始往人間而還，全都名爲有欲的世界。

此中眞實的義理，平實導師在《楞嚴經講記》第十三輯中有詳細的解說，有興趣深入瞭解的學人可以詳細閱讀思惟，定能獲益廣大。

簡單地說，在人間如果不殺生、不偷盜、不邪婬以及能行布施等十善業，捨壽後才有因緣可以往生欲界天；而欲界天有六種不同的層次，會往生到哪一層天，其中最大的影響因素就是跟男女欲貪減少的程度有關。平實導師在《楞嚴經講記》第十三輯中開示：

想要往生六欲天中，都有一個共同的前提，就是都要修十善業，不是只有這段經文中所講的六種不同層次的貪欲減少的境界。……若是不修十善業，單

單是寡欲清心，還是不能往生六欲天中。

欲界天的六個層次中，最低的是四天王天，在四王天的一日是人間的五十年，三十日爲一個月，十二個月爲一年，享有五百年的壽命。從《楞嚴經》中的開示我們可以了知，往生四天王天就是要行十善，不邪婬，但是「**未能捨諸妻妾恩愛**」，也就是對男女的恩愛欲貪還是很強烈。在《起世因本經》[31]和《瑜伽師地論》中提到四天王天的天人，在行婬欲的時候也是跟人間一樣，也就是現在年輕人的流行語所說要「**全壘打**」的意思，就是要男女二根交合行淫，但是欲界天不會像人間一樣「**漏失不淨**」，也就是他們不會有射精等不淨物流出的現象，只會有風氣出來就能滿足其婬欲之心了。

往上的第二層天是忉利天，又稱爲三十三天，就是道教的天主玉皇上帝所統轄的那個天；佛教說的忉利天主—**釋提桓因**—就是道教的玉皇上帝。譬如道教中有很多的上帝，像玄天上帝、保生大帝或其他的各種天帝就是屬於忉利天，此天由三十三天所組成，因此就有三十三位天主，而統領諸天位於中天的天主，是其他三十二個天王之首，也就是天帝釋（玉皇上帝）。道教中也有些其他的天帝、老君、天尊等等不同的名稱，但本質上並沒有超過欲界中忉利天的天人境界，此界天人就是因爲過去世在人間行十善，並且他們「於己妻房婬愛微薄，於淨居時不得全味」，也就是他們對於男女欲貪已經很淡薄。

平實導師在《楞嚴經講記》第十三輯中也提到：

忉利天的天人也是要二根兩兩交會才能滿足淫欲的，想要求生忉利天的人，不但是不邪婬，而且對於自己的妻房（女眾則是對於自己的良人）「婬愛微薄」。有的人貪欲很重，就像是一句成語說的「旦旦而伐」；意思是說，他每夜都要。能夠往生忉利天的人，則是由於「婬愛微薄」，或者兩、三天，或者五、六天，乃至半個月、一個月才需要一次，就是「婬愛微薄」。「淨居」是說不邪婬而清淨居家，不是指證道者的清淨性……。「於淨居時不得全味」，不會每天都要，也不會像密宗追求初喜或第四喜那樣，想要獲得淫觸的具足享受。……

忉利天的一天相當於人間一百年，同樣是一個月有三十天，每年有十二個月，而忉利天人的壽命是一千歲，身高是一由旬。由於婬欲淡一點，果報就更好一點。

再往上的第三層天到第六層天的福報又更好了，壽命也更長。因爲婬欲越來越淡薄，在人間的時候心念就已經是動少靜多了，因此這第三層天的焰摩天人若起男女欲的時候，已經不須要男女二根的交合了，只要互相擁抱一段時間就可以滿足。第四層天的兜率陀天人，男女欲就更輕微了，他們也不必擁抱，只要男女互相拉著手就滿足了。兜率陀天就是 彌勒菩薩正在弘法的地方，我們 釋迦如來的弟子，在過完這末法的一萬年，當正法滅盡之後都是發願要追隨 月光菩薩往生到彌勒內院，親承 彌勒菩薩座下聞法修行。因此，我們必須知道要怎麼修才能往生到那裡？平實導師在《楞嚴經講記》第十三輯中還提到：

第四天可就很勝妙了，因爲這是 彌勒菩薩正在弘法的地方，不過 彌勒菩薩住在內院而不在外院。如何能夠生到兜率陀天呢？這類人是在一切時間裡都是安靜而不想動轉行欲。往生第三天的人是「動少靜多」，而即將往生兜率陀天的人，每天都靜心不動，除了行善以外，每天回到家中就是打坐不動，其他事情都沒有興趣，所以「一切時靜」。

所以我們要好好鍛鍊無相念佛的功夫，學人若尚無因緣能夠參與禪淨班共修學習，也可以依照 平實導師所著的《無相念佛》和《念佛三昧修學次第》這兩本書的教導自行練習；並且除了努力布施、護持正法之外，還要鍛鍊一切時靜，每天都在靜心當中，如此才能往生到兜率陀天的彌勒內院親聞 彌勒菩薩的開示與教誨。

另外，第五層天—**樂變化天人**—只要男女彼此相視而笑，男女欲的熱惱就消除了，第六層天—**他化自在天**—則只要雙方兩眼相互交會，男女欲就獲得滿足了。這些在《起世經》和《瑜伽師地論》中都有說明。譬如《瑜伽師地論》卷五：

復次，婬欲受用者：諸那落迦中所有有情皆無婬事。所以者何？由彼有情長時無間多受種種極猛利苦；由此因緣，彼諸有情若男於女不起女欲，若女於男不起男欲，何況展轉二二交會。若鬼、傍生、人中，所有依身，苦樂相雜故有婬欲，男女展轉二二交會，不淨流出；欲界諸天，雖行婬欲無此不淨，然於根門有風氣出，煩惱便息。四大王眾天，二二交會熱惱方息；如四大王眾天，三十三天亦爾。時分天，唯互相抱熱惱便息。知足天，唯相執手熱惱便息。樂化天，相顧而笑熱惱便息。他化自在天，眼相顧視熱惱便息。

也就是說，在地獄中的有情，大多數的時間都在領受著劇烈的痛苦，所以根本就沒有機會生起婬欲之心，更何況是男女二根之交合。只有像鬼道、畜生道以及人間，有苦、有樂相互摻雜的狀況就會有婬欲生起，男女二根相互交合並且會有不淨流出；而欲界天的下二天中，雖然有男女二根交合行淫但沒有不淨流出，只在男女二根中有風氣排出，男女欲的熱惱便得消除（四天王天的天人和忉利天的天人都是像人間一樣，有男女二根兩兩相交，男女欲的熱惱才能消除）。但是，夜摩天則只要擁抱就夠了，兜率陀天則是牽手，化樂天則是相顧而笑，他化自在天連笑都不必了，只要互相看一眼就行了。

由經論中所開示欲界六天的境界，我們可以清楚知道，欲界諸天越往上層的境界婬欲越淡薄，若是到了色界的初禪天，就說是離欲的境界（離欲界欲），色界天人根本沒有男女的差別，當然連想看異性的念頭都不會有了，更何況會有等而下之的婬欲諸行呢？而現今的「假藏傳佛教、西藏密宗喇嘛教」主張男女雙修可以即身成佛，從如此邪謬的教理，就可以確定喇嘛教所傳的法絕對是欺騙眾生的！

因為「菩薩見欲、如避火坑」，欲界六天中的上四天，就已經不會有男女二根交合的欲望了，而且連證得初禪的外道也都遠離婬欲了，何況是已經離欲證得解脫並且又具有道種智的地上菩薩，怎麼可能還會想要修男女雙身法！更甭說是妄想以此不入流的、欲界最粗重的，男女欲貪的婬行二根交合之法，來誆騙世人說能夠以此而「即身成佛」！

因此我們就可以知道，欲望越少福報越好，相對來說修行也越好！像 平實導師就是已離欲證得初禪乃至二禪，而且是明心、見性又具有道種智的大菩薩，我們也應該要好好努力，跟隨修學而漸漸離欲進而證得初禪。讀者如果對欲界六天以及四禪八定的內容有興趣，請自行請閱 平實導師著作的《楞嚴經講記》。

第二目 欲界定與未到地定

前面我們提到，欲界天中越往上層貪欲越少，也就是說層次越往上定力也會越好。通常欲界天人多分少分都會有些欲界定，而到了欲界頂的他化自在天（魔天），則會有非常好的未到地定。《摩訶止觀》卷五中說：「魔是未到地定果。」平實導師也曾說過，如果一個人修了很大的世間福德，又有未到地定的功夫，那他往生後就可以生到他化自在天去了。關於欲界定是如何？平實導師曾開示說：

當欲界定發起的時候，突然間身體被持住而不動搖了；很自然的不會動，讓身體很輕鬆坐著，根本不必用力，它自然的就可以安住；身體就像被一層薄薄的膜（好像荔枝、龍眼外面粗殼剝掉以後裡面的那一層薄皮一樣）就好像是被那種薄皮裹住一樣，讓你的身體都不會動搖，把你的身體很輕安的維持不動；但不是想動而動不了，而是想要安坐不動時，可以非常安定而輕鬆的坐著，你可以靠著欲界定而使身體不會搖晃；這就是欲界定的持身法：將你的色身持住不動。〔平實導師著，《起信論講記》第五輯，正智出版社。〕

而未到地定就是定力比欲界定更好，但是因爲還沒有離欲，所以還不能到達初禪的境界，因此稱爲未到地定。平實導師曾開示說，如果我們無相念佛的功夫修得很好，能夠達到淨念相繼的功德，憶佛的淨念能夠跟在處理生活中各種事情的念同時並行，這樣就是有了粗淺的「未到地定」功夫了。有了未到地定的功夫，接著觀行斷我見的各種加行成就而實證初果，乃至進而參禪開悟明心，都必須要有此定力，見道後才會有功德受用。《瑜伽師地論》卷五十三中說：【若依未至定證得初果，爾時一切能往惡趣、惡戒種子皆悉永害，此即名爲聖所愛戒。】也就是說，若有未到地定而證得初果，那這位初果人就不會再犯惡戒而下墮到三惡道去了；因此證初果和開悟明心的其中一項必要條件，就是要有未到地定的定力功夫，若是沒有定力作爲支撐，即使能夠完成斷我見所應有的觀行，也只是「乾慧」而不會有解脫的功德受用，頂多只能算是個初果向者，而且若沒有善知識的攝受，或是不信受善知識的教導，就很容易退轉回凡夫的常見或斷見之中。

在《正覺電子報》第九十一期的〈般若信箱〉中有提到：什麼是「未到地定」？有興趣的讀者可以詳閱。其中還有說明，未到地定的「定境」與「定力」之不同。**定境**是屬於境界相，能讓行者有輕安的覺受，因而產生貪著繫縛就會落入定境之中不肯捨離，通常於靜中修定時較容易落入境界相中。**定力**則是功德力用，是一種可以拿來使用的力量、能力而不是境界相，修行人所要得到的是定力而不是定境。而這個定力則是要在動中修鍊才容易成就，有了動中定力才有能力看話頭，進而具備參話頭的思惟觀功夫，才能夠參禪來找尋第八識如來藏。若是靜中修來的多是一念不生，容易落入定境，而且通常到了動中就會失去定力。如果一個人打坐時能夠一念不生，進入澄澄湛湛的覺知裡面，這時再把此種覺受與了知捨掉，就會進入深的未到地定裡面去，在定中暗無覺知，這還是未到地定的定境，又稱爲「**未到地定過暗**」，但並不是禪宗的「**見山不是山**」之境界。

一般人常常是「**以定爲禪**」，把一念不生的定境誤認爲禪宗的開悟境界，但那其實只是意識境界，正是禪宗說的「**黑漆桶底**」、「**黑山鬼窟**」或「**無記空**」，並非是第八識如來藏的境界。因此，古時有一位臥輪禪師說：「**臥輪有伎倆，能斷百思想，對境心不起，菩提日日長。**」他說自己能夠斷百思想（也就是能夠一念不生了），他誤以爲這樣就是開悟，但六祖慧能大師說臥輪這並不是開悟明心，那是落在一念不生的離念靈知境界中，依止這個離念靈知心只會增加繫縛。[32] 因爲，如果我們落入一念不生的定境中，那是「**冷水泡石頭**」完全沒有用處，只是在浪費時間而已；有心要參禪求悟的人，應該要捨卻一念不生的定境，轉而修學動中的定力功夫，才能夠具備參禪所需的思惟觀能力，再加上有正知見以及眞悟善知識的教導，才有機會一念相應而開悟明心。平實導師在《禪—悟前與悟後》上冊也有開示「定境非悟」，請讀者自行請閱。

另外，關於未到地定的動中定力要如何修習鍛鍊，也請讀者詳閱 平實導師所著的《無相念佛》和《念佛三昧修學次第》這兩本書，或來正覺講堂報名禪淨班，如果能把《無相念佛》書中所說的十種次第都修學完畢，那就一定可以具備未到地定的動中定力，若是具有解脫的正知見，再配合如理的觀行，則可以斷我見實證初果；若又有般若正知見，再加上所應具備的福德資糧等條件，那必定可以透過參禪而開悟明心乃至眼見佛性。

第三目 修定的前方便：五停心觀

修學未到地定的前方便就是「五停心觀」，目的就是要讓心能安住不攀緣、不散亂。五停心觀就是指：不淨觀、慈心觀、因緣觀、界差別觀及數息觀（另外還有一個說法是將界差別觀併入因緣觀中，然後加上念佛觀）。修五停心觀的目的，就是要消除學人的貪、瞋、癡、慢和散亂。[33] 也就是說：貪欲重者應觀色身無常、垢穢不淨，來對治貪欲心〔作者註：關於不淨觀在後面談到「欲為不淨」的章節中，還會再深入探討，在此就不多作說明〕；瞋恚重者應以慈心觀來對治瞋恚心；無明愚癡者就要以因緣觀、緣起法〔作者註：緣起觀也就是觀察十二因緣，欲知詳情請看平實導師所著的《阿含正義》，書中有詳細說明。〕來滅除無明愚癡；而慢心重者就要以界[34] 差別觀來消除慢心。至於念佛觀就是「觀想念佛」或是「無相念佛」，將心繫念於與佛菩薩相應的淨念中，那也是一種很好的修定方法；如果妄念紛飛者應修數息觀。

所以，修習五停心觀的目的，就是要讓心安住不再散亂進而得定，接著再配合智慧的觀行實證解脫果。因為眾生心性根基各各不同，所以 佛陀教導眾生時都會因材施教；譬如，有的眾生是只有貪欲心，佛就教他消除貪欲，於是他就證得阿羅漢果；有的眾生只有瞋恚心，佛就教他只要瞋恚滅除了，他就可以實證阿羅漢果。所以，每個眾生的狀況是不同的，因此我們在教導眾生時就要有善巧方便，要先知道眾生的根性再「因材施教」。因為，所教導的內容如果不適合對方的根性，那將會沒有效果或者事倍功半！譬如《大般涅槃經》中提到舍利弗有兩個徒弟，一個是金師之子，舍利弗教導他觀白骨修不淨觀；另一位是浣衣之人，舍利弗教他修數息觀。但經過多年兩人都不能得定，因此生起邪見想要謗法。後來 佛陀呵責舍利弗，原來舍利弗的教導剛好相反了！金師之子適合修數息觀但不適合修不淨觀，因爲他每天看到黃金那麼潔淨漂亮，不淨觀當然修不成；而他在煉製黃金時要按照節奏數拍子，規律地推拉煉金爐的鼓風機，所以數息對他來說是非常簡單的作意。另外一位浣衣之人，因爲每日所見都是垢穢不淨的髒污衣物，他當然就適合修白骨觀（不淨觀）。因此 佛陀教導他們用適合自己的方法修行，他們兩人都很快就得定，並且依智慧觀行而成爲阿羅漢了。[35]

由此可知，佛陀是一切眾生的眞善知識，不論是貪欲重的或瞋恚重的乃至愚癡重的眾生，佛陀都圓滿具足各種善巧方便來攝受而令成就道業，我們也應當要學習這樣的善巧方便，畢竟菩薩到了七地滿心時就要圓滿具足方便波羅蜜多，因此我們即使現在尚未入地，也要多多熏習來長養方便善巧的法種。

第四目　消除性障可使定力增上

修定時應該要配合消除五蓋等性障；五蓋就是貪欲蓋、瞋恚蓋、睡眠蓋、掉悔蓋和疑蓋。佛陀在經典[36]中也有教導眾生消除五蓋的方法。平實導師在《無相念佛》一書中也有開示修定要先消除「攀緣心、覺觀心和三毒心」；在正覺同修會中，除了平實導師有初禪乃至二禪的實證之外，還有一位正雄居士也有初禪的證量，正雄居士在《廣論之平議》一書中曾提到自己修習「未到地定」的經驗。《正覺電子報》第九十六期中正雄居士開示說：

然以末學的實際經驗，提出來供大眾參考：大家都知道，初禪天眾，已經離欲界的貪愛，而欲界貪愛最嚴重者，莫過於男女性愛貪著，若於男女性愛貪著不捨，則不可能離欲界境界而證得初禪。因此修禪定之人，首先要把淫貪降到最低點，這是修禪定的人最基本的條件。學禪定之人有了基本條件之後，要再進一步壓伏欲界貪；大家都應該知道初禪天眾已無需摶食，故已經沒有鼻識與舌識，所以想要證得初禪的境界，可同時從香塵與味塵切入；而且在五塵境來說，這兩種也是比較容易切入之處。雖然我們不是要急著修四禪八定（尚未開悟者若先得初禪或二禪的善根，容易起慢心而障礙菩薩道），但是修學欲界定，從此入手也是容易得定的方法。於日常生活當中慢慢熏習，從聞香不執著其香，嗅臭不厭惡其臭，粗茶淡飯不執著其味；所謂不執著並非沒有感覺或不分別，而是說順心境時心中不喜也不貪，違心境時心中不瞋也不厭離；換句話說，就是沒有所謂喜或不喜。如此不斷的熏習，再透過無相拜佛動中取定的功夫，不假時日定力增長的快速，自己都能感覺得出來。

自從末學進入正覺講堂後，依循親教師之教導修習兩年半之時間，就具足參禪所需的定力與正知見；有此定力之後，對色、聲及觸三塵自然不會到處攀緣，如此就已經壓伏較粗的貪欲蓋了。再說，眾生貪不到時就會起瞋，如果對五欲諸塵不起貪，瞋就不容易生起，這不就是壓伏瞋恚蓋了嗎？再者具備了基本定力，時時刻刻住心於憶佛之正念中，何來昏沉睡眠？這不就是壓伏睡眠蓋了嗎？因有基本定力故，攝心爲戒不會到處攀緣，對欲界諸塵境不貪愛，於心就不起掉舉、不起惡作，無惡作就無懊悔，這不就是壓伏掉悔蓋了嗎？菩薩道行者修學至此，已具備少分禪定及智慧二個層面止觀的能力，對於眞善知識所教導明心見性之菩薩大法深信不疑，又對諸方大師的著作或言說，皆知其落處；彼等有無得初禪？有無證初果？有無開悟明心？都能瞭如指掌，這不就是壓伏疑蓋了嗎？於五蓋壓伏的過程中，學人可在無相拜佛中檢驗自己的定力，你會發覺自己的妄念、雜念越來越少，定力越來越強，就表示已經漸漸的趣向初禪前的未到地定了。

而平實導師在《禪—悟前與悟後》下冊中也有提到「修學禪定，除障爲先」，平實導師在那段開示中提到了六妙門「數、隨、止、觀、還、淨」，以及消除性障五蓋的重要，也請有興趣的讀者自行請閱詳讀。

第六節　往生色界與無色界的道理

行十善者捨壽後可以往生欲界天，但仍然是在欲界中，因此 佛陀會在開示得生六欲天的道理之後，接著再爲眾生說明「欲爲不淨」，讓眾生能夠脫離欲界的繫縛證得禪定，命終之後就能往生到色界天中。關於「欲爲不淨」的內涵，我們會在下一個章節中說明，這裡我們先談往生色界天與無色界天的道理。若能次第修得四禪八定，就能漸次進入色界和無色界的境界中；修學四禪八定的過程，說穿了就是一個「捨」的過程。就像發射火箭到外太空的道理一樣，必須一節一節的捨棄脫離，才能夠減輕負載而脫離地球引力的繫縛；修學禪定的道理也是一樣，必須捨棄了對欲界境界的貪著，才能進入色界初禪的境界，必須捨棄了初禪的境界才能進入二禪，同理必須捨棄了色界所有的境界才能夠進入無色界的境界中。因此四禪八定的修證，是必須依序次第進修的，不能躐等！不可能有人能夠先得四禪再回來修三禪、二禪、初禪；也就是一定先要有未到地定的功夫，消除了五蓋性障能捨離欲界的貪愛，才能證得初禪，接著再捨初禪的身樂境界而進修二禪，乃至再次第轉進修得三禪和四禪。學人若想詳細瞭解此中義理，可以詳細閱讀 平實導師在《楞嚴經講記》第十三輯中之開示，以下內容僅簡略引述 平實導師於這本書中的開示來加以說明。首先，爲大家介紹往生色界初禪到四禪的道理與境界，然後再介紹無色界。

第一目 初禪

初禪天有三種境界，必須要能離欲才能往生到初禪天。《楞嚴經》卷九云：

阿難！世間一切所修心人，不假禪那無有智慧，但能執身不行婬慾，若行若坐想念俱無，愛染不生，無留欲界，是人應念身爲梵侶，如是一類，名梵眾天。欲習既除，離欲心現，於諸律儀愛樂隨順，是人應時能行梵德，如是一類名梵輔天。身心妙圓，威儀不缺，清淨禁戒，加以明悟，是人應時能統梵眾，爲大梵王，如是一類名大梵天。阿難！此三勝流，一切苦惱所不能逼，雖非正修眞三摩地，清淨心中諸漏不動，名爲初禪。

平實導師在《楞嚴經講記》第十三輯中的白話翻譯如下：

阿難！世間一切所在修行心地的人，不懂得假藉禪那靜思來修行而沒有智慧，他們只要能執持色身不造作婬慾的行爲，在平常或者行路或者靜坐時，連想念婬樂的心也都不存在了，貪愛與染污的心性不會生起了，也不會再停留於欲界之內，這個人就在心得決定時立即使自身成爲清淨修行中的人；像這樣的一類人，名爲梵眾天。婬欲的習性既然修除了，離欲的心現前了，對於各種律儀也都愛樂而且都能隨順，這一類人立即能夠廣行清淨的德行；像這樣的一類人，名爲梵輔天。色身與覺知心勝妙而圓滿，四威儀都沒有缺陷，也已經清淨所有禁制與戒律，並且再加上對於初禪天的境界全部明瞭與悟解，這一種人立即可以統領初禪天中的清淨大眾，成爲清淨天中之王，像這樣的一類人就名爲大梵天。阿難！這三種殊勝的參與者，欲界中的一切苦惱都不再能逼惱他們，雖然這三種人並不是眞正修習眞實法金剛三昧境界，然而離欲清淨的覺知心中，對於欲界中的種種有漏法已經都不動心了，所以名爲初禪。

平實導師在書中開示說：

初禪的證得，定力不必很強；只要有未到地定的定力成熟——**未到地定的定力不退**——再加上性障的降伏，只要有這兩個條件具足就可以得初禪了。有很多人未到地定非常好，可以入定兩天、三天，但就是發不起初禪來：可是這種人卻往往自以爲已經證得第四禪了，成爲一場大誤會，這個原因也要再來簡單說明。爲什麼他發不起初禪呢？因爲他沒有「明悟」初禪，他不知道初禪境界現前的原因，他並不知道初禪實證的道理。初禪的現起，除了需要有未到地定的定力以外，最重要的原因是修除性障，就是修除五蓋：貪欲蓋、瞋恚蓋、掉悔蓋、疑蓋、睡眠蓋，這五蓋就是性障。

所以 平實導師說，只要把無相念佛的功夫修得很好，可以常常保持憶佛的淨念與處理事務的妄念同時並存的雙運狀態，這個未到地定就成功了；接著再修除五蓋性障，也就是把貪欲蓋、瞋恚蓋、掉悔蓋、疑蓋、睡眠蓋等都伏除了，初禪就會發起。初禪發起的人，心中不會有男女欲的貪愛念頭，連想要看見異性的欲望都不存在，那就是世間凡夫的清淨行完成了。

平實導師這一世直到四十歲的時候才開始學佛，在開始學佛沒多久的時候，未到地定的功夫便很快地成就了；在參加坐禪活動時，因爲很快就能進入未到地定中，往往一坐就是三個鐘頭不動，所以也引起了同修們的注意！平實導師因爲往世修過禪定的功德，而且往世早就離欲得初禪了！因此這一世雖然沒人教導，但是因爲有過去世熏習的種子，很自然地就有六妙門「數、隨、止、觀、還、淨」

的修定善巧方便；沒人教也沒看過古德開示的著作，自己不自覺地就會了，很快就能一心不亂、淨念相繼，所以能體悟到「無相念佛」這個修習動中定力的絕佳方法，以及能夠教導看話頭的功夫。而且，平實導師的定力至少是二禪甚至二禪以上，才能將經論或古德著作中都沒有詳述的初禪離欲境界及功德受用，對我們解說得如此詳細、明白。平實導師還有提到，當時他證得初禪時是剎那遍身發起初禪之功德，因而震動魔宮，天魔還三次派他的女兒們來 平實導師的定中擾亂，可是 平實導師定心堅固不為所動，不曾稍退初禪離欲的定力。

平實導師曾經開示過，初禪的發起有三種狀況。第一種是由上而發，這種人是對男女欲還沒有完全斷除或降伏，因此大部分都會退失；第二種是由下而發，大多數人在一段時間後會漸漸具足而遍身發起；第三種則是一剎那間就遍身發起初禪，此時會有天眼出現能看見自己的初禪天身。平實導師還告訴我們，初禪遍身發時會看見自己的初禪天身中「如雲如霧」沒有內臟，而且從頭頂到腳底，每一個毛孔都有樂觸，講話時那個樂觸也不會丟失。經論中都說初禪的境界是離語言相的，但那是指等至位的初禪。然而，不論是在初禪的等至或等持位中，卻又都是不妨礙言說的，就如 平實導師大部分都在初禪的等持位中說法度眾。

另外，平實導師更開示初禪有五支功德，也就是：一**心**、**覺**、**觀**、**喜**、**樂**，所以初禪叫作有覺有觀三昧；必須要具足這五支功德才算是證得初禪，不可空口白話妄稱已得初禪，否則便成就了大妄語業。關於初禪的五支功德詳細內容，讀者請自行參閱《楞嚴經講記》第十三輯中的開示。

平實導師說過，眾生要從欲界地到實證初禪，這段過程是最粗重、最困難的，但到達初禪後若要往二禪邁進就比之前的捨離欲界要容易許多。接著我們繼續為大家介紹二禪的境界。

第二目 二禪

二禪的修習是在有了初禪具足圓滿的修證基礎之後，再捨離初禪中發起的所有樂觸。因為初禪是有覺有觀三昧，有覺觀才能領受身中的樂觸，所以覺知心對色、聲、觸等三塵保持著覺與觀，仍然與這三塵相應，只捨離了香塵與味塵。而二禪的境界是無覺無觀三昧，也就是必須要捨離初禪身樂等的覺觀，若捨不掉胸腔的樂觸，那就只能永遠留在初禪的境界中了。

平實導師也說過，二禪的等至位是「住一識處」。譬如《大智度論》卷十七〈序品 第一〉中說：【心入禪時，以覺觀爲惱；是故除覺觀，得入一識處。內心清淨故，定生得喜樂，得入此二禪，喜勇心大悅！】

《佛本行集經》卷四十六〈大迦葉因緣品 第四十七〉中也說：【滅於覺觀，內清淨心一處，無覺無觀定生喜樂，入第二禪。】所以二禪等至位中是離開五塵境界的，意識心只安住於定境法塵之中。

又，二禪天也有三種天人，接著我們來看《楞嚴經》卷九中所說二禪天的境界：

阿難！其次梵天，統攝梵人圓滿梵行，澄心不動寂湛生光，如是一類名少光天。光光相然照耀無盡，映十方界遍成琉璃，如是一類名無量光天。吸持圓光成就教體，發化清淨應用無盡，如是一類名光音天。阿難！此三勝流，一切憂愁所不能逼，雖非正修眞三摩地，清淨心中粗漏已伏，名爲二禪。

平實導師在《楞嚴經講記》第十三輯中的白話翻譯如下：

阿難！初禪天之後的清淨天人，統攝初禪天中所有修習清淨行的天人，已經圓滿清淨行了；並且又把自己的定心繼續澄清，使定力更加堅定而不移動，後來非常寂靜而澄湛無雜所以生起光明了，像這樣的一類天人名爲少光天。再繼續加深定力而使原來的光明增強，達到所有光明互相激發而能夠照耀到無止盡的遠方，映照到十方世界普遍成爲琉璃一般的明淨，像是這樣的一類天人名爲無量光天。然後再吸持自己所放出來的圓滿光明而成就了自己的法教體性；所發揚出來的教化是用不著言語來說明的，而且這些教化也都是很清淨的，這樣以光的變化相來教導天人，而且這樣的光相變化也是應用無盡的，像是這樣的一類天人就名爲光音天。阿難！這三種殊勝的流類，是一切憂愁所不能逼迫的天人，他們雖然還不是正確地修證眞實三昧的境界，但他們的清淨心中粗重的有漏性已經降伏了，全都名爲二禪。

《楞嚴經講記》第十三輯中有詳細介紹二禪的內涵，平實導師是親自實證二禪的過來人，想要深入瞭解的讀者們，趕緊去請書回來詳細閱讀喔！

第三目 三禪

有了二禪圓滿具足修證的基礎後，接著才可以進修三禪，而要證得三禪同樣是必須捨棄了二禪的境界才能發起；又三禪名爲離喜妙樂地，就是要把二禪的喜心給捨掉了，才能進入三禪地。三禪天人有三種境界，因此說三禪有三天，《楞嚴經》卷九：

阿難！如是天人圓光成音，披音露妙，發成精行，通寂滅樂，如是一類名少淨天。淨空現前，引發無際身心輕安，成寂滅樂，如是一類名無量淨天。世界身心一切圓淨，淨德成就，勝託現前，歸寂滅樂，如是一類名遍淨天。阿難！此三勝流具大隨順，身心安隱得無量樂，雖非正得眞三摩地，安隱心中歡喜畢具，名爲三禪。

平實導師在《楞嚴經講記》第十三輯中白話翻譯如下：

阿難！像這樣的光音天人以圓滿光明化成法音，披開各種法音而顯露勝妙的清淨法，發起而且成就了精細的清淨行，通聯於寂滅無擾的清淨樂中，像這樣的一類人名爲少淨天。清淨的空相現前之後，引發了沒有邊際的身心輕安，成就了寂滅之樂，像這樣的一類天人名爲無量淨天。世界與身心等一切全都到了圓滿清淨的地步，清淨行的功德已經成就，殊勝的身心依託現前了，歸於寂滅的快樂中，像這樣的一類天人名爲遍淨天。阿難！這三種殊勝的天人流類，具有對於寂滅境界的大隨順功德，身與心都已安隱而獲得無量的快樂，雖然依舊不是真正證得眞實常住的三昧境界，安隱無憂的心中歡喜全都已經具足了，名爲三禪。

證得三禪者也有五支功德，第一是捨，第二是念，第三是智，第四是樂，第五是一心。這些內容平實導師在《楞嚴經講記》第十三輯有詳細介紹，讀者想進一步瞭解者可以詳細閱讀。

第四目 四禪

四禪的境界是息脈俱斷，捨、念清淨的，也就是說，如果有人宣稱自己有四禪的證量，那他不但必須要具足圓滿修證三禪的禪定境界外，而且還要能夠進一步轉進，捨棄對三禪境界的貪愛，在四禪前的未到地定中呼吸和心跳都停止了，這才表示他已經能夠捨棄三禪的極微細妄念了。如《楞嚴經》卷九云：

阿難！次復天人不逼身心，苦因已盡；樂非常住，久必壞生；苦樂二心俱時頓捨，粗重相滅，淨福性生；乃至劫壞，三災不及，如是一類名福生天。捨心圓融勝解清淨，福無遮中得妙隨順，窮未來際，如是一類名福愛天。阿難！從是天中有二岐路：若於先心無量淨光，福德圓明修證而住，如是一類名廣果天。若於先心雙厭苦樂，精研捨心相續不斷，圓窮捨道，身心俱滅，心慮灰凝經五百劫；是人既以生滅爲因，不能發明不生滅性，初半劫滅，後半劫生，如是一類名無想天。阿難！此四勝流，一切世間諸苦樂境所不能動，雖非無爲眞不動地，有所得心功用純熟，名爲四禪。

平實導師在《楞嚴經講記》第十三輯的白話翻譯如下：

阿難！接下來，三禪中的遍淨天人由於苦樂等法都已經不逼迫身心了，這時如果把三禪天的苦因除盡了，了知三禪之樂也不是常住法，知道時間久了以後必然還是會有毀壞的狀況出生；由於這樣的分別而有了無常的認知，於是把三禪天中的所有苦心與樂心全都一時頓捨了，於三禪天中的粗重相便滅除了，清淨天福的自性出生了，可以生在四禪天中，能夠在很長時間裡安住於四禪天中；乃至一個大劫過去而使世間毀壞時，那時火災、水災、風災也都不能達到這裡，像這樣的一類人名之爲福生天。繼續進修以後，使捨離苦樂的心到達圓融的地步，對於四禪捨苦捨樂的勝解道理已經了知而得清淨，在所獲得的清淨福德全無遮障之中得到了勝妙的隨順，可以窮盡未來際，都不會被劫災所壞，像這樣的一類天人名爲福愛天。阿難！從這個福愛天之中上進時有二條岐出的岔路，使人無法證得菩提：如果於先前已證的福愛天定心之中發起無量的清淨光明，福德圓滿清明修證而安住於四禪天中，像這樣的一類人名爲廣果天。如果於先前已證的福愛天定心之中既厭惡苦受也厭惡樂受，精細研究捨離苦樂之心而且相續不斷，圓滿窮究一切盡捨之道，以致色身與覺知心全都滅除，意識覺知心思慮如同死灰一般，凝固於這樣的無知無覺境界中，經歷五百大劫；這一類人既然是以生滅法的意識作爲根本因，由此緣故不能發明不生滅的法性，初生到無想天中時經歷最初半劫以後，心想方才滅除；又於即將捨棄無想天壽命時，再經歷半劫方始出生了心想，像這樣的一類人名爲無想天。阿難！這四種殊勝流類的色界天有情，一切世間的所有苦樂境界都不能動搖他們，雖然並不是無爲法中所說的眞正不動地，然而住在有所得的覺知心中，對於覺知心的功能德用已經極爲純熟了，所以名爲四禪。

因此，要證得第四禪「捨、念清淨定」就必須先滅除三禪境界的粗重相。這是因爲，在三禪境界中覺知心仍有極微細的妄念生滅，所以就需要有氧氣和營養供應給大腦來維持運作，因此就必須有心臟跳動輸送血液，也必須有呼吸攝取氧氣，這就是三禪的「粗重相」。所以當三禪實證者懂得這個道理後，能夠徹底捨棄了三禪中的身心喜樂，那他就不再有極微細的妄念了，成爲「念清淨」，而且捨心也成就了，所以「捨清淨」，於是安住在四禪定中，就不必再有呼吸與心跳了。關於這些修證第四禪的詳細內容和境界，請詳見 平實導師《楞嚴經講記》第十三輯。

第五目　四禪天中的五不還天

在色界的四禪四天之上，還有五不還天。平實導師在《楞嚴經講記》第十三輯中開示說：【五不還天是具足四禪的聲聞三果人及初地以上菩薩所到的境界。】其中最高的色究竟天，是具足四禪的初地以上菩薩才能去的。如《楞嚴經》卷九云：

阿難！此中復有五不還天，於下界中九品習氣俱時滅盡，苦樂雙亡，下無卜居，故於捨心眾同分中安立居處。阿難！苦樂兩滅，鬥心不交，如是一類名無煩天。機括獨行，研交無地，如是一類名無熱天。十方世界妙見圓澄，更無塵象一切沈垢，如是一類名善見天。精見現前，陶鑄無礙，如是一類名善現天。究竟群幾，窮色性性，入無邊際，如是一類名色究竟天。阿難！此不還天，彼諸四禪四位天王獨有欽聞，不能知見；如今世間曠野深山聖道場地，皆阿羅漢所住持故，世間粗人所不能見。阿難！是十八天獨行無交，未盡形累。自此已還，名爲色界。

平實導師在《楞嚴經講記》第十三輯中的白話翻譯如下：

阿難！在這四禪天之中還有五不還天，對於此處以下的色界欲界中的九品粗糙習氣已經一時全部滅盡了，苦受與樂受兩邊都已經銷亡，對於此天以下境界再也不會有安居的時候了，以此緣故於捨離苦心樂心的四禪天眾同分之中安立自己的居處。阿難！苦心與樂心兩種都滅除了，苦心與樂心互相交鬥的情況已經滅除了，如是一類的天人們名爲無煩天。捨心如同飛箭一樣自頭至尾獨自飛行，苦樂二心相研相交的事情已經無處可以發生了，像這樣的一類天人名爲無熱天。遠離定障與慧障故，十方世界妙眼明見圓滿澄清，再也沒有客塵諸象等一切沈積污垢，像這樣的一類天人名爲善見天。由於精明能見之性現前以後，已能如同陶師捏陶、金師鑄冶一般無所障礙地加以轉變示現，像這樣的一類天人名爲善現天。已經究竟所有眾生種類，也已經窮究種種物質法性的自性，能隨意進入有色類眾生的境界中，無有邊際而無限制，像這樣的一類天人名爲色究竟天。阿難！這五種不還天的境界，那些四禪天中的四位天王都是只能仰慕而聽聞，不能了知也不能看見；如同今天世間曠野深山中的神聖道場地界，都是阿羅漢所住持的緣故，是世間粗心愚昧的人們所不能看見。阿難！這色界十八天的所有天人都是獨來獨往而沒有欲界中男女互相交往的情形，但也還沒有滅盡身形之累。從這個色究竟天往下到初禪天爲止的所有十八天境界，都名之爲色界。

五不還天的境界太深妙了！還是請讀者自行閱讀 平實導師在《楞嚴經講記》第十三輯中的詳細開示。

第六目 無色界的四空天

色界的境界再往上，就進入四空定的無色界天了！無色界天，顧名思義就是沒有物質的世界。沒有了色身也沒有五塵，只有第八識、意根以及意識存在的境界。而無色界的有情都是住於四空定中。《楞嚴經》卷九云：

> 復次阿難！從是有頂色邊際中，其間復有二種岐路：若於捨心發明智慧，慧光圓通便出塵界，成阿羅漢、入菩薩乘，如是一類名爲迴心大阿羅漢。若在捨心，捨厭成就；覺身爲礙，銷礙入空，如是一類名爲空處。諸礙既銷，無礙無滅，其中唯留阿賴耶識，全於末那、半分微細，如是一類名爲識處。空色既亡，識心都滅；十方寂然，迥無攸往，如是一類名無所有處。識性不動，

以滅窮研；於無盡中，發宣盡性，如存不存，若盡非盡；如是一類名為非想非非想處。此等窮空，不盡空理。從不還天、聖道窮者，如是一類名不迴心鈍阿羅漢。若從無想諸外道天窮空不歸，迷漏無聞，便入輪轉。阿難！是諸天上各各天人，則是凡夫業果酬答，答盡入輪。彼之天王即是菩薩遊三摩提，漸次增進，迴向聖倫所修行路。阿難！是四空天身心滅盡，定性現前，無業果色；從此逮終，名無色界。此皆不了妙覺明心，積妄發生，妄有三界，中間妄隨。七趣沉溺補特伽羅，各從其類。

平實導師在《楞嚴經講記》第十三輯中的白話翻譯如下：

復次阿難！從這個有頂天的色法邊際之中，在這裡面還有二種分歧的解脫路：若是於捨心中發明了智慧，智慧的光明圓滿通達時便可以出離六塵境界，成為阿羅漢，然後轉入菩薩的法道中；像是這樣的一類四禪天人，名為迴心轉入大乘法中的大阿羅漢。若是在捨心之中，由於捨心而使他對有色天界的厭惡得以成就；是因為覺悟了知四禪天的色身會成為解脫的障礙，於是接著銷滅色身的障礙而進入空無色身的境界，像這樣的一類凡夫天境名為空處。種種的障礙既然已經銷亡而到達空無色處了，這時再也沒有色身來障礙出離三界的進程，但也不是斷滅空，在這時的境界中只留存阿賴耶識，以及完全的末那識和半分意識微細而住，像這樣的一類天境名爲識所住處。再進修以後，空處與色法既然都銷亡了，而且又把半分意識心的作用都滅除了；這時十方寂然，完全沒有一個想要前往安住的處所，像這樣的一類天境名爲無所有處。意識的自性不運作了，以此滅掉諸法而窮究深研；於意識無止盡之中，發明宣揚出滅盡諸法的自性，這時意識如同存在又如同不存在，似乎是滅盡而其實並非滅盡，像這樣的一類天境名爲非想非非想處。

這一類天境是窮究我空，但卻不是究竟窮盡我空的眞理。若是經歷了五不還天的次第而來到第四天中，才使自己的解脫聖道窮究徹底，像這樣的一類人名爲不迴心的鈍根阿羅漢。若是從無想天以及福生天、福愛天、廣果天等外道天窮究空理而不懂正確的歸向，迷惑於有漏法中而沒有多聞的功德，便墜入凡夫眾生的輪轉路途中。阿難！至於這一些色界天上各各不同的天人們，則是凡夫眾生基於定業果報的酬應答報，答報已盡時就會繼續進入輪轉過程中。然而色界諸天中的天王，其實就是菩薩們遊戲於三昧境界，逐漸依循著諸天次第而向上增進，是假藉禪定而迴向諸地聖位的菩薩們所修行的道路。阿難！這四空天眾生是把色界的身心全都滅盡，使四空定的自性現前了，以致於一時不會有業果色現前；從這個空處天來到最後的非想非非想天，已經達到三界的最終處，名爲無色界。這些世間的形成與存在，都是由於眾生不能了達勝妙眞覺光明的自心，積集各種妄想而發生了這些世間境界，以此緣故而虛妄地示現有三界世間存在，於是眾生便在三界中間虛妄地隨逐流轉。於是便有地獄、鬼道、畜生、人道、神仙、天道、修羅道等七趣沈溺於生死中的有情，各自隨從於他們所應生存的種類之中存在。

有句世間人的玩笑話說：「好山、好水、好無聊！」然而無色界的境界是連好山、好水都沒有，只剩下意識心一念不生所安住的四空定，說來還眞的是好無聊！所以末學也就不多引述了！請大家自行詳閱　平實導師所著的《楞嚴經講記》第十三輯中的開示。

第七目　生天之論總結

佛陀教導生天之論的目的，就是要我們先修學五戒十善，消除貪、瞋、癡等性障，才能有往生欲界天的福德，也就是在布施和持戒的基礎之上，還要再多修集十善以及隨分應修之定力和減少貪欲。而佛陀接著爲眾生說「**欲爲不淨、上漏爲患、出要爲上**」，雖然告訴眾生若想要往生到色界天，那就要離欲證得初禪以上的禪定，乃至更往上證得無色界的四空定，但是更告誡眾生這些都是無常、有漏、不淨的生死有爲法，學人應當不要貪著於禪定的勝妙境界，往生到色界天乃至無色界天，歷經長劫虛耗光陰，這樣根本無利於邁向成佛之道。而我們如果發心當菩薩想來救護眾生成就佛道，那就絕對不要把修行累積的福德、功德用來生天享福，因爲到了天界雖然受可愛的異熟果報很快樂，但福報用盡就得下墮了，因爲只剩下往昔所造的惡業，而下墮惡道後又要痛苦很久很久。這些永嘉玄覺禪師在《永嘉證道歌》中早就告誡說：「**住相布施生天福，猶如仰箭射虛空；勢力盡，箭還墜，招得來生不如意。**」所以有智慧的菩薩應該要持守五戒、廣修十善，還要減少貪欲和修習定力，以此所得的福德迴向早證菩提、早成佛道。

1《起世因本經》卷一〈閻浮洲品 第一〉：【爾時，佛告諸比丘言：「諸比丘！如一日月所行之處，照四天下，爾所四天下世界，有千日月，諸比丘！此則名爲一千世界。諸比丘！千世界中，千月、千日、千須彌山王、四千小洲、四千大洲、四千小海、四千大海、四千龍種姓、四千大龍種姓、四千金翅鳥種姓、四千大金翅鳥種姓、四千惡道處種姓、四千大惡道處種姓、四千小王、四千大王、七千種種大樹、八千種種大山、十千種種大泥犁、千閻摩羅王、千閻浮洲、千瞿陀尼、千弗婆提、千欝多囉究留、千四天王天、千三十三天、千夜摩天、千兜率陀天、千化樂天、千他化自在天、千諸摩囉天、千梵世天。諸比丘！彼梵世中有一梵主，威力最強無能降者，統攝千梵自在王領，云：『我能作、能化、能幻。』云：『我如父。』於諸事中自作如是憍大語言，即生我慢。如來不然。所以者何？一切世間各隨業力現成此世。諸比丘！如此小千世界，猶如周羅（周羅者隋言髻也，外國人頂上結少許長髮爲髻），名千世界。諸比丘！爾所周羅一千世界，是名第二中千世界。諸比丘！如一第二中千世界，爾所中千一千世界，是名三千大千世界。諸比丘！此三千大千世界，一時轉合，一時轉合已而還復散，一時轉散已而復還合，一時轉合已而安住，如是世界周匝轉燒，名爲敗壞；周匝轉合，名爲成就；周匝轉住，名爲安立。是爲無畏一佛剎土眾生所居。」】（《大正藏》冊一，頁 365，中 19-下 17）

2 《瑜伽師地論》卷四：【六、他化自在天復有摩羅天宮，即他化自在天攝，然處所高勝。】（《大正藏》冊三十，頁 294，下 25-26）

3 《起世因本經》卷八〈三十三天品 第八〉中說：

【諸比丘！此三界中，有三十八諸眾生類。何者是其三十八種？諸比丘！欲界之中有十二種，色界中有二十二種，無色界中復有四種。諸比丘！於中何者是其欲界十二種類？所謂地獄、畜生、餓鬼、人、阿修羅、四天王天、三十三天、夜摩天、兜率陀天、化樂天、他化自在天、魔身天等，此名十二。何等色界二十二種？謂梵身天、梵輔天、梵眾天、大梵天、光天、少光天、無量光天、光音天、淨天、少淨天、無量淨天、遍淨天、廣天、少廣天、無量廣天、廣果天、無想天、無煩天、無惱天、善見天、善現天、阿迦膩吒天等，此二十二屬於色界。其無色界四種者，謂空無邊天、識無邊天、無所入天、非想非非想天，此四種類屬無色界。】（《大正藏》冊一，頁 403，中 11-25）

4 《起世因本經》卷一〈閻浮洲品 第一〉：

【諸比丘！須彌山半，四萬二千由旬中，有四大天王宮殿。諸比丘！須彌山上，有三十三諸天宮殿，帝釋所住；三十三天，向上一倍，有夜摩諸天宮殿住；其夜摩天，向上一倍，有兜率陀諸天宮殿住；其兜率天，向上一倍，有化樂諸天宮殿住；其化樂天，向上一倍，有他化自在諸天宮殿住；其他化自在天，向上一倍，有梵身諸天宮殿住；**其他化上、梵身天下，於其中間，有魔波旬諸宮殿住**；倍梵身上，有光音天；倍光音上，有遍淨天；倍遍淨上，有廣果天；倍廣果上，有不麤天；廣果天上、不麤天下，其間別有諸天宮住，名爲無想眾生所居；倍不麤上，有不惱天；倍不惱上，有善見天；倍善見上，有善現天；倍善現上，則是阿迦尼吒諸天宮殿。諸比丘！阿迦尼吒上，更有諸天，名無邊虛空處天、無邊識處天、無所有處天、非想非非想處天，此等盡名諸天住處。諸比丘！如是之處，如是界分，眾生所住。如是眾生，若來若去，若生若滅，邊際所極。是世界中，諸眾生輩，有生老死墮在如是生道中住，至此不過。是故說言娑婆世界無畏剎土。自餘一切諸世界中，亦復如是。】(《大正藏》冊一，頁 366，上 24-中 17)

5 請見《妙法蓮華經》卷四〈提婆達多品 第十二〉。

6 《起世因本經》卷五〈諸龍金翅鳥品 第五〉：【諸比丘！其彼卵生金翅鳥王，欲得搏取卵生龍時，於是即飛向居吒奢摩離大樹東面枝上，下觀海已，便以兩翅飛扇大海，水爲之開二百由旬。海水開已，即便銜取卵生龍出，隨其所用，隨其所食。諸比丘！其諸卵生金翅鳥王，唯能取得卵生龍食，隨其所用，則不能取胎生之龍，及濕生龍、化生龍等。

諸比丘！其諸胎生金翅鳥王，若欲得取卵生龍者，即時飛向彼居吒奢摩離大樹東枝之上，下觀大海，即以兩翅飛扇大海，水爲之開二百由旬，因而銜取卵生龍出，隨其所食。又復胎生金翅鳥王，若欲搏取胎生龍者，即便飛向彼居吒奢摩離大樹南枝上，下觀大海，即以兩翅飛扇大海，水爲之開四百由旬，遂便銜取胎生龍出，隨其食用。諸比丘！其諸胎生金翅鳥王，唯能取得卵生諸龍及胎生龍，隨其所用，則不能得濕生諸龍、化生龍等。

諸比丘！其諸濕生金翅鳥王，若欲得取卵生龍時，爾時飛上彼居吒奢摩離大樹東枝上，以翅飛扇大海，水爲之開二百由旬，開已銜取卵生龍用，隨其所食。又復濕生金翅之鳥，若欲得取胎生龍時，即便飛向彼居吒奢摩離大樹南枝上，以翅飛扇大海，水爲之開四百由旬，開已銜取胎生龍食，隨其所用。又復濕生金翅之鳥，若欲得取濕生龍者，爾時飛向彼居吒奢摩離大樹西枝上，以翅飛扇大海，水爲之開八百由旬，即便銜取濕生龍用，隨其所食。諸比丘！其諸濕生金翅之鳥，唯能得取卵生諸龍、胎生之龍、濕生龍等，隨其所用，隨其所食，唯不能得化生諸龍。

諸比丘！其諸化生金翅之鳥，若其欲得取卵生龍，爾時飛向彼居吒奢摩離大樹東枝上，以翅飛扇大海，水爲之開二百由旬，即便銜取卵生龍食，隨其所用。又復化生金翅之鳥，若欲搏取胎生龍時，即便飛向彼居吒奢摩離大樹南枝上，以翅飛扇大海，水爲之開四百由旬，時彼化生金翅之鳥，即便銜取胎生龍食，隨其所用。又復化生金翅之鳥，若欲得取濕生龍時，即便飛向彼居吒奢摩離大樹西枝上，以翅飛扇大海，水爲之開八百由旬，即時銜取濕生龍食，隨其所用。又復化生金翅鳥王，若欲得取化生龍者，爾時即飛向彼居吒奢摩離大樹北面枝上，下觀於海，便以兩翅飛扇大海，水爲之開一千六百由旬，即便銜取化生龍食，隨其所用。諸比丘！此等諸龍悉皆爲彼金翅之鳥所取食噉。】

（《大正藏》冊一，頁 387，下 20-頁 388，中 7）

7 《大樓炭經》卷三〈龍鳥品 第六〉：【有餘龍王，金翅鳥不能得食者。何等龍王，金翅鳥不能得食者？一者娑竭龍王、二者阿耨達龍王、三者難頭和難龍王、四者善見龍王、五者提頭賴龍王、六者伊羅募龍王、七者善住龍王、八者迦句龍王、九者阿于樓龍王、十者欝旃鉢龍王、十一者揵呵具曇龍王、十二者監波龍王，金翅鳥皆不能得取是諸龍王食之。】（《大正藏》冊一，頁 288，下 25-頁 289，上 3）

8《大佛頂如來密因修證了義諸菩薩萬行首楞嚴經》卷六：【阿難！又諸世界六道眾生，其心不殺，則不隨其生死相續。汝修三昧，本出塵勞；殺心不除，塵不可出；縱有多智、禪定現前，如不斷殺，必落神道：上品之人爲大力鬼，中品即爲飛行夜叉諸鬼帥等，下品尚爲地行羅剎。】（《大正藏》冊 19，頁 132，上 3-7）

9《注維摩詰經》卷一〈佛國品 第一〉：【肇曰：夜叉，秦言輕捷；有三種：一、在地，二、在虛空，三、天夜叉。居下二天守天城池門。】（《大正藏》冊三十八，頁 331，下 14-16）

10《大佛頂如來密因修證了義諸菩薩萬行首楞嚴經》卷八：【情少想多，輕舉非遠，即爲飛仙、大力鬼王、飛行夜叉、地行羅剎，遊於四天，所去無礙。其中若有善願善心護持我法，或護禁戒隨持戒人，或護神呪隨持呪者，或護禪定保綏法忍，是等親住如來座下。】（《大正藏》冊 19，頁 143，中 18-23）

11《起世因本經》卷六〈四天王品 第七〉：【爾時，毘沙門天王、提頭賴吒天王、毘婁勒迦王、毘婁博叉王等，與諸小王通及眷屬圍遶，……諸比丘！其毘沙門，亦有**五夜叉神王**，**恒常隨逐**，**側近左右**，**爲守護故**。何等爲五？一名五丈、二名曠野、三名金山、四名長身、五名針毛。諸比丘！其毘沙門天王，遊戲去來，常爲此等**五夜叉神**之所守護。】（《大正藏》冊 1，頁 395，下 26-頁 396，上 6）

12《起世因本經》卷六〈三十三天品 第八〉：【諸比丘！其須彌留山王頂上，有三十三天宮殿住處，其處縱廣八萬踰闍那，……又彼諸門，**各各常有五百夜叉**，**爲三十三天作守護故**。】（《大正藏》冊 1，頁 396，上 8-20）

13《長阿含經》卷七：【此間百歲，正當忉利天上一日一夜耳，如是亦三十日爲一月，十二月爲一歲，如是彼天壽千歲。】（《大正藏》冊一，頁 43，下 20-23）

14 Verse 48 IV (4) The Story of Patipujika Kumari（英文參考網址：http://what-buddha-said.net/Canon/Sutta/KN/Dhammapada.Verse_48.story.htm）擷取日期 2012.12.24。

15 參考摘錄自：The Dhammapada — Verses & Stories、《南傳法句經》、《原始佛典選譯》。（亨利・克拉克・華倫著，慧炬雜誌出版社（台北），1989.9 七版，頁 141-145）

16《賢愚經》卷十二〈二鸚鵡聞四諦品 第五十一〉：【佛告阿難：「……此閻浮提五十歲，爲四王天上一日一夜，彼亦三十日爲一月，十二月爲一歲，彼四王天壽五百歲。」……佛告阿難：「……此閻浮提百歲，爲忉利天上一日一夜，亦三十日爲一月，十二月爲一歲，彼忉利天壽千歲。」……「此閻浮提二百歲，爲炎摩天一日一夜，亦三十日爲一月，十二月爲一歲，彼焰摩天上壽二千歲。」、「此閻浮提四百歲，爲彼天上一日一夜，亦三十日爲一月，十二月爲一歲，彼兜率天壽四千歲。」……「此閻浮提八百歲，爲第五天上一日一夜，亦三十日爲一月，十二月爲一歲，彼第五天壽八千歲。」……「此閻浮提千六百歲，爲第六天上一日一夜，亦三十日爲一月，十二月爲一歲，彼第六天壽萬六千歲。」】（《大正藏》冊四，頁 436，下 25-頁 437，上 19）

17《起世因本經》卷七〈三十三天品 第八〉：【諸比丘！閻浮提人，身長三肘半，衣廣中七肘，上下三肘半；瞿陀尼人、弗婆提人，身量及衣，與閻浮等；其欝多囉究留人，身長七肘，衣廣中十四肘，上下七肘；阿修囉身，長一踰闍那，衣廣中二踰闍那，上下一踰闍那，重半迦利沙；四天王身，長半踰闍那，衣廣中一踰闍那，上下半踰闍那，重一迦利沙；三十三天，身長一踰闍那，衣廣中二踰闍那，上下一踰闍那，重半迦利沙；夜摩天，身長二踰闍那，衣廣中四踰闍那，上下二踰闍那，重一迦利沙四分之一；兜率陀天，身長四踰闍那，衣廣八踰闍那，上下四踰闍那，重一迦利沙八分之一；化樂天，身長八踰闍那，衣廣十六踰闍那，上下八踰闍那，重一迦利沙十六分之一；他化自在天，身長十六踰闍那，衣廣三十二踰闍那，上下十六踰闍那，重一迦利沙三十二分之一；魔身諸天，身長三十二踰闍那，衣廣六十四踰闍那，上下三十二踰闍那，重一迦利沙六十四分之一。自此已上，諸天身量長短，與衣正等無差】（《大正藏》冊四，頁436，下25-頁437，上19）

18《起世因本經》卷七〈三十三天品 第八〉：【諸比丘！論其人間，螢火之明，則不如彼燈火之明；燈火之明，又不如彼炬火之明；其炬火明，又不如彼火聚之明；其火聚明，不及諸天星宿光明；其星宿明，又不及彼月宮殿明；月宮殿明，又不及日宮殿光明；其日宮殿照耀光明，又不及彼四天王天牆壁宮殿身瓔珞明；四天王天諸有光明，則又不及三十三天所有光明；其三十三天諸有光明，則又不及夜摩諸天牆壁宮殿瓔珞光明；其夜摩天所有諸光，則不及彼兜率陀天所有光明；兜率陀天所有諸明，則又不及化樂天明；其化樂天所有光明，則不及彼他化自在諸天光明；他化自在所有光明，則又不及魔身天明；其魔身天牆壁宮殿瓔珞身光，比於在下，最勝最妙，殊特無過。】（《大正藏》冊一，頁400，上28-中13）

19《起世因本經》卷七〈三十三天品 第八〉：【諸比丘！若天世界，及諸魔梵，沙門婆羅門人等，世間所有光明，欲比如來阿羅訶三藐三佛陀光明，百千萬億恒河沙數，不可爲比。**此如來光，最勝最妙，殊特第一**。所以者何？諸比丘！其如來身，戒行無量、三摩提、般若、解脫、解脫知見，神通及神通行，教化及教化輪，說處及說處輪等，並各無量無邊。諸比丘！如來如是無量功德，一切諸法，皆悉具足。以是義故，如來光明，最勝無上，當如是持。】（《大正藏》冊一，頁400，中19-28）

20《起世因本經》卷七〈三十三天品 第八〉：【諸比丘！復有一種，以身善行、口意善行，如是作已，彼因緣故，身壞命終，生於天上，此處識滅，彼天上識初相續生。彼識生時，即共名色一時俱生，有名色故，即生六入。諸比丘！彼於天中，或在天子、或在天女，加趺處生、或兩膝內髀股間生。初出之時，狀如人間十二歲兒。若是天男，即於天子坐膝邊生；若是天女，即天玉女髀股內生。如是生已，彼天即稱是我兒女，如是應知。】（《大正藏》冊一，頁401，中3-11）

21《起世因本經》卷七〈三十三天品 第八〉：【諸比丘！修善生天，有如是法。若初生時，是諸天子及天女等，以自業因所熏習故，生三種念：一者自知從何處死，二者自知今此處生，三者知此生是何業果、是何福報，以我彼處身命壞已，來生此間。又如是念：「緣我有是三種業果、三種業熟，得來生此。何者爲三？所謂身善行，口、意善行。此等三業，果報熟故，身壞命終，來於此處。」復作是念：「願我今於此處死已，當生人間。我於彼處，如是生已，還修身、口及意善行。以身、口、意行善行故，身壞敗已，還來此生。」作是念已即便思食。彼念食時，即於彼前有眾寶器，自然盛滿天須陀味種種出生。若天子中有勝上者，彼須陀味其色最白；若其天子果報中者，彼須陀味其色即赤；若有天子福德下者，彼須陀味其色現黑。時彼天子，即以手取天須陀味，內於口中，彼須陀味，既入天口，即自漸漸融消變化。譬如酥及生酥擲置火中，即自融消，無有形影；如是如是，天須陀味，置於口中，自然消化，亦復如是。食須陀已，若其渴時，即於彼前，有天寶器，盛滿天酒，福上中下，白赤黑色，略說如前，入口消化，融消亦爾。時彼天子，食飲訖已，而其身體，上下大小，如彼舊生諸天子、天女等。

諸比丘！若諸天子及諸天女，身體既充，各隨意向或詣池邊。到池邊已，入彼池內，澡浴清淨，歡喜受樂。既出池上，詣香樹邊，時彼香樹枝自然低，從枝中出種種妙香，流入手中，即以塗身。復詣衣樹，到已如前，亦爲之低，而彼樹中，又出種種微妙好衣，至手邊已，即取而著。既著衣已，詣瓔珞樹，如是自低，垂流入手，或繫或著，以莊嚴身。如是復詣華鬘樹所，如前低垂，流出種種妙好華鬘。持飾頭已，便向器樹，樹出種種眾寶雜器，隨意入手，將詣果林，盛種種果，或即噉食，或取汁飲。如是復詣音樂樹邊，樹亦低垂，自然而出種種樂器，隨意而取，或彈或打、或歌或舞，音聲微妙，即便詣向林苑之中。入苑中已，於彼即見無量無邊百數、千數，無量百千萬億之數諸天玉女。若未見女，所有前世知見業報：「我從何處而來生此，如我此身，今受斯報。」果業熟故，彼於此時，了了分明，憶宿世事，猶如指掌。以見天女，迷諸色故，正念覺察智心即滅，既失前生，著現在欲，口唯唱言：「天玉女耶！天玉女耶！」如是名爲欲愛之縛。諸比丘！此則名爲三種善行。】（《大正藏》冊一，頁401，中12-下28）

22 《雜寶藏經》卷五：【爾時，佛在舍衛國，入城乞食，有一童女乘車遊戲，欲向園中道逢如來，迴車避道生歡喜心；其後命終，生三十三天，往集善法堂，釋提桓因以偈問言：「汝昔作何行，身色如眞金，光顏甚煒煒，猶若優鉢羅，得是勝威德，而生於天中？願今爲我說，何由而得之？」天女即時以偈答曰：「我見佛入城，迴車而避道，歡喜生敬信，命終得生天。」】（《大正藏》冊四，頁472，下20-頁473，上1）

23 《雜寶藏經》卷五：【「南天竺法，家有童女必使早起，淨掃庭中門戶左右。有長者女早起掃地，會值如來於門前過，見生歡喜注意看佛；壽命短促即終生天。夫生天者法有三念，自思惟言：本是何身？自知人身；今生何處？定知是天；昔作何業，來生於此？知由見佛歡喜善業，得此果報。感佛重恩，來供養佛，佛爲說法，得須陀洹。諸比丘言：「以何因緣，令此女人生天得道？」佛言：「昔在人中，早起掃地，值佛過門，見生喜心。由是善業，生於天上，又於我所，聞法證道。」】（《大

正藏》冊四，頁 474，中 15-25）

24《雜寶藏經》卷五〈貧女從佛乞食生天緣〉：【昔舍衛國城中，有一女人貧窮困苦，常於道頭乞索自活；轉轉經久，一切人民，無看視者。佛遇行見，往到其所，從佛乞食；憐愍貧女困餓欲死，即勅阿難使與其食。時此貧女得食歡喜，後便命終生於天上，感佛往恩，來供養佛，佛為說法，得須陀洹。諸比丘問佛言：「今此天女，以何因緣，得生天上？」佛言：「此天女者，昔在人間困餓垂死，佛使阿難與食，既得食已心生歡喜，乘是善根，命終生此天宮；重於我所，聞法得道。」】（《大正藏》冊四，頁 475，上 25-中 6）

25《雜寶藏經》卷五：【王舍城中，有一長者，日日往至佛所；其婦生疑，而作念言：「將不與他私通，日日恒去。」便問夫言：「日日恒向何處來還？」夫答婦言：「佛邊去來。」問言：「佛為好醜能勝汝也？而恒至邊。」夫即為婦嘆說佛之種種功德。爾時其婦聞佛功德，心生歡喜即乘車往。既至佛所，爾時佛邊有諸王大臣，逼塞左右不能得前，遙為佛作禮即還入城。其後捨壽生三十三天，便自念言：「得佛恩重，一禮功德使我生天。」即從天下往至佛邊，佛為說法，得須陀洹。比丘問言：「以何因緣得生此天？」佛言：「昔在人中，為我作禮，以一禮功德，命終生天。」】（《大正藏》冊四，頁 473，下 14-26）

26《雜寶藏經》卷五〈長者女不信三寶父以金錢雇令受持五戒生天緣〉：【爾時舍衛國中，有一長者，名曰弗奢，生二女子，一者出家，精進用行，得阿羅漢；一者邪見，誹謗不信。父時語此不信之女：「汝今歸依於佛，我當雇汝千枚金錢，乃至歸依法僧，受持五戒，當與八千金錢。」於是便受五戒。不久之頃，命終生天，來向佛所，佛為說法，得須陀洹。比丘問言：「此天女者，以何業行，得生於天？」佛言：「本於人間，貪父金錢，歸於三寶，受持五戒。由是因緣，

今得生天，重於我所，聞法得道。」】（《大正藏》冊四，頁474，中4-13）

27《分別善惡報應經》卷上：【修習何業得生欲天？修十善業得生彼天。】（《大正藏》冊一，頁897，下17-18）

28《十善業道經》：【龍王！舉要言之，行十善道，以戒莊嚴故，能生一切佛法義利，滿足大願；忍辱莊嚴故，得佛圓音，具眾相好；精進莊嚴故，能破魔怨，入佛法藏；定莊嚴故，能生念、慧、慚、愧、輕安；慧莊嚴故，能斷一切分別妄見；慈莊嚴故，於諸眾生不起惱害；悲莊嚴故，愍諸眾生，常不厭捨；喜莊嚴故，見修善者，心無嫌嫉；捨莊嚴故，於順違境，無愛恚心；四攝莊嚴故，常勤攝化一切眾生；念處莊嚴故，善能修習四念處觀；正勤莊嚴故，悉能斷除一切不善法，成一切善法；神足莊嚴故，恒令身心輕安、快樂；五根莊嚴故，深信堅固，精勤匪懈，常無迷忘，寂然調順，斷諸煩惱；力莊嚴故，眾怨盡滅，無能壞者；覺支莊嚴故，常善覺悟一切諸法；正道莊嚴故，得正智慧常現在前；正莊嚴故，悉能滌除一切結使；觀莊嚴故，能如實知諸法自性；方便莊嚴故，速得成滿爲、無爲樂。】（《大正藏》冊十五，頁159，上6-23）

29《優婆塞戒經》卷一〈修三十二相業品 第六〉：【爲菩薩時，於無量世，以十善法教化眾生，眾生受已，心生歡喜，常樂稱揚他人功德，是故次得如是三相。得是相已，次第獲得四牙白相。】（《大正藏》冊二十四，頁1039，下27-頁1040，上1）

《優婆塞戒經》卷一〈修三十二相業品 第六〉：【得是相已，次得二相：一者肉髻，二、廣長舌；何以故？爲菩薩時，於無量世，至心受持十善法教，兼化眾生，是故次得如是二相。】（《大正藏》冊二十四，頁1040，上5-8）

30《道行般若經》卷二〈功德品 第三〉：【佛語釋提桓因：「若有善男子、善女人，其有學般若波羅蜜者，其有持者，其有誦者，是善男子、善女人，魔若魔天終不能得其便。拘翼！善男子、善女人，若人若非人終不能得其便。拘翼！善男子、善女人不得橫死。拘翼！忉利天上諸天人，其有行佛道者，未得般若波羅蜜，未學者、未誦者，是輩天人，皆往到善男子、善女人所。拘翼！善男子、善女人學般若波羅蜜者，持者、誦者，若於空閑處，若於僻隈處，亦不恐、亦不怖、亦不畏。」四天王白佛言：「我輩自共護是善男子、善女人學般若波羅蜜者，持者、誦者。」梵摩三鉢天及梵天諸天人俱白佛言：「我輩自共護是善男子、善女人學般若波羅蜜者，持者、誦者。」釋提桓因白佛言：「我自護是善男子、善女人學般若波羅蜜者，持者、誦者。」釋提桓因復白佛言：「難及也，有學般若波羅蜜者，善男子、善女人心無所動搖。般若波羅蜜其受者，爲悉受六波羅蜜。」】（《大正藏》冊八，頁431，上16-中5）

31《起世因本經》卷七〈三十三天品 第八〉：【諸比丘！閻浮提人，若行欲時，二根相到，流出不淨；瞿陀尼人、弗婆提人，并欝多囉究留人輩，悉如閻浮提。一切諸龍、金翅鳥等，若行欲時，亦二根到，但出風氣，即便暢情，無有不淨；諸阿修羅、四天王天、三十三天，行欲根到，暢情出氣，如諸龍王及金翅鳥，一種無異；夜摩諸天，執手成欲；兜率陀天，憶念成欲；化樂諸天，熟視成欲；他化自在天，共語成欲；魔身諸天，相看成欲；並皆暢心，成其欲事。】（《大正藏》冊一，頁400，上18-27）

32《六祖大師法寶壇經》卷一：【有僧舉臥輪禪師偈曰：「臥輪有伎倆，能斷百思想，對境心不起，菩提日日長。」師聞之，曰：「此偈未明心地，若依而行之，是加繫縛。」因示一偈曰：「惠能沒伎倆，不斷百思想，對境心數起，菩提作麼長。」】

33 彌勒菩薩在《瑜伽師地論》卷二十六中說：【若唯有貪行，應於不淨緣安住於心，如是名爲於相稱緣安住其心。若唯有瞋行，應於慈愍安住其心；若唯有癡行，應於緣性緣起安住其心；若唯有慢行，應於界差別安住其心；若唯有尋思行，應於阿那波那念安住其心。】

34 界就是「種子」，意思就是功能差別，十八界就是六根、六塵和六識等十八種功能差別，讀者若有興趣瞭解可以詳閱　平實導師所著的《阿含正義》，書中有詳細開示「界—種子—功能差別」的內容。

35 《大般涅槃經》卷二十六〈光明遍照高貴德王菩薩品　第十〉：【善男子！我昔住於波羅奈國時，舍利弗教二弟子，一觀白骨，一令數息。經歷多年各不得定，以是因緣即生邪見，言：「無涅槃、無漏之法，設其有者我應得之。何以故？我能善持所受戒故。」我於爾時，見是比丘生此邪心，喚舍利弗而呵責之：「汝不善教，云何乃爲是二弟子顚倒說法？汝二弟子其性各異，一主浣衣，一是金師。金師之子應教數息，浣衣之人應教骨觀。以汝錯教，令是二人生於惡邪。」我於爾時爲是二人如應說法，二人聞已得阿羅漢果。是故我爲一切衆生眞善知識，非舍利弗、目揵連等。】

36 如《雜阿含經》卷二十七中說：【何等爲貪欲蓋不食？謂不淨觀，於彼思惟，未起貪欲蓋不起，已起貪欲蓋令斷，是名貪欲蓋不食。何等爲瞋恚蓋不食？彼慈心思惟，未生瞋恚蓋不起，已生瞋恚蓋令滅，是名瞋恚蓋不食。何等爲睡眠蓋不食？彼明照思惟，未生睡眠蓋不起，已生睡眠蓋令滅，是名睡眠蓋不食。何等爲掉悔蓋不食？彼寂止思惟，未生掉悔蓋不起，已生掉悔蓋令滅，是名掉悔蓋不食。何等爲疑蓋不食？彼緣起法思惟，未生疑蓋不起，已生疑蓋令滅，是名疑蓋不食。譬如身依食而住、依食而立；如是七覺分依食而住、依食而立。】

第五章 欲為不淨、上漏為患、出要為上

佛陀在爲衆生說完「施論、戒論、生天之論」以後，接著還會依衆生根性而開示「欲爲不淨、上漏爲患、出要爲上」等等解脫之法。衆生因爲修福得以往生欲界天中，本來只是享受福業的可愛異熟果報，但卻可能因沉迷天界上妙五欲，而把往世所修集的大部分福德給消耗掉。若福報享盡，只剩下過去世所造的惡業，於天界命終之後，就會因此而下墮惡趣，那樣就太划不來了！因此首先要說明「欲爲不淨」，讓有心學佛或希求解脫的弟子們，能遠離對五欲的貪愛，才能解脫於三惡道的繫縛。然而，就算能夠離欲而證得了初禪乃至四禪，捨壽後得以往生到色界天，但那也還是在「上漏爲患」之中；也就是說，色界天的境界仍屬有漏的境界，是相對於下地的欲界有漏境界所以稱爲上漏，只是暫時解脫於欲界的繫縛，並非眞正出離生死的解脫。況且，就算是證得四空定的人，死後可以往生無色界天中，縱使能生到最高的非想非非想天，壽命可長達八萬大劫；但天福享盡於壽

終之後，仍然還要下生人間甚至會下墮三惡道中。因此「出要爲上」就是說：要出離三界繫縛才是最重要的，而能出離三界的關鍵就是要修學解脫之法，因此首先就要能夠斷我見。以下我們先來談「欲爲不淨」！首先，來看 佛陀度貪欲心很重的難陀比丘成爲阿羅漢的故事。

第一節　天福享盡、下墮惡道：難陀出家記

難陀尊者是 佛陀同父異母的弟弟，他是 佛陀的姨母所生，難陀的相貌非常莊嚴，具有三十種大人相；他因爲貪愛女眾而出名，尤其對自己美貌的妻子孫陀利更是貪愛難捨，他也因此被稱爲「孫陀羅難陀」。關於難陀尊者的這個習氣，平實導師在《金剛經宗通》第三輯中也有提到：

三十二相是指諸佛的大人相，有位比丘名爲難陀，他有三十相；所以大部分的人，幾乎很少有人見了他而不喜歡他的，大部分人都喜歡他。當然這也有因爲過去世的因緣，所以女眾看了他都很喜歡，是有過去世多劫因緣的，因爲他過去世跟很多女眾結過很多的好緣。難陀很喜歡利益女眾，多劫以來的

貪淫習氣種子尚未斷除，所以他每逢說法上座都會先看妳們女眾。如果妳們哪一天看見一個阿羅漢示現在人間，他一上座就先看妳們，把妳們每一位都先瞧一瞧，然後再轉過頭去瞧男眾，你就知道他可能是難陀比丘迴向大乘又來這裡了。

由此可知，難陀尊者是非常喜歡女眾的。那麼，究竟這位尊者出家後發生了什麼趣事呢？我們來看看這個在《雜寶藏經》[1]裡的故事。

經典上說：有一天，難陀正在家中爲美麗的妻子（孫陀利）梳妝打扮、妝點眉間，享受著閨房畫眉之樂；這時聽聞 佛陀已經來到門前托缽了，他就急著要上前迎接供養 佛陀。妻子孫陀利撒嬌地說：「**你出去拜見如來可以，但是要在我額頭上這眉間妝點未乾之前回來！**」難陀就趕緊出去見佛，禮拜之後，恭敬地拿著佛陀的缽器，到房舍內裝滿新鮮清淨的飲食來供養 佛陀。但這時 佛陀卻沒有接手取受供養，轉身便回精舍去了。難陀又恭敬地捧著要交給 佛陀的侍者阿難尊者，但阿難尊者同樣也不接手。阿難尊者只告訴難陀說：「您從誰那裡拿缽，就要親手交給對方啊！」因此難陀只好捧著佛缽追趕了出去，就這樣一路追到了尼拘屢精

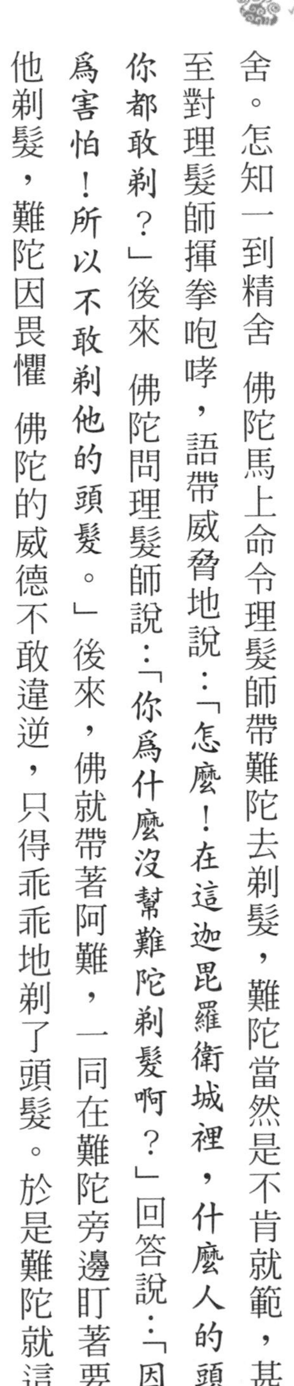

舍。怎知一到精舍 佛陀馬上命令理髮師帶難陀去剃髮，難陀當然是不肯就範，甚至對理髮師揮拳咆哮，語帶威脅地說：「怎麼！在這迦毘羅衛城裡，什麼人的頭你都敢剃？」後來 佛陀問理髮師說：「你爲什麼沒幫難陀剃髮啊？」回答說：「因爲害怕！所以不敢剃他的頭髮。」後來，佛就帶著阿難，一同在難陀旁邊盯著要他剃髮，難陀因畏懼 佛陀的威德不敢違逆，只得乖乖地剃了頭髮。於是難陀就這樣心不甘情不願地出家了！

但因爲難陀比丘還很貪愛世間五欲，雖然剃髮出家卻無心修行，老想著要回家，佛陀就經常把他帶在身邊，所以他完全沒有機會偷溜回家。後來有一天，正好輪到他看守房舍，這會兒機會來了，難陀心裡暗自歡喜：「今天眞是個大好的機會，我終於可以回家了！等佛陀及僧衆們都出門以後，我就回家！」於是在 佛陀入城以後，難陀心裡想著：「今天是我輪值，就算要回家也該把大家洗澡水瓶都裝滿水再回去吧！」他就立刻去打水，可是他剛裝滿一瓶，隨即就打翻了另一瓶，就這樣反覆地過了一段時間，總是裝不滿這些水瓶。難陀就想著說：「既然一直沒辦法把水都裝滿，剩下的就讓比丘們回來自己打吧，我就把空瓶子放在屋內，不管了啦！」就要關上房門回家去了；可是，這時候他剛關上一扇門窗，另一扇門窗就又彈開了，剛關好這間房的門窗，那間房的門窗又彈開了。就這樣又折騰了一會兒，他心裡又想著：「既然都關不上，那就不管了！就算比丘們的衣物被偷，反正我家裡有的是錢財，賠償這點東西沒啥大不了的。」於是就走出僧房準備回家了。他出門一想：「佛陀平日都是走這條路，那我該走另一條路回去，以免讓佛陀給逮著了。」佛陀當然知道他心裡想些什麼，就特地從難陀所盤算的這條路回來。半路上難陀遠遠地看見 佛陀走來，就趕緊躲到大樹後頭藏著；這時候樹神就配合著演出，將大樹舉到空中飄浮著，這時躲在樹後面的難陀，沒得遮蔽孤伶伶地站在路上。佛陀看見難陀，就把他又帶回到精舍；回來以後 佛陀就問他說：「你是思念妻子孫陀利，所以想回家嗎？」難陀說：「眞的很想念她！」於是 佛陀就帶著難陀去到阿那波那山上，然後問他：「難陀，你的妻子生得端正美麗嗎？」難陀回答：「端正美麗！」當時山裡有一隻瞎了眼的老獼猴，於是 佛陀又問他說：「難陀，你的妻子孫陀利面貌端正，比起這隻獼猴，如何？」難陀心中懊惱不悅地想：「孫陀利可是人中第一美女啊！佛陀今天是什麼緣故，拿我美麗的妻子跟這隻瞎眼老獼猴相比呢？」

接著　佛陀用神通力將難陀帶往忉利天上，到忉利天的各個天宮四處去看看，見到了許多天子，他們各自與許多天女們互相娛樂；但是，其中有一個天宮，只有五百天女，卻沒有天子，難陀就來問　佛那是怎麼回事。佛陀告訴他說：「你自己去問吧！」於是難陀就去問天女們：「各個宮殿中都有天子，爲什麼只有這裡沒有天子呢？」天女回答：「因爲佛的弟弟難陀，被佛陀以方便善巧逼著他出家，由於這個出家修清淨梵行的福報，命終之後將生來這裡當天子，成爲我們的夫君。」難陀聽了非常興奮地說：「我就是！我就是那個難陀啊！」於是急著就要進入此天宮中。天女們阻止他說：「我們是天人，你現在是人。你得要回去人間，等壽命盡了才會生到這裡，作我們的天子。」於是難陀便回來跟　佛陀報告以上的這些事情。佛就問難陀說：「你的妻子非常端正美麗，那跟這些天女們比起來又如何呢？」難陀不禁感慨回答：「她跟這些天女比起來，就好像是老獼猴跟她相比一樣啊！」於是　佛陀就把難陀帶回人間，難陀爲了想要生天，因此更加精勤地持戒。這時候，阿難尊者就爲難陀說了一首偈：「就像是兩隻公羊相鬥，想要往前衡結果卻已經是先往後退了，難陀您爲了想要獲得未來欲界天中的妙五欲而持戒，就像是公羊相鬥的道理一樣啊！那是不會有解脫的功德及果證的。」

後來，世尊又帶難陀到鑊湯地獄去。地獄中一鍋鍋的沸湯裡，烹煮著一個又一個哀號哭吼的造惡罪人。難陀注意到有一鍋沸湯滾滾卻空無罪人，他覺得奇怪，於是就去問 佛。佛說：「你自己去問問吧！」難陀便去問大湯鍋旁的獄卒說：「這裡每一口沸騰的大鍋都在烹煮治罰罪人，唯獨這一鍋空沸而無罪人，這是怎麼一回事？」獄卒回答：「在人間，佛陀有個弟弟名叫難陀，以他出家修行的功德，未來得以生到忉利天享受勝妙五欲之樂；但因爲他發心修行只是爲了天界勝妙五欲的享樂，因此生天後便耽著於欲樂而荒廢了修行，所以當他天福享盡命終之後，就會墮到這個鑊湯地獄來受報。我現在已經準備好沸湯等著他來呢！」難陀聽了非常害怕恐怖，擔心獄卒會把他扣留下來，於是馬上想到 佛陀，而求願說：「歸命佛陀！唯願世尊慈悲扶助加護，趕快帶我回人間吧！」回到人間以後，世尊對難陀說：「你要精勤持戒，來修你的生天福德啊！」難陀回答說：「不！我不求生天了，只希望我不會下墮地獄中。」因此 佛陀便爲他說明解脫道的法要，難陀也非常精進地修行，短短七天就證得了阿羅漢的果位。

第一目　當捨貪欲，修行止觀

上面這個故事，在《增壹阿含經》[2]中也有相同的記載，而且細說難陀比丘在出家後跟 佛陀報告他自己不樂修梵行，欲心熾盛；因此 佛陀為他開示了許多道理，以及如前所述的天宮與地獄的故事。《增壹阿含經》卷九〈慚愧品 第十八〉：

世尊告曰：「汝族姓子！此非其宜，以捨家學道修清淨行。云何捨於正法欲習穢污？難陀當知，有二法無厭足，若有人習此法者終無厭足。云何為二法？所謂婬欲及飲酒，是謂二法無厭足。若有人習此二法，終無厭足，緣此行果，亦不能得無為之處。是故，難陀！當念捨此二法，後必成無漏之報。汝今，難陀！善修梵行，趣道之果，靡不由之。」

世尊告訴難陀說：「你是釋迦族種姓高貴之子，卻這樣地貪著欲望，這是不適宜的，你既然已經出家學道，就應該要修清淨的梵行，為什麼卻捨棄正法的修學而想要熏習垢穢染汙之法呢？難陀！你應當要知道，有兩種法是永遠沒辦法令人感到滿足的，如果有人習慣於這兩種法的熏習，那他將永遠也無法獲得滿足。哪兩種法呢？就是婬欲和喝酒，這兩種法是永遠無法使人滿足的。如果有人沉溺於這兩種法，那他永遠無法厭離與滿足，因爲這個緣故也將無法證得解脫及無爲法。所以，難陀！你應當要捨棄這二種法，將來你必定可以成就無漏的果報。難陀！你現在應當要努力修習清淨梵行，因爲邁向解脫之道的極果——阿羅漢果，乃至邁向佛菩提道無爲法之果證，莫不是要由善修梵行來作爲基礎。」

後來　世尊帶難陀比丘上忉利天，以及下至鑊湯地獄後，世尊又對難陀比丘開示，《增壹阿含經》卷九〈慚愧品　第十八〉云：

世尊告難陀曰：「汝今，難陀！當修行二法。云何爲二法？所謂止與觀也。復當更修二法。云何爲二法？生死不可樂，知涅槃爲樂，是謂二法。復當更修二法。云何爲二法？所謂智與辯也。」爾時，世尊以此種種法向難陀說。是時，尊者難陀從世尊受教已，從座起，禮世尊足，便退而去，至安陀園。到已，在一樹下結跏趺坐，正身正意，繫念在前，思惟如來如此言教；是時，尊者在閑靜處，恆思惟如來教，不去須臾。所以族姓子，以信牢固出家學道，修無上梵行，生死已盡，梵行已立，所作已辦，更不復受有，如實知之。是時，尊者難陀便成阿羅漢。

已成阿羅漢，即從座起，整衣服至世尊所，頭面禮足，在一面坐。是時，尊者難陀白世尊曰：「世尊前許證弟子五百天女者，今盡捨之。」

世尊告曰：「汝今生死已盡，梵行已立，吾即捨之。」

爾時，便說偈曰：

我今見難陀，修行沙門法；諸惡皆以息，頭陀無有失。

爾時，世尊告諸比丘言：「得阿羅漢者，今難陀比丘是。無婬、怒、癡，亦是難陀比丘。」

佛陀跟難陀比丘說應當要努力修行止、觀，也要如實了知生死之苦不可樂，而涅槃才是眞實的樂；並且也應該要努力修學智慧和辯才。聽聞　佛陀的開示，難陀比丘頂禮　佛陀以後回到安陀園，便在樹下閑靜之處盤腿而坐，端正身心繫念於佛陀的開示；專一安靜地思惟　如來言教所開示的義理，絲毫無有懈怠放捨。不久後就斷除了貪瞋癡等煩惱而自知自作證成爲阿羅漢。難陀尊者成爲阿羅漢後，就去向 佛陀報告自己已盡捨對五百天女的貪欲，同時 佛陀也爲他印證，並告訴比丘大眾，比丘們聽聞 佛陀所說，皆大歡喜，信受奉行，禮佛而去。

第二節 貪婬欲的初果人漸修成三果人的故事

在解脫道的果證中有初果、二果、三果和阿羅漢果（四果）的差別。初果（須陀洹）是斷除了我見、疑見、戒禁取見等三縛結，二果（斯陀含）是薄貪瞋癡，三果（阿那含）是斷除了與欲界相應的貪瞋，也就是斷除了五下分結，三果人就是已經離欲了，這樣才能算是解脫果中眞正的聖人，這一定是至少有初禪或以上的禪定證量。四果就是成爲阿羅漢了，已斷盡五上分結，捨壽之後便可以入無餘涅槃。

因此初果人還是可能會有貪欲很重的現象，佛經中也有開示過這樣的故事。這個故事在正覺電視弘法的節目中，親教師也曾經講過，是記載於《出曜經》[3]和《經律異相》中的故事。這個故事也提醒了我們，應該要努力修行從初果到二果再到三果，不要只停留在斷我見的階段，要再努力更進一步去薄貪瞋癡、乃至離欲。以下引用自正覺電視弘法第一季《三乘菩提綱要》第十四集[4]，余正偉老師的開示：

也許講到這邊還是有人不相信：「初果人、二果人都還會貪著欲界法？只有到了三果才能斷盡對欲界法的貪愛嗎？眞的是這樣子嗎？」那我們就再用一個故事來說明。在《經律異相》當中記載著說：有一個好婬欲的人，他的心念所想都是女色，看到女子就想與對方攀談；連作夢的時候，夢到的都是婬欲之法。此時他的妻子生了重病，剛好家裡來了一位修道的師父；他的妻子想對這位師父稟白，可是又怕不好意思。師父就說：「沒關係，但說無妨，我會爲你隱覆這件事的。」於是妻子就跟師父報告說：「我的先生多婬欲，旦旦而伐，晝夜之間都不肯止息，我也是因爲這樣子才會生病的，卻又不知道該怎麼辦。」師父就說：「沒有關係，下一次你的先生再向你要求行婬欲的時候，你就回答他說：『這是初果須陀洹所應該行的禮法嗎？』」於是妻子就這樣子告訴先生了，他的先生聽了之後，心大悔恨。因爲他已經是一位證得初果須陀洹的聖人，但是還沒有開始斷除欲界愛的緣故，所以反而貪愛轉盛、轉重；也是有這樣的初果人。

所以，如果我們見到一位初果人還在貪著欲界法，我們可以說他是一位還沒有斷除欲界愛的初果人，但是我們卻不能說他不是須陀洹人，否則就是譭謗賢聖的罪業了！因爲這位須陀洹，他終究不會再以五陰當中的任何一法，當作是眞實的法；最慢就是七次人天往返之後，可以證阿羅漢果入涅槃。回到故事來：後來她的先生，不久便熄卻了欲界愛，而證得了二果；再於閑靜處思惟三果阿那含的道理，想清楚了，他就把欲界愛給斷了，成爲了三果阿那含人，從此之後就不再與妻子行婬了。這麼一來，反而是妻子生起了煩惱，她向先生說：「爲什麼現在你不再與我親近了呢？我犯了什麼錯嗎？」先生說：「那是因爲我已經完全的看清楚妳了。」妻子聽到先生這麼說，大發雷霆，召集了親朋好友，要大家來評評這個道理！此時先生就拿出一個非常漂亮莊嚴的瓶子，對妻子說：「你覺得這個瓶子好不好看呢？如果覺得好看的話，就把它當作是我抱在懷中吧。」妻子就把這個瓶子牢牢地抱在懷裡不肯捨離。此時先生順手接過來這個瓶子，往地上一摔，瓶子破了，原來裡面裝的是臭穢不堪的糞尿，流了滿地都是。先生問他妻子：「你現在還覺得好看嗎？」妻子說：「那當然不行。」先生就說：「如是！如是！我們的身體裡面裝的是三十六種不淨之物，有什麼可以貪愛的呢！」

從這個故事當中我們可以知道，初果人雖然是斷了我見，但卻只有見地的功德，如果能夠淡薄對欲界法的貪愛，就成爲二果人斯陀含；接著如果能斷除了欲界愛，就成爲三果人阿那含。所以正偉老師也開示說：

從初果到三果的過程當中，是減少的法而不是增加的法，是欲界愛的貪著越來越淡薄的法，不是越來越深重的法。這就好像登月火箭，每隔一陣子就會把粗重的部分，一節一節給拋棄、給丟棄，這就是聲聞道的修學方法。所以在歷史上，曾經出現過東密的立川派，以及無上瑜伽智慧灌頂男女雙修之法，主張以欲界法當中最粗重的男女婬欲，來幫助我們修道。其實這是與佛道的正法相違背的，是印度佛教的後期，由印度教中所滲透進來的錯誤的法，這個法不能夠淡薄也不能夠斷除欲界愛。甚至連密宗内部也有人這樣子說：「用降下明點的方式，以爲可以用別人的身體，來幫助我們修道。這樣的方法欺騙了太多的人！」所以，如果我們所修學的法，是加重、加深我們對於欲界的愛著，當知這個法不是能使我們斷結證果的法，而是外道的邪法。

因此，我們修行布施、持戒，廣行十善業道等生天之法以後，接著就要少欲知足，更要往離欲的道路前進啊！

第三節　貪欲的禍害：微妙比丘尼的故事

前面所舉的故事，都是男眾貪欲的故事。接著，我們再為大家舉一則是女眾因為深刻感受到貪欲的禍害，而出家修行成為阿羅漢的故事。這個故事出自《賢愚經》卷三，在《正覺電子報》第二十三期中也有刊登過這個故事。

那是在佛世時，有五百位貴族女子，因不滿琉璃王的暴政虐行，捨棄俗世、剃髮出家為比丘尼。出家後的五百位比丘尼，雖然捨離了以往富裕享樂的生活環境，然而習氣難調，乃至無法放下情愛等的種種煩惱。於是，她們一同前往微妙比丘尼的住處，希望聽聞開示，而能解除疑惑的故事。故事要點內容大略如下：

微妙比丘尼知道她們的來意後，對大眾開示：「我本來也是出身於尊貴的梵志之家，結婚不久即懷胎生子。後來公婆相繼辭世，小兒子又即將出生，於是丈夫決定送我回娘家待產。沒想到在回娘家的路途中，肚子就已陣痛得非常厲害，只好先在樹下歇息，丈夫也在另一邊不遠處躺著休息。到了深夜孩子出生了，夜裡我好幾回呼喚丈夫，但他都沒有回應；等到天亮以後，才發現他已經被生產時的血污惡露引來之毒蛇咬死了。看到這番景象，我傷心驚嚇得昏厥過去，直到被兒子的啼哭聲所喚醒，只好帶著二個孩子繼續趕路回娘家。

但這一路荒涼危險、杳無人煙，半路上有一條大河既深又廣，阻擋了去路，我只好先抱著小兒子渡河。好不容易把小兒子帶到對岸安置好，回頭要帶大兒子過河，但他等不及我回到岸邊接他便急著下水，一下子就被河水沖走，我追了半天還是來不及救到他。傷心的我只能回頭去找小兒子，卻發現地上只剩一灘血水，原來我那可憐的小兒子已經被狼給吃掉了。一連失去了丈夫與兩個兒子的我，心痛地再度昏倒。後來我好不容易地才走回故鄉，遇到父親的友人，便向他詢問父母的近況。他嘆口氣說：『前不久你家發生大火，他們全都已葬身火窟。』聽到這個消息，當下我又昏了過去，他見我如此孤苦，因爲憐憫便收留我暫住他家。

幾天之後，有位梵志見我容貌莊嚴，便向我求婚，無依無靠的我答應了他。後來我又懷了身孕，就在即將生產時，因爲怕外人闖進家裡，便將大門深鎖。沒想到這時喝醉酒的丈夫回家，因爲敲門無人回應，一氣之下破門而入；失去理智的他，一進屋來便動手打我殺了我兒子，逼迫我吃孩子的肉，我不忍心吃，他又痛打我一頓，吃了孩子之後，心裡很痛苦，我見這人如此殘暴，便逃離了那個家。

逃到波羅奈城外以後，我遇到一位剛喪妻的長者子；他因思念妻子，所以每天都到她的墳前哭泣。他問我可否陪他去墓園，我見他情深義重，便與他一同前去；後來又嫁給了他。沒想到結婚才沒幾天，他就因病往生；依照那個地方的律法習俗，若男子往生，他所心愛的人、物品都要陪葬，於是我成了丈夫的陪葬品，一起被埋入墓中。雖然被活埋了，但很清楚自己還沒死而被埋在墓穴之中，那時候剛好有賊來盜墓，將我挖了出來。這群盜賊的首領見我生得漂亮，又強佔我爲妻；不久，他被官兵所捕，斬首示眾，於是我又成了陪葬品。這次被埋了三天，因爲有狼、狐、野狗等因飢餓欲食屍身，而將墓穴掘開，我才得以重見天日。

在這麼短的時間內，遭逢如此惡報，甚至可說是死而復生，眞是痛苦不堪。這時突然想到：曾聽聞有佛出世，依止佛陀能得解脫，便走到祇園精舍。佛陀知道我得度因緣已經成熟，於是請大愛道比丘尼爲我授戒，講說四諦苦、空、無常、無我等解脫之理。由於我一心精進，不久即證得阿羅漢果，同時也證得了宿命通，知道此生之苦皆是過去所造之業果，都是自作自受纖毫不差。」

聽到微妙比丘尼的開示，五百位比丘尼又問：「請問您過去世因何因緣，導致這生如此不幸？又是何因緣能遇佛證果，得到解脫？」微妙比丘尼說：「過去世我曾爲長者之妻，因無子嗣，見小老婆生了兒子而心生妒忌，起了殺念。於是我偷偷將一根細針刺入嬰兒頭頂，導致這孩子日漸消瘦，沒有幾天的時間便往生了。小老婆傷心地質問我說：『妳無緣無故爲什麼要殺害我的兒子？』我不但不承認，還賭咒發誓說自己如有殺他兒子，就會『生生世世丈夫被毒蛇害死，有兒子的話也會被水漂狼食。還會親見自己被活埋，吃自己孩子的肉，父母一家大小因火災而死。』等等惡咒，根本就不信有因果；就這一念妒心而造諸惡業，結果生生世世都得承受自己所咒詛的惡報。」隨後**微妙比丘尼**又說了她出家得道的因緣：「因爲有一世，我曾供養辟支佛，並發願後世也要如辟支佛一樣得到解脫。因爲過去供養辟支佛的福報及願力，使我今生能遇佛出家修行，證得阿羅漢果。但是，即使今日已證果解脫，而我的身體仍然日以繼夜不停地感受到，有如熱鐵針於頭頂上刺入而從足下穿出般的痛苦。」

五百位比丘尼聽了微妙比丘尼的開示後，各各心生惕勵，體悟到欲愛本身猶如熾燃猛火，在家諸苦更甚於牢獄！因此貪欲之心永不復生，最後能煩惱漏盡心得決定，證得阿羅漢果解脫生死。（典故摘自：《賢愚經》卷三）[5]

第四節　佛說三十七種不淨觀

佛陀雖然不要求菩薩們急證解脫道極果，但教導菩薩們在佛菩提道的修證次第中，是必須具備有相應的解脫果德之親證及現觀的，證悟的三賢位菩薩們，要進入初地的其中一個必要條件，就是要歷經斷我見、降伏我執具備永伏性障如阿羅漢的解脫功德！所以，菩薩仍然要能夠離欲證得初禪，也因此 世尊常常在經中細說觀身不淨的內涵，目的就是要讓大家不要因爲貪愛戀著於女色而障礙修道。

例如佛在《大寶積經》卷九十七中云：

大王當知！丈夫親近女人之時，即是親近惡道之法，此是丈夫第一過患。

爾時世尊，而說偈言：

諸欲皆苦，下劣穢惡，膿血不淨，深可厭畏。
眾多過患，之所集處，何有智人，於此忻樂？
猶如廁中，不淨盈溢，亦如死狗，若死野干，
及屍陀林，穢污充遍，欲染之患，可厭亦然。
諸愚癡輩，愛戀女人，如犬生子，未嘗捨離；
亦如蠅見，所吐飲食，又若群豬，貪求糞穢。
女人能壞，清淨禁戒，亦復退失，功德名聞；

爲地獄因，障生天道，何有智人，於此忻樂？

（《大正藏》冊十一，頁 543，下 29-頁 544，上 13。）

在家菩薩就得要遠離對婬欲的貪著了，更何況是住如來家、吃如來食的出家菩薩，更是應該嚴守不淫的戒律！我們如果想要離欲證得初禪，乃至成爲心解脫的三果人，那麼連想要看見異性的希望之心、乃至看見異性時產生的喜樂心行都應該要滅除。如 平實導師在《阿含正義》中也開示說：

若是希望證得初禪者，如是喜見異性的希望之心，正見異性時生起喜樂的心行，也都應當斷除，而不是只斷除二根相交的身行貪著以後，心中仍對異性有所喜樂，否則是無法發起初禪的。因爲，覺知心還沒有解脫於欲界他化自在天境界的貪愛，就不是已離欲界的心解脫者，初禪定境就不可能發起；所以說，初果及二果人都仍不是心解脫的聖者，嚴格的說，都還不是眞正的聖人，只是預流或初入修道位的修道者；要在後來確實離欲而發起初禪時，成爲離欲的三果人了，方才可以說是心解脫的聖者。[6]

譬如經典中記載，於佛世時，有一位名叫奈女的交際花，她帶領著一群打扮如天女般妖嬌美麗的女子來頂禮供養 佛陀及聖眾時，佛陀就特別告誡比丘們要：「攝心正意，並且用智慧觀行；要正確地仔細思惟這些美艷女人的五陰身，只是血肉筋骨等一切之醜惡與不淨之物的組合，不論是再怎麼美麗的女人，都只是像個裡面充滿屎尿等不淨物的畫瓶。」用現代的名詞來比喻，就說那是如同一座活動廁所。[7] 如《般泥洹經》卷一中云：

奈女聞佛從諸弟子自越祇來，即嚴車衣服，從五百女弟子，俱出城詣奈園，欲跪拜侍覲。佛遙見其五百女來，勅諸比丘：「見是，皆當低頭內觀，自端汝心；彼好莊衣，譬如畫瓶，雖表彩色，中但屎尿，當知好女，皆盡畫瓶輩也。」（《大正藏》冊一，頁 178，下 24-29。）

經中有云：「一切眾生，無始生死、生生輪轉，無非父母、兄弟、姊妹，猶如伎兒變易無常。」也就是說，我們在過去無量劫的生死流轉中，其實都曾經互為父母、兄弟、姊妹等怨親眷屬，我們的如來藏就像是魔術師一般，無始以來不斷地變生我們一世又一世不同的五蘊身；而所出生的每一世五蘊身都是無常變異，五蘊身無有恆常不壞的體性。當我們瞭解了這個道理，心中有了這樣的如理作意時，對眾生才能不再生起欲想！如《生經》卷一：

世尊曰：「雖覩女人長者如母，中者如姊，少者如妹、如子、如女。當內觀身，念皆惡露，無可愛者，外如畫瓶，中滿不淨。觀此四大，地水火風，因緣合成，本無所有。」（《大正藏》冊三，頁71，上16-19。）

也就是說，我們應當把一切女人當成自己的親人，年長者就如同我們的母親，年紀比我們大一點的就當成是姊姊，年紀比我們小的就當成是妹妹或是子女一般。同樣的道理，女人看待男人時也是一樣的，要當成是父親、哥哥、弟弟或兒子。

此外，我們也應當要修不淨觀；觀身不淨猶如裝滿臭穢的美麗畫瓶。並且觀察有情的五蘊身都只是因緣假合而成，是生滅法，本來就沒有眞實體性的存在。如果是證悟的菩薩，更能藉由悟後轉依如來藏的功德力，漸漸遠離我相、人相、眾生相、壽者相。

另外 佛陀在《大乘本生心地觀經》卷六〈厭身品 第七〉中也詳細開示了出家菩薩要仔細觀察有漏的五蘊身有三十七種不淨的法相。此段經文大意是說：「出家菩薩在空閑寂靜的阿蘭若處勤求佛道時，應該要在行住坐臥等四威儀中，仔細觀察這有漏的五蘊身有三十七種不淨穢惡，是不可愛的，也是不堅固、不牢靠的。首先，菩薩應當觀察此五蘊身猶如坏器一般，外表雖以眾多的彩妝以及金銀七寶來巧妙妝扮嚴飾，裡面卻是裝滿了種種糞穢等不淨；將這個外表光彩亮麗、內裡裝滿糞穢的土瓶，以兩肩擔著沿路而行，所經之處凡是看到的人都心生愛樂，但卻沒有人知道這漂亮的彩瓶中裝滿了不淨臭穢之物。這裝滿糞穢的彩瓶裡，還有六條黑蛇常住其中，而且只要有任何一條蛇不經意地動了一下，這個漂亮的彩瓶就毀了，毒害惡臭流露於外，完全沒有任何能堪防護者。世間人以種種衣飾彩妝、珍寶首飾來莊嚴自己的外貌，就好像漂亮的彩畫瓶器，裡頭卻充滿著種種不淨的道理是一樣的；貪瞋癡三毒是爲心病，而風黃痰癊等則是身病，這內外六病都能爲害我們的身心，就像六條居住在瓶器中的蛇一樣，只要其中一條蛇開始蠢動，其他的蛇也會跟著動，脆弱的瓶器也就被破壞了！又如其中一種病發，其他病也會接著發起，於是身命就漸漸產生衰損而致無常毀壞了。這就是出家菩薩在空閒處觀察自身的第一種不淨觀。」[8]

出家菩薩又於日夜六時中不斷地觀察這個色身，臭穢不淨就如同死狗一樣。

爲何這樣說呢？因爲這個色身是以父精母血不淨之物爲緣而出生的。出家菩薩又觀察自身如同蟻丘一般，裡面安住著大大小小眾多的螞蟻；此時有一隻大白象來到這個安住眾蟻的蟻丘旁邊，以身體碰觸蟻丘，那蟻丘就隨即崩碎。這個蟻丘就像是眾生的五蘊身，大白象就如同是閻羅王的拘命使者，而此五蘊身的死亡就如同白象破壞蟻丘一般容易。出家菩薩又觀察自身，而心裡能有這樣的認知：「我現在這個身體從頭到腳，都是皮膚、血肉、筋骨、骨髓共同和合而成就的，分析起來就如同芭蕉樹的樹幹一般，從外到內都像是一層一層的薄皮包裹而成，並沒有眞正堅固的結構，都是不眞實的。」[9]

出家菩薩又觀察自身並沒有強大的力量，皮膚在血肉上薄薄地覆蓋著，就像是白泥塗附在牆上一般，億萬毛髮就像雜草生長在地面上，微細的風大吹動出入毛孔，哪個有智慧的人會喜歡這樣的色身呢？這樣的色身是刹那刹那在轉變及衰敗的啊！出家菩薩又觀察自己的五蘊身就好像畜養的毒蛇反而害了自己的性命一般，如今雖然以飲食衣物來福資長養自己的五蘊身，但卻如同毒蛇不知報恩，這個五蘊身竟然造作種種惡業，將來捨壽後就不免會下墮惡道。出家菩薩又觀察自己的五蘊身就如同怨家假裝成親友來欺騙自己，伺機想要用毒藥戕害自己的性命；而我們的五蘊身本來就不是眞實有的，終將無常敗壞，故一切三乘聖者皆不愛樂。出家菩薩又觀察我們的這個五蘊身心也像是水面上的泡沫，雖然七彩變換就像琉璃珠一般艷麗，但卻是剎那剎那起滅無恆。乃至又像是乾闥婆城一樣虛幻不實，又像遭逢外國強盛怨敵的侵犯（煩惱怨敵侵奪善根）；又像是腐朽的屋宅，即便修繕而終當崩壞。又像鄰近敵國之邊城中的百姓常懷恐怖。我們的五蘊身心又如同猛火燃燒無量的薪材一般，以貪愛之火燃燒五欲之薪，而貪愛之心的增長就如猛火噬薪般沒有厭足之時。[10]

出家菩薩又觀察自己的五蘊身，猶如新生兒一般，需要母親的慈愛憐憫與長時守護，而自己的五蘊身也是一樣，若是不好好地守護著，讓這個身心生病了，在佛法上便無法有所修證。出家菩薩又觀察自己的五蘊身本性是不清淨的，就好像有人討厭黑炭的顏色，因此施設種種方便，用許多水來加以清洗，但是即使經過不可計量的時間，仍然無法改變黑炭的顏色。而我們的五蘊身也是如此，有漏的身心若不能轉依無漏的清淨眞如心，即使用大海之水盡未來際不斷清洗也不會有任何的幫助或改變。出家菩薩又觀察自身猶如塗滿油脂的柴薪，以火焚燒，又遭遇大風，那火勢就一發不可收拾了；我們的五蘊身亦如同薪柴，澆灌了貪愛油、點燃了瞋恚火，又因愚癡風力的不斷助長，導致火勢蔓延無有暫停休息之時。出家菩薩又觀察自身猶如染患惡疾，因爲此身是四百四十種病所安住的處所。五蘊身又好像身體裡的大腸，有八萬四千蟲住在裡面。五蘊身是無常的處所，只要一口氣上不來就沒命了，可知五蘊身是無常的。五蘊身又如「無情」一樣，只要我們的第八識捨離了五蘊身，那我們的肉體就是如同瓦石一般的無情之物。五蘊身又如河水一般，前後生滅不斷刹那都不曾暫時停住。又如壓油，於一切事受勞苦的緣故。並且五蘊身是無所依靠的，就像嬰兒失去父母一樣。也是無人能救護的，就像被蛇吞食的蝦蟆。又像是深不可測的無底洞穴，因爲無法了知一一心無量無邊之心所法的緣故。五陰永遠都不會知足，因爲覺知心對於五欲之樂從來不曾厭棄的緣故。並且我們的五陰身永遠都不得自在，因爲都被斷見、常見所繫縛的緣故。五陰身亦不生慚愧，不知第八識如來藏的恩澤，如同一個人蒙主人養育卻背棄捨離自己的主人。我們的五陰身又如同死屍，於日日夜夜中一步步接近滅壞。

我們因爲有這個五陰身，所以才會領受諸苦，於一切處都沒有眞實的快樂可說。五陰身是種種痛苦的所依，一切眾苦都因爲有五陰身才會存在。五陰身又如空無一人的聚落，因爲我們的五陰身沒有一個眞實主宰者的緣故。五陰身畢竟空寂，是依遍計所執性而虛妄搆畫的緣故。又如山谷中的迴音，皆是虛妄顯現的緣故。又如船舶，如果沒有船師在掌舵、划槳，那麼就會漂流沉沒。此五蘊身又如一台運載財寶的大車。爲什麼這樣說呢？因爲我們能藉著五蘊身來修行，乘於大乘法船到達菩提之彼岸的緣故。最後 佛陀告訴我們，出家菩薩如此日夜觀察有漏身的三十七種不淨之相，並非是要我們不愛惜自己如此不淨的五陰身，而是爲了要讓眾生出離生死苦海，到達涅槃彼岸的緣故。[11]

最後《大乘本生心地觀經》卷六〈厭身品 第七〉中說：

爾時世尊說是法已，告彌勒菩薩摩訶薩言：「善男子！修如是行，此則名爲出家佛子所觀法要。若有佛子發菩提心，爲求阿耨多羅三藐三菩提住阿蘭若，修習如是三十七觀，亦教他修如是法要，解說書寫受持讀習，遠離一切我、我所執，永斷貪著五欲世樂，速能成就不壞信心，求大菩提不惜軀命，何況世間所有珍寶？現身必得究竟成滿一切如來金剛智印，於無上道永不退轉，六度萬行速得圓滿，疾成阿耨多羅三藐三菩提。」

由此可知，欲爲不淨，我們若是想要成就佛道，必定要遠離我和我所的執著，以及遠離對五欲的貪愛，如此才能不退轉於佛道，菩薩的六度萬行才能快速圓滿而早成佛道。所以《楞嚴經》中也說：「菩薩見欲，如避火坑。」因此我們學佛之人都要往離欲的道路上邁進。

第五節　龍樹菩薩教導觀察五欲的過患

五欲的不淨在　龍樹菩薩的《大智度論》中有詳細說明：菩薩爲了度眾生，也應當要努力修證禪定而往離欲的方向邁進。例如《大智度論》卷十七〈序品 第一〉：

問曰：菩薩法以度一切眾生爲事，何以故閑坐林澤、靜默山間，獨善其身，棄捨眾生？

答曰：菩薩身雖遠離眾生，心常不捨，靜處求定，得實智慧以度一切。譬如服藥，將身權息家務，氣力平健則修業如故；菩薩宴寂亦復如是，以禪定力故，服智慧藥，得神通力，還在眾生，或作父母妻子，或作師徒宗長，或天、或人，下至畜生，種種語言，方便開導。

復次，菩薩行布施、持戒、忍辱，是三事名為福德門；於無量世中作天王、釋提桓因、轉輪聖王、閻浮提王，常施眾生七寶、衣服、五情所欲，今世後世皆令具足，如經中說。轉輪聖王以十善教民，後世皆生天上；世世利益眾生，令得快樂。此樂無常，還復受苦，菩薩因此發大悲心，欲以常樂涅槃利益眾生。此常樂涅槃從實智慧生，實智慧從一心禪定生；譬如然燈，燈雖能照，在大風中不能為用，若置之密宇，其用乃全。散心中智慧亦如是，若無禪定靜室，雖有智慧，其用不全，得禪定則實智慧生。以是故，菩薩雖離眾生，遠在靜處求得禪定；以禪定清淨故，智慧亦淨，譬如油炷淨故，其明亦淨。以是故，欲得淨智慧者，行此禪定。（《大正藏》冊二十五，頁180，中17-下11。）

也就是說，菩薩以布施、持戒、忍辱來修集福德，可以獲得於無量世中當天王、轉輪聖王……等可愛異熟果報，由於生生世世皆得富裕尊貴的果報，因此可以藉此廣大福德而常施予眾生七寶、衣服以及一切受用所需令不匱乏。轉輪聖王以十善業道來教化他的子民，廣度眾生皆行十善業道，令彼後世得以生天而受快樂的果報；如此世世利益眾生，讓眾生得到快樂。但這樣的快樂也是無常的，將來還是得輪迴受苦，菩薩因此而發大慈悲心，希望能實證佛法智慧，以常住不壞的涅槃樂來利益眾生。然而三乘菩提的修證，不論是解脫道的斷我見、斷我執，或是佛菩提道的開悟明心、通達般若乃至入地後修學道種智、成就一切種智等，都是要有定力作爲基礎，而修證定力的前行方便，就是必須要從伏除性障、不貪五欲作起。世間人想要成就世間法的學業、事業，也是多分、少分必須要有相對的專注力才能成就，更何況是修證出世間的解脫道與世出世間的佛菩提道呢？所以菩薩也要捨離五欲而樂修禪定。

龍樹菩薩接著說明了五欲的過患，例如《大智度論》卷十七〈序品 第一〉：

問曰：行何方便，得禪波羅蜜？

答曰：卻五事（五塵），除五法（五蓋），行五行。

云何卻五事？當呵責五欲。哀哉！眾生常爲五欲所惱，而猶求之不已。

此五欲者，得之轉劇，如火炙疥。五欲無益，如狗齩骨；五欲增諍，如鳥競肉；五欲燒人，如逆風執炬；五欲害人，如踐惡蛇；五欲無實，如夢所得；五欲不久，如假借須臾。

世人愚惑，貪著五欲，至死不捨，為之後世受無量苦。譬如愚人貪著好果，上樹食之，不肯時下；人伐其樹，樹傾乃墮，身首毀壞，痛惱而死。

又此五欲，得時須臾樂，失時為大苦；如蜜塗刀，舐者貪甜，不知傷舌。

五欲法者與畜生共，有智者識之，能自遠離。（《大正藏》冊二十五，頁 181，上 11-24。）

五欲有種種過患，就像塗在刀上的蜂蜜，舐者貪著甜味而沒有察覺會有傷舌的過患，眾生貪愛五欲之樂亦然，爲了追求短暫的五欲樂受，甚至造作種種惡業亦所不惜，卻不知五欲無常終將失去而受痛苦。而對於貪著五欲的愛味，只會使人流轉生死不得解脫，乃至造惡墮落三塗而使未來世受無量苦，所以有智慧的人自當選擇遠離。五欲就是指對於財、色、名、食、睡等五事，以及色、聲、香、味、觸等五塵的貪愛與執取。接著我們再引用《大智度論》中　龍樹菩薩的開示，來瞭解貪著五欲的種種過患。由於論中　龍樹菩薩的開示簡要明瞭且文辭易解，是故筆者只將論文作適當之斷句並略述其要，餘文讀者稍作思惟即能理解，故於此不多贅言。

首先來探討如何觀修貪著色法之過患，進而能厭離諸色。歷史上若是過分地貪著於美色，往往是導致君王失去國家、失去城池乃至失去性命的禍端，因此貪著美色絕對是不好的，小則損失己身之利益，大則喪失一國之江山乃至殞命。《大智度論》卷十七〈序品第一〉中云：

云何棄色？觀色之患！若人著色，諸結使火盡皆熾然，燒害人身。如火燒金銀煮沸熱蜜，雖有色味，燒身爛口，急應捨之。若人染著妙色、美味，亦復如是。

復次，好惡在人，色無定也。何以知之？如遙見所愛之人，即生喜愛心；若遙見怨家惡人，即生怒害心；若見中人，則無怒無喜。若欲棄此，喜怒當除，邪念及色一時俱捨；譬如洋金燒身，若欲除之，不得但欲棄火而留金，要當金、火俱棄。

如頻婆娑羅王，以色故身入敵國，獨在婬女阿梵婆羅房中。憂塡王以色染故，截五百仙人手足。如是等種種因緣，是名呵色欲。（《大正藏》冊二十五，頁181，中12-下6。）

佛世時的頻婆娑羅王，因爲貪著奈女的美色，所以跟七國相爭，後來一人深入敵國，獨自在奈女的房中，這就是爲了貪著美色而故入危險之處。而《金剛經》中也提到 世尊往昔當忍辱仙人時，因爲歌利王的妃子們都跑去聽仙人說法，當時歌利王非常生氣，也是因爲貪著眷屬美色的我所執因而發起瞋恨心的緣故，竟把仙人的手足斬斷，因此造作了大惡業，來世必墮惡道。由此可知，貪著美色是有種種過患的！

其次，貪著美妙音聲也是不好的。《大智度論》卷十七〈序品 第一〉中說：云何呵聲？聲相不停，暫聞即滅。愚癡之人，不解聲相無常變失故，於音聲中妄生好樂；於已過之聲念而生著。如五百仙人在山中住，甄陀羅女於雪山池中浴；聞其歌聲，即失禪定，心醉狂逸，不能自持，譬如大風吹諸林樹；聞此細妙歌聲，柔軟清淨，生邪念想，是故不覺心狂；今世失諸功德，後世當墮惡道。有智之人，觀聲念念生滅，前後不俱，無相及者，作如是知則不生染著。若斯人者，諸天音樂尚不能亂，何況人聲？如是等種種因緣，是名呵聲欲。（《大正藏》冊二十五，頁 181，中 24-下 6。）

由此可知，連五百仙人聽到緊那羅女的美妙歌聲，都會心識迷醉而生邪念妄想，心狂散亂無法安住，因而失去禪定的功德，更何況是一般人呢！因此有智慧的人，應該要觀察聲音的法相，其實是念念生滅不住的，是無常而虛妄不實之法，不應該心生貪著。

對於香塵，《大智度論》卷十七〈序品 第一〉：

云何呵香？人謂著香少罪，染愛於香，開結使門；雖復百歲持戒，能一時壞之。（《大正藏》冊二十五，頁 181，下 6-8。）

一般人常會以爲貪著香塵沒什麼大不了的，但是香塵的貪著對於修道的傷害是很嚴重的，龍樹菩薩於論中也舉了一個故事來說明貪著香塵的過患。過去，有一個阿羅漢經常到龍宮爲龍王說法並接受供養。有一次，阿羅漢受供後回到住處，將他的缽交給沙彌徒弟去清洗；由於缽中殘留有剩飯數粒，沙彌嗅了一下感覺香味非常，忍不住地就將飯粒吃了，更發覺這飯不只是香，而且更是美味適口。於是對於龍宮的食物極爲嚮往，因此就生起了貪著，也想要吃到那個美食。有一次他躲在阿羅漢師父的禪床下，偷偷隨著阿羅漢到了龍宮；龍王看到沙彌就問阿羅漢說：「**您怎麼讓未得道的沙彌也跟著來了！**」原來阿羅漢並沒有察覺到這個沙彌徒弟，被他連同禪床一起帶到龍宮來了。於是沙彌也一起得到供養，因此吃到了龍宮的香妙飲食，又看見龍女不但長得端正，而且身體散發出無比妙香，所以就起了貪染之心，於是發願要來奪取這個龍王的寶座。阿羅漢要離去的時候，龍王說：「**以後不要再帶這個沙彌過來了。**」沙彌回去後就努力修布施、持戒等，並發願早日能成爲龍身。有一天他在繞寺的時候腳下出水，他知道自己來世必當作龍，於是他就投入大池中自盡，因爲他的福德很大的緣故，捨壽後生爲大龍；於是他就殺了那隻當初不讓他去龍宮的龍王，還使得池水全都染成血紅色。雖然他如願地成功奪取龍王的寶座，但他這樣造了大惡業，將來必定墮入惡道受苦無量，由此可知貪著香味也是會後患無窮的。

接著說明貪愛美味飲食的過患，《大智度論》卷十七〈序品 第一〉中說：

云何呵味？當自覺悟：「我但以貪著美味故，當受眾苦，洋銅灌口，噉燒鐵丸；若不觀食法，嗜心堅著，墮不淨虫中。」（《大正藏》冊二十五，頁182，上6-8。）

因爲貪著美味飲食的緣故，未來世將會受「洋銅、燒鐵丸」之苦，乃至投生爲不清淨的小蟲子。龍樹菩薩於論中舉了一個故事：有一個跟隨阿羅漢修學的沙彌，就是因爲貪著乳酪的味道，每當有施主供養僧眾乳酪時，沙彌只要分得少分就心中喜樂愛著無法捨離，所以命終之後就墮落在這個存放乳酪的瓶中當蟲子。因爲他每天都想要吃殘餘乳酪的緣故；由此可知不能太過貪愛味塵，否則可能因爲無明深重而墮入旁生道中，就像故事中的沙彌對乳酪味愛著不捨，故而生於殘酪瓶中爲不淨蟲。

至於對觸覺的貪著，一般人最容易貪愛染著而難以捨離的就是男女欲之細滑觸。如《大智度論》卷十七〈序品 第一〉中說：

云何呵觸？

此觸是生諸結使之大因，繫縛心之根本。何以故？餘四情則各當其分，此則遍滿身識；生處廣故，多生染著，此著難離。何以知之？如人著色，觀身不淨三十六種則生厭心；若於觸中生著，雖知不淨，貪其細軟，觀不淨無所益，是故難離。

復次，以其難捨，故爲之常作重罪，若墮地獄。地獄有二部：一名寒冰，二名焰火；此二獄中，皆以身觸受罪，苦毒萬端。此觸名爲大黑闇處，危難之險道也。（《大正藏》冊二十五，頁182，中3-12。）

也就是說，觸覺是遍滿全身的，因爲遍身根皆能攝取觸塵，面積廣大的緣故，所生之愛著及繫縛相對也就更爲廣大堅固，所以眾生很難捨離。一般人如果貪著美色，可以藉著觀察色身的三十六種不淨而生起厭離心；可是如果在觸覺中生起貪著，雖然也知道是不淨，但還是會貪著於男女細滑觸的細軟覺受，因此即使修不淨觀也無法捨離此欲。譬如有的人貪著男女欲極重，那就算他努力修不淨觀也無法斷除淫欲，乃至有的人在精神上已經是嚴重的病態，甚至有戀屍癖或與屍體交合等悖逆人性的行爲產生，那些都不僅是違犯世間刑法的極重貪欲之人，並且未來多劫亦將淪墮三惡道而受苦無量。

連具五神通的仙人，都可能被細滑觸所誘惑動搖而退失神通，更何況是一般凡夫。如《大智度論》中提到，世尊往世為獨角仙人的故事。當時他雖然具有五神通，但結使未斷，於是被婬女用細滑觸以及美酒、催情藥所迷惑；當時，先吃了許多像水果的「歡喜丸」，以及喝了許多像水的美酒，加上與許多美女共同洗浴與按摩，被細滑觸所誘惑之後，這位具有五通但未斷結使的獨角仙人甚至因此跟美女和合，當然就失去了他的神通力。這位婬女就是耶輸陀羅的前身，如《大智度論》卷十七〈序品 第一〉中說：

佛告諸比丘：「一角仙人，我身是也；婬女者，耶輸陀羅是。爾時以歡喜丸惑我，我未斷結，為之所惑；今復欲以藥歡喜丸惑我，不可得也！」以是事故，知細軟觸法，能動仙人，何況愚夫？如是種種因緣，是名呵細滑欲。（《大正藏》冊二十五，頁 183，下 16-20。）

知道五欲的過患而當捨棄對五欲的貪著之後，再來說明應如何去除五蓋。五蓋就是五種會遮蓋行者智慧光明的煩惱障礙，包括：貪欲蓋、瞋恚蓋、睡眠蓋、掉悔蓋以及疑蓋。首先說明捨棄貪欲蓋的重要。貪欲會障道，貪著三界諸法（尤其是欲界中法），必會使人心生熱惱而不得止息，因此貪欲蓋重的人，絕對是和三乘菩提的法道不相應的。如《大智度論》卷十七〈序品 第一〉中說：**【復次，貪欲之人，去道甚遠。所以者何？欲爲種種惱亂住處，若心著貪欲，無由近道。】**（《大正藏》冊二十五，頁 183，下 21-23。）

寒山子有句偈說：「**瞋是心中火，能燒功德林。**」瞋恚蓋會使人失去所有善法的根本，是讓我們下墮惡道的因緣，並且後世還會有種種的不可愛果報。如《大智度論》卷十七〈序品 第一〉：**【瞋恚蓋者，失諸善法之本，墮諸惡道之因，諸樂之怨家，善心之大賊，種種惡口之府藏。】**（《大正藏》冊二十五，頁 184，上 25-27。）

而睡眠蓋也是應該斷除的。佛陀經常呵責貪著睡眠蓋的過失，譬如 平實導師所著的《楞嚴經講記》第八輯中就提到，佛世時「**天眼第一**」的阿那律尊者，因爲過去世曾經以飯食供養過辟支佛，所以後來九十一劫都領受事事如意的快樂果報；也就是因爲這樣世世安逸的生活成爲習慣了，出家後這個習氣仍然堅固的存在，所以心態安逸而貪著睡眠。因此 佛陀就責備他說：「**咄咄何爲睡，螺螄蚌蛤類。一睡一千年，不聞佛名字。**」[12] 阿那律尊者聽了 佛陀這樣責備他後，心裡很難過，啼泣自責七天七夜無法入睡，因此就哭瞎了雙眼。後來 佛陀慈悲教他「樂見照明金剛三昧」，使他不需用眼睛就可以看見十方一切事物，而且比一般人看得更清楚明確，也因此阿那律尊者成為「天眼第一」的大阿羅漢。

《大智度論》卷十七〈序品 第一〉中說：【睡眠蓋者，能破今世三事：欲樂、利樂、福德。能破今世、後世、究竟樂，與死無異，唯有氣息。】（《大正藏》冊二十五，頁184，中22-24。）

接著，掉悔蓋也是應當要斷除的，因為掉悔蓋會障礙我們攝心。如《大智度論》卷十七〈序品 第一〉中說：

掉悔蓋者：掉之為法，破出家心。如人攝心，猶不能住，何況掉散？掉散之人，如無鉤醉象、決鼻駱駝，不可禁制。如偈說：「汝已剃頭著染衣，執持瓦鉢行乞食，云何樂著戲掉法，既無法利失世樂。」悔法者，如犯大罪人，常懷畏怖，悔箭入心，堅不可拔。如偈說：「不應作而作，應作而不作；悔惱火所燒，後世墮惡道。若人罪能悔，已悔則放捨，如是心安樂，不應常念著！若有二種悔，不作若已作，以是悔著心，是則愚人相！不以心悔故，不作而能作；諸惡事已作，不能令不作。」如是等種種因緣，呵掉悔蓋。（《大正藏》冊二十五，頁 184，下 5-21。）

掉悔蓋當然也會障礙禪定的修證，但要斷除掉悔蓋卻也是可以經由勤修定力的方式來成就。例如，藉由無相憶念拜佛的功夫攝心於憶佛的清淨念上，先從有掉無悔開始訓練起，假以時日當能成就無掉無悔之淨念相繼的功夫，再將此定力運用在四威儀中歷緣對境來進一步伏除掉悔蓋。欲知此定力功夫的修學方法及次第，詳情請見 平實導師所著的《無相念佛》書中開示。

疑蓋會讓眾生對佛法不能生起心得決定的信心，因爲對善知識乃至對佛法沒有信心、決定心的緣故，當然就不可能有實證三乘菩提的因緣，因此疑蓋也必須要斷除。如《大智度論》卷十七〈序品 第一〉中說：

疑蓋者，以疑覆心故，於諸法中不得定心，定心無故，於佛法中空無所得。譬如人入寶山，若無手者，無所能取。如說疑義偈言：「如人在岐道，疑惑無所趣；諸法實相中，疑亦復如是。疑故不懃求，諸法之實相，是疑從癡生，惡中之弊惡。善不善法中，生死及涅槃，定實真有法，於中莫生疑；汝若生疑心，死王獄吏縛，如師子搏鹿，不能得解脫。在世雖有疑，當隨妙善法，譬如觀岐

道，利好者應逐。」如是等種種因緣故，應捨疑蓋。（《大正藏》冊二十五，頁 184，下 21-頁 185，上 6。）

因此，如果能呵責五欲、伏除五蓋，乃至行「欲、精進、念、巧慧、一心」五種善法，如此方可離欲而證得初禪。如《大智度論》卷十七〈序品 第一〉中說：

若能呵五欲、除五蓋，行五法：欲、精進、念、巧慧、一心。行此五法，得五支，成就初禪。「欲」名：欲於欲界中出，欲得初禪。「精進」名：離家持戒，初夜、後夜專精不懈，節食、攝心不令馳散。「念」名：念初禪樂，知欲界不淨、狂惑可賤，初禪為尊重可貴。「巧慧」名：觀察籌量欲界樂、初禪樂輕重得失。「一心」名：常繫心緣中，不令分散。（《大正藏》冊二十五，頁 185，上 13-20。）

也就是說：如果想要離開欲界境界必須心得決定，並且有殷重無間的作意存在，具足了知欲界法是染汙不淨的；並且也要精進持戒，攝心不去攀緣五欲六塵諸法，以攝心為戒。還要憶念「初禪」的快樂，知道欲界是不清淨的，而初禪有覺、觀、喜、樂、一心等五支功德，是相對清淨的上地境界。此外，也要有善巧智慧好好地觀察欲界諸樂是粗重而染汙的，初禪之樂勝過欲界樂。並且一心專意在前面所說四個善法上，加上定力的增長（例如時時在憶佛的念上用功），相信如此必能早日離欲而發起初禪。

第六節　上漏為患、出要為上

天界的壽命雖然很長，但福報享盡就得下墮了，而且不只是欲界天如此，在色界天與無色界天也是一樣；因此，佛說有八難之處不適合修行，其中一個就是長壽天。[13] 長壽天的壽命極長，其中最長的是非想非非想天，有八萬大劫。那麼一大劫的時間究竟是多久呢？所謂一大劫，就是指一個三千大千世界[14]歷經成、住、壞、空這樣的過程所經過的時間，也許要超過幾百億年。經典上說的「**劫**」是多長的時間呢？佛說：譬如有一個縱廣各一由旬（一由旬約四十里）的大鐵城，裡面裝滿了芥子，假設有人每一百年拿走一個芥子，要將所有的芥子都拿完了，這樣才算是一劫。又譬如有一個縱廣各一由旬，高度也是一由旬的大石山，有一位天人每一百年用天衣磨拭這座石山一下，直到大石山被完全磨滅了，這樣才算是一劫的時間。[15] 可見一劫眞的是非常久遠的時間，何況說是一個大劫呢！眾生無始以來就不停地輪迴生死，已經過無量無邊不可計算的阿僧祇劫，眞的是非常可憐！因此身爲菩薩行者，應該要想怎麼樣幫助眾生解脫生死、出離苦海。

第一目　一切眾生曾得四禪，不斷我見仍要輪迴

經典中記載　佛陀說過，一切眾生都曾經證得四禪。譬如《佛藏經》卷中〈往古品　第七〉說：「**舍利弗！無始世來無有眾生不得四禪。**」這是爲什麼呢？經典上說，每一個三千大千世界的一大劫都是經過成、住、壞、空四個中劫的過程。壞劫的開始就是所謂的「**世界末日**」要來啦！世界末日到來時，將會有火災、水災或風災。首先，火災來時會燒到初禪天，也就是說災火會燒掉整個欲界，此欲界中的所有世間全部都會壞滅，甚至連色界的初禪天都會被燒壞；這時會出現很多個太陽，強大的熱力漸漸就將初禪天以下的世間全部燒毀。再來是水災，劫水會淹毀二禪天以下的所有世間，另外風災來時，大風會將三禪天以下的世間全部

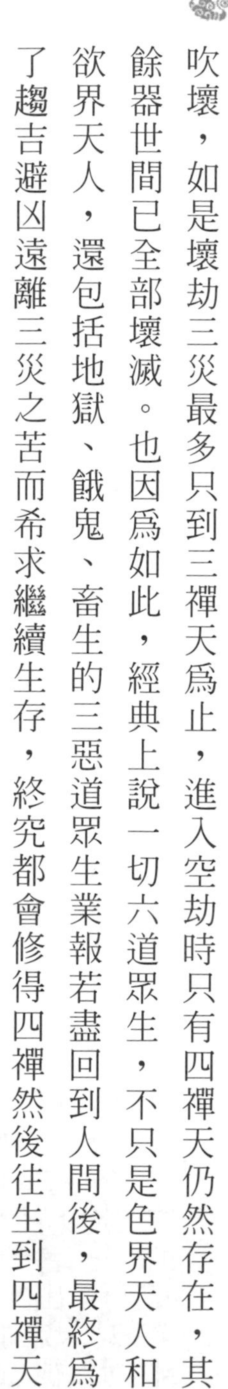

吹壞，如是壞劫三災最多只到三禪天爲止，進入空劫時只有四禪天仍然存在，其餘器世間已全部壞滅。也因爲如此，經典上說一切六道眾生，不只是色界天人和欲界天人，還包括地獄、餓鬼、畜生的三惡道眾生業報若盡回到人間後，最終爲了趨吉避凶遠離三災之苦而希求繼續生存，終究都會修得四禪然後往生到四禪天中。[16]

但四禪天仍然不是涅槃解脫之寂滅境界，雖然壽命可長達五百大劫，但壽終之後仍然要繼續輪迴生死（但這並不包含五不還天的聖眾），故說爲「**上漏爲患**」。這是因爲凡夫眾生無始劫以來，皆未曾「**斷我見**」，當然更不曾「**開悟明心**」，因此仍爲生死流轉所繫縛而不得解脫出離。因此，斷我見和開悟明心是非常不容易的！也因爲從未曾「**斷我見**」，所以必定無法進而實證解脫乃至入涅槃，即使能夠往生到了四禪天，也還得繼續在生死中輪迴。

第二目　無色界天、四空定非涅槃解脫

單靠修定不能使人證得眞正的解脫，也就是不能使人出離三界中生死輪迴的痛

苦，即使證得四空定中最高的「非想非非想定」了，捨報後能生到無色界中最高的非想非非想天，且壽命可長達八萬大劫，但天福受盡捨報時還是要下墮再出生，甚至很可能是下墮三惡道中。譬如 平實導師在《楞伽經詳解》第一輯中的開示：

無色界有，謂四空天境界。無色界天人以無色身故，唯餘四蘊——受想行識；以餘意識住於四空天境界，不受外塵，唯觸定中自心法塵；其空明覺知心極細，安住四空定境界，有定無慧；若未見道之人，萬勿求生四空天，否則非唯不出三界，乃至有於無色界天捨報而墮三塗、失去人身者，佛子慎之！四空天之天人以尚有意識心——極細之空明覺知心故，不得謂無，故名無色界有。

第三目 鬱頭藍弗的故事：天壽無量劫，命終墮地獄

世尊示現在成佛之前，曾經跟外道羅勒迦藍以及鬱頭藍弗仙人學習四禪八定。根據《增壹阿含經》的記載，佛陀示現成佛後首先要度的對象，是羅勒迦藍這位外道老師，因為他當初與 佛陀有約定「待我有法」就一定來度他，但 世尊

成佛時他已於七日前捨壽了。世尊接著就想要度鬱頭藍弗，因爲鬱頭藍弗仙人已得最高的世間外道禪定——非想非非想定；所以只要跟他開示一下解脫道的正理，他馬上就可以成爲俱解脫阿羅漢了。但很不幸的，鬱頭藍弗就在前一天晚上已經捨壽往生到無色界的非想非非想天去了！[17] 佛陀在《中本起經》卷上〈轉法輪品 第一〉悲嘆地說：【彼人長衰，甘露當開，不得受聞，生死往來，何緣得息？五道輪轉，痛矣奈何！】佛陀在《優婆塞戒經》卷一〈解脫品 第四〉中云：

善男子！諸外道等獲得非想非非想定，壽無量劫；若不能得解脫分法，當觀是人爲地獄人。若復有人阿鼻地獄經無量劫受大苦惱，能得如是解脫分法，當觀是人爲涅槃人。善男子！是故我於鬱頭藍弗生哀愍心，於提婆達多不生憐念心。

佛陀開示說：外道若是證得了四空定的非想非非想定，捨壽後生到非想非非想天，壽命八萬大劫，但如果不能證得解脫，也就是如果他連斷我見的功德都沒有，那我們就應當觀察這個人就是終將下墮地獄之人。而如果一個眾生雖然在無間地獄中受無量劫的大苦，但他有斷我見等的解脫分法，那我們要看待這個人是必定解脫的涅槃人。所以 平實導師在《優婆塞戒經講記》第一輯中提到：

正因爲這個緣故，佛對他成佛之前最後一位外道法中的老師——鬱頭藍弗——生起了哀愍之心；因爲 佛在人間成佛時，第一個想要度的人就是他，這位老師教導出家前的 悉達多太子證得三界中層次最高的境界，可是 佛在成佛之後以神通觀察的結果，發現這個人已經往生到非非想天了；佛又觀察他天福享盡而下墮之後的去處，發覺他將會下墮地獄；因爲他在修證非非想定的過程中殺害許多眾生，那些眾生因爲打擾他修定，所以他生氣殺害許多眾生。正因爲這些惡業，天福享盡之後他即將下墮地獄中，因此 佛對鬱頭藍弗生起哀愍之心。

而且鬱頭藍弗將來在地獄道受報完以後，還得要經歷旁生道去當飛狸。因爲他過去在修定的過程中，受到了樹林中的鳥類叫聲和水中魚族的跳躍聲所干擾，當時他心中就發了惡願：要把牠們全都殺掉，因此當他天福享盡之後，就要墮落地獄道以及畜生道之中，眞是非常的悲慘！所以《佛說佛名經》卷十一云：

世間果報皆如幻化，上天雖樂，會歸敗壞，壽盡魂魄墮落三途。是故佛語須跋陀言：「汝師鬱頭藍弗，利根聰明，能伏煩惱，至於非非想處，命終還作畜生道中飛狸之身。況復餘者！故知未證聖果已還，皆應流轉備經惡趣。」

佛陀說，世間果報都是由如來藏所變化出來的虛幻法，生在天界中雖然快樂，但終究都會敗壞；當天壽的福報享盡了，就剩下以前所造的惡業，所以還是會墮落於三惡道中。佛陀告訴須跋陀說：「你的師父鬱頭藍弗仙人，他非常的利根聰明，而且能夠降伏煩惱，所以往生到三界中最高的非想非非想天，但八萬大劫壽命盡了，還是會下墮到畜生道中受飛狸之身的果報。更何況是其餘的外道呢！因此緣故，要知道若是尚未證得斷我見等解脫聖果的凡夫眾生，都還會繼續在三界中流轉，經歷種種惡道中的生死而無有止息啊！」由此可知，我們應當要追求解脫道與佛菩提道的實證，如此才能得到眞正的解脫。

第七節　略說解脫道與佛菩提道之差別

在瞭解了「施論、戒論、生天之論」以及「欲爲不淨、上漏爲患、出要爲上」

的基礎之後，我們知道**修學解脫道，能夠讓人眞正的出離生死輪迴之苦，然而修學佛菩提道才是最究竟的佛法，不僅函蓋了解脫道的內涵，而且能夠讓菩薩行者地地增上乃至圓成佛果**，因此，接下來就爲大家略說此二法之差別。

簡單地說，解脫道就是要斷我見與我執成爲阿羅漢，目的是要出離三界六道的生死輪迴；精進修學解脫道的人，可以在一世之內就成爲阿羅漢。而佛菩提道的目的是要成佛，成就福德與智慧究竟圓滿之「常樂我淨」的境界，需要經過三大無量數劫的時間，歷經菩薩道五十二個階位的次第修行；所以，**成佛之道就是菩薩所修的六度、十度萬行，以利樂衆生來攝受佛土，累積成佛所需的無量福德莊嚴，以及跟隨諸佛菩薩修學一切種智的增上智慧爲主。**五祖弘忍大師開示說：「不識本心，學法無益。」也就是若不能證得自己的「本心」第八識如來藏，那麼就算能夠將三藏十二部諸經論全部倒背如流，於自他佛菩提道的修學上卻沒有太多的助益；所以佛道的修行是以開悟明心、親證法界實相而發起的般若智慧爲入門。《金剛經》中也有提到，世尊往世修了很多福德，生生世世都當轉輪聖王，對無量諸佛一一奉侍供養，但都沒有被授記成佛，直到悟得這個金剛心如來藏而通達了般若實相智慧後，才在　燃燈佛座下被授記。也就是說即使以前修了那麼廣大的福德，但因爲沒有親證本心如來藏，所以無法被諸佛授記成佛。因此，修學佛法的首要關鍵在於斷我見以及開悟明心；而開悟明心所證的就是第八識，又名如來藏、根本識、眞心……，悟後接著修學般若別相智與道種智（一切種智）。然而，在佛菩提道的內涵中也包含了解脫道的修證，而這個解脫的果證，其實只是佛菩提道中的副產品，也就是說菩薩在利樂眾生、累積福德、增上智慧的過程中，實證大乘般若與唯識種智時，除了得到相應的大乘解脫功德受用之外，也必須於菩薩道次第的適當階段實證慧解脫乃至俱解脫，因此說修學佛菩提道必定含攝解脫道的內涵與修證。

第一目　解脫道是爲了脫離生死輪迴

實證解脫道的關鍵基礎在於斷我見，也就是認清五陰十八界都是因緣假合、虛妄不實的。五陰就是色、受、想、行、識，十八界就是六根、六塵和六識。而我們該如何斷我見呢？讀者可參閱正覺口袋書《觀行斷三縛結—實證初果》這本書，另

外也請詳細閱讀 平實導師在《識蘊眞義》以及《阿含正義》中的開示。平實導師在所著的《阿含正義》書中（共七輯），有非常詳細地教導我們如何斷我見實證初果，乃至斷我執成爲阿羅漢，對於解脫道有興趣的讀者，可詳細閱讀這套勝妙的巨著。

簡單地說，在解脫道中有初果、二果、三果和四果等四個果位。初果（須陀洹）是斷我見，也就是斷三縛結，經典中有告訴我們，最遲鈍的初果人也只要再經過七次的人天往返受生，於最後一次出生人間時，就可以取證阿羅漢果而出離三界生死苦惱。二果（斯陀含）是薄貪瞋癡，又稱爲一往來，也就是再人天往返一次就可以取證四果入涅槃了。三果（阿那含）名爲不還，三果人已經發起初禪實證欲界心解脫，斷除了繫縛於欲界的貪與瞋，也就是斷了五下分結；其中，頂級三果人是能夠中般涅槃的，其餘不同層次的三果人往生到色界天之後，也各有不同的狀況，但是都不再回到欲界，而是於上界捨壽後般涅槃。三果人已經斷除了欲界愛的現行，也就是離欲了，這才能算是解脫道中眞正的聖人，而這至少一定要有初禪的禪定證量。四果（阿羅漢）就是斷盡三界愛，解脫道最後修證的五上分結斷盡，捨壽後即可入無餘涅槃，若同時證得四禪乃至四空定的俱解脫阿羅漢，則隨時可以入無餘涅槃。

解脫道的修學，從初果到四果的取證，每個人所需的時間並不相等。例如之前我們講到鬱頭藍弗仙人，他已經具足了四禪八定的功夫，所以只要　佛陀跟他開示如何斷我見，他也確實觀察到意識心是虛妄的而心得決定，那他當下就可以成爲俱解脫阿羅漢，只可惜他的因緣尙不具足，所以沒等到　佛陀來度化他，他就先捨壽往生無色界天了。同理，如果一位已經實證初禪的外道，他經過斷我見的如實現觀之後，馬上也可以成爲三果解脫者。因此佛世時，有的外道是先證得四禪八定降伏了我執，然後見佛聞法斷除我見的同時，我執也隨即斷盡而成爲俱解脫阿羅漢。但若是沒有禪定證量的人，則必須先斷我見，再慢慢觀行斷除我執，而且要發起初禪以上不退的定力，並且五上分結也斷盡了，才能成爲慧解脫阿羅漢，若是再加修禪定而具備了四禪八定的功夫，就成爲俱解脫阿羅漢。

第二目　凡夫菩薩勝過定性聲聞阿羅漢

在完全斷除我見、我執以後就成爲阿羅漢，捨報後滅盡了五陰十八界就可以入無餘涅槃。而無餘涅槃並非斷滅空，經典中　佛說有涅槃本際不滅，也就是第八識如來藏獨住的境界。阿羅漢雖然可以入無餘涅槃，但是卻不了知無餘涅槃的境界，因爲無餘涅槃中沒有五陰十八界，也就是沒有七識心了，當然也就沒有能了知六塵的心來了知無餘涅槃的境界，所以無餘涅槃其實是只剩下第八識如來藏獨自存在的絕對寂滅境界。

然而開悟明心的菩薩，卻是實證了第八識如來藏的本來自性清淨涅槃，因此開悟明心的菩薩不用入無餘涅槃，但是卻可以了知涅槃境界；不像阿羅漢能入無餘涅槃卻不了知涅槃的境界爲何。而 佛陀更開示說，發菩提心的凡夫菩薩勝過一切獨覺聖人與定性聲聞阿羅漢；所以當阿羅漢師父知道自己的徒弟發菩提心後也不敢小看，這些故事我們在前面第三章〈持戒之論〉中都有說明。因此有智慧的人應該要發菩提心當個菩薩，將來開悟後就能分證解脫功德，同時也因爲實證了這個本來自性清淨涅槃，發起般若中道的眞實智慧；而這些智慧是連沒有開悟的阿羅漢都無法了知的。

第八節 菩薩道是為了救護眾生而成就佛道

修學菩薩道的目標是爲了成佛，而菩薩的通願是：「眾生無邊誓願度，煩惱無盡誓願斷，法門無量誓願學，佛道無上誓願成。」在前面三歸依的章節中，我們已經說明了歸依三寶發菩提心的功德很大，在這裡就不再重複說明。總之，菩薩道五十二個階位的修行內涵，從十信、十住、十行、十迴向、乃至十地、等覺、妙覺，全部次第修證圓滿時，才能成就究竟的佛果，讀者可閱讀 平實導師編制的〈佛菩提二主要道次第概要表〉即可了知整體的概況。接著來爲大家簡略說明一下菩薩修福的心態與方法。

第一目 菩薩修福不求生天，為求佛道故

菩薩應該要具有能夠生天的福德，但菩薩布施行十善的目的不是爲了生天，而是爲了救護眾生以及修集成佛所需的無量福德。所以 佛陀教導我們六念法，也就是要念佛、念法、念僧、念施、念戒、念天；目的就是要佛弟子們雙具福德與

智慧，而能自利利他、攝受眾生以成就佛道。平實導師在《優婆塞戒經講記》第二輯中開示：

為什麼要念天呢？是說菩薩生生世世都應該有能生天界的異熟業，但是心裡不去執著——死後不生天界。我們菩薩行者要有天人所應具有的一切福德，但不求生天受報，迴向往生人間，繼續修學菩薩的道業。……

一切人天的威德都從這二個法來：第一是福德，即是法施、財施、無畏施而得的福德；第二是慧業，也就是三乘菩提的智慧。因為福德滿足所以威德極大，譬如說菩薩修三十二相業時，不必具足修得三十二相業，只要已經修得四無量心具足，六欲天及色界天的諸天天主宮殿都會震動，可是你們都不曉得那個嚴重性。那時天主就會往下看：人間是誰在威脅我的寶座？只要你開始修四無量心，他們就會觀察：原來是人間的某人在修四無量心，他在覬覦我的天主寶座。接著就會來阻撓你。所以各位要注意這一點：將來如果到了三地心，必須先修四禪，然後要修四無量心，四無量心修完再修四空定，四空定修完再修五神通；當你修四無量心時，如果有人來問你（你不要期待天主會來問你，因爲天主不會以天主相示現，他示現天主相就敗露行蹤了，他會用一般人的形象示現，來問你）：「請問你爲什麼發這麼大的心，來修四無量心？你是不是想要生天當天主？」你可不要猶豫，要隨即回答說：「我才不希罕那個位子！」他會繼續探問：「你修得四無量心以後想要做什麼呢？」「我想要成佛，所以要修四無量心。」你千萬要斬釘截鐵、不可猶豫；你若猶豫，他會想：「這個人不老實，可能還是想要在來世奪取我的天主寶座。」就會遮障你，讓你不能修四無量心，道業就停滯不前了。

所以，菩薩不但要具備能夠生天的福德，乃至也要努力培植足夠成爲天主的廣大福德，但菩薩絕不貪求生天享福，更不希求天主之位；一切佛弟子皆當具有如是正確的認知與堅固的作意，這樣在佛菩提道的修行才能精進快速地增上，來利益更多的有緣眾生，如是方能「長劫化短劫」迅速圓成佛道。

第二目 百福莊嚴

平實導師在宣講《妙法蓮華經》時提到了百福的修行，百福就是在修十善中的每一善時，同時都要加上十種思惟，也就是十善的一一善各有十種思，所以稱為百福。《妙法蓮華經》卷六〈法師功德品 第十九〉：「**十方無數佛，百福莊嚴相，為眾生說法，悉聞能受持。**」

平實導師為大家詳細說明了百福應該要怎麼修，並且仔細地說明如何付諸實行才能成就百福的功德，平實導師最後提到：修百福與我們有切身利害的關係，百福修久了可以讓我們「**改頭換面、換骨易髓**」，一個人百福修久了，成為了習慣以後，就再也不是暴戾之人，別人再也不會覺得他不好或不清淨，而會覺得他非常的安詳！

平實導師還開示說：一個人努力修行百福兩年，這個人說話就不會酸溜溜地，也不會諂媚和嫉妒別人；甚至別人提到他，都會覺得他是位大菩薩！因此，他的修行是很少有惡因緣的，道業進展也將會非常快速。

當一個人百福修久了，性障的消除是非常快速的，這一生要取證三果不為難事；將來要在 彌勒菩薩成佛時進入初地，乃至被授記成佛，亦非難事！所以這個百福跟我們行菩薩道的人有著切身的利害關係，但百福的道理拿到別的地方講就沒太大意義了，因爲一般的眾生聽不懂，也不會想要去修去行。

平實導師在《優婆塞戒經講記》中亦有關於百福的介紹，我們接下來就引用這些資料來爲大家說明如何修百福，如何在行十善的時候配合運用十種思惟，讓我們的福德能夠飆漲而迅速圓滿。《優婆塞戒經》卷一〈修三十二相業品 第六〉：

> 菩薩摩訶薩修一一相，以百福德而爲圍遶。修心五十，具心五十，是則名爲百種福德。

平實導師在《優婆塞戒經講記》第二輯中的解釋如下：

> 如何是百福德呢？佛說「修心五十，具心五十」，共有一百，這就是百種福德。也就是說，修三十二相業時，不管是修哪一項，任何一項都有修集的行門和方法；當你在修這個行門時，雖然只是修其中一項，但是在這個項目中要先起五十種的思惟：「我怎樣可以讓這個色身、道器清淨？如何可以讓我的七識心清淨、調柔？」這樣思惟過五十種。以這五十種修行方法確定可以讓身根及七識心調柔清淨以後，心中要生起五十種法的每一個決定

思。……

為什麼講一個大人相就要有五十思？這五十思是從哪裡來的？意思是說，當我們在人間修三十二相業，在修其中的一相業時都要以十善業道來修；如果離開了十善業道就不可能修了，所以還是要回歸最基本的、最粗淺的十善業道上面來修。可是十善業道共有十種：貪瞋癡意業三種、口業四種、身業三種，這就是十種。十種惡業都不造，並且反過來行善，這就是十善業道。在這十善業道中，每一種都要生起五種的思惟：譬如說身行三業的殺、盜、淫業中，以殺業來說，我們要生起五種不造殺業的思：離殺思、勸道思、讚美思、隨喜思、迴向思。一個不殺之業就有五種思，十善業道各有五思，所以就有五十思，這個決定思就是修心五十。有了修心五十，加以確實履踐完成的具心五十，便成就了一個大人相的百福德，所以說：「修心五十、具心五十，名為百種福德。」

經由 平實導師的開示，我們就知道百福是說我們在修三十二相業時，行十善業的一一業，都要配合著十種思惟；每一個善業都有這十種思惟（十乘以十為百），

也就是三十二相的一一相皆具足百福！

另外，在《阿毘達磨大毘婆沙論》中也有介紹這十種思[18]，我們為大家稍微解釋一下：所謂百福就是百思，譬如說：菩薩在造作增長「**足善住相**」業的時候，要先有五十種思惟，讓自己的這個道器（五蘊身）清淨調柔，這個牽引的力量成就之後，還要再付諸於實行，也就是接著要再起五十種思惟讓這個善業更圓滿。因此「**足善住相**」業就有了百思莊嚴，乃至修其他的一一相業時亦是如此。因此說佛的三十二大人相，一一相都有百福莊嚴！

就如同前面所舉　平實導師的開示，說我們在修十善業道的每一個善業之前，以及正在造作時，都要有五種思惟，以殺業來說，就是**離殺**、**勸導**、**讚美**、**隨喜**、**迴向**等。譬如說，我們不僅自己不造作殺業，也要勸導眾生遠離殺業，甚至進一步勸導眾生往佛道邁進，並且要常以愛語讚美眾生不造殺業的善行，而且在面對具有持守不殺善業功德的菩薩，我們也要隨喜，說話更不能酸溜溜地，並且要把這些善業的功德迴向給有緣的眾生，都能早成佛道。

關於五思還有其他不同的說法，譬如說完成這個善業之後，我們事後還要檢討，因此還要有五種思惟，那就是**加行淨**、**根本淨**、**後起淨**、**非尋所害以及念攝受**。

例如：我們要檢討剛剛我這樣布施，有沒有什麼地方作得不好，或講得不好？該怎麼改進？這就是**加行淨**的思惟。再來我們要檢討自己的動機有沒有清淨，是否爲了希求世間法上的利益或是想要得到對方的好感呢？這就是**根本淨**的思惟；如果是有想要展現自己很厲害的念頭，有這個爭勝的作意存在，那就是根本不清淨了！

而**後起淨**就是我們作了這個善業之後，有沒有生起在自己世間利益上的貪求，還是完全是爲了對方。**非尋所害**就是說我們行善業時，自己是否有轉依如來藏而不是落在五陰等我與我所之中？是否有落在意識心的尋伺覺觀之追求中？如果能夠確實轉依如來藏，那就是「**非尋所害**」。至於**念攝受**，就是說我們的心念是要攝受對方成就佛道，而不是因爲有私心想把對方當成世間眷屬。

如果我們造作善業之前、正在造作之時以及造作完成之後，都有這種種思惟，時間久了，福德就會越來越圓滿，道業就會越來越增長，而我們布施行善業時不是為了讓眾生覺得我們很厲害，不是為了炫耀或是想讓對方離不開我們；所以行善布施時也應當時時轉依如來藏，不落入五陰的希求當中，成為三輪體空的布施，有這樣的根本清淨就能讓我們的心越來越清淨，修行也會越來越好。

簡單的論述就寫那麼多了，但是　平實導師的講解又比末學的介紹精采萬分，內容更加豐富無數倍。我們只能期待　平實導師講演《法華經》的講記趕快出版（編案：《法華經講義》已於二〇一五年五月開始出版，共二十五輯，每二個月出版一輯。），大家請回恭讀之後，切實依照著　平實導師的教導信受奉行，修行才會進步！福德才會增長。末學亦隨喜讚歎請閱此書的諸位菩薩們，會想要修學百福之學人，必定是菩薩種性具足之人，願以此篇布施行善之功德，迴向給閱讀此書的菩薩們，以及迴向一切有緣眾生都能早日修學正法，都能如是修十善業再加上十種思惟，來圓滿百福的修行，迅速成就佛道。

第三目　菩薩不應起瞋心：佛說瞋罪重於貪罪

記得　平實導師開示說菩薩犯瞋的罪比犯貪欲的罪更重，因為犯瞋會斷了跟眾生的善緣，這樣攝受眾生就會變得很困難、很緩慢，也會有很多的障礙！譬如須菩提尊者，被 佛陀授記還要經歷極久遠的時劫，才能成佛的情形一樣。在《正覺電子報》第七十九期中，有一篇佛典故事：〈須菩提惡性緣〉，其中內容提到了 佛陀藉著說明須菩提因瞋恚習氣的緣故，以致於五百世中都受生為毒龍之身的因緣，為眾弟子開示瞋恚的種種過患與罪惡；瞋恚乃是由於無明愚癡所生之粗重煩惱，瞋恚會燒滅種種善根，瞋恚會增長眾多惡業，瞋恚所引生後世之果報，甚至會墮入地獄中遭受尤重純苦之報。在這篇文章最後的結語中說：

須菩提乃是迴心大乘之俱解脫大阿羅漢，為 佛陀十大弟子之中的解空第一。於 世尊講授《法華經》時，世尊為眾弟子們授記成佛，當時已入地的須菩提被授記成佛的時劫，卻是十大弟子中的最遲、最久遠者。此皆因須菩提脾氣大、易起瞋的習氣故，眾生不喜樂與之親近，須菩提亦不喜與眾生親近，故其眾生緣不好，所以攝受眾生的功德就會大為減損，故其成佛的時間就需要經過非常久遠的時劫方能成就。成佛之道最重要的就是攝受眾生，饒益一切有情，攝受眾生即是攝受佛土[19]。須菩提因瞋恚習氣故，攝受的眾生就相對有限；攝受眾生要以四攝法——布施、愛語、利行、同事，而諸攝事法中又以愛語為第一[20]，以愛語行布施，以愛語利行，以愛語行同事行等。故今特舉須菩提之惡習性因緣為借鏡，作為菩薩戒子們的警惕，欲求無上正等正覺，當普攝一切眾生、不捨一切眾生，並遠離瞋恚，方堪稱「慈悲」，才能速得廣利眾生而早日成佛，成佛的過程中才能少受許多無意義的辛苦與迂迴。

平實導師在《優婆塞戒經講記》第一輯中也開示到：

第二件事情是要把瞋恚心斷除，發菩提心而歸依大乘三寶之後，開始修學佛法了，可是老脾氣不改，一天到晚為了小事而生氣，看誰不順眼就發脾氣，這樣的行為就會斷了人家的佛法慧命，而且也讓自己的道業受到障礙，所以得要把瞋恚心給斷除。瞋恚心的斷除非常重要，在經中 佛曾經提示過：淫亂眾生百千次的過失，都不如對眾生發一次大脾氣。這就是說瞋恚有大過失，為什麼呢？因為如果是兩情相悅而淫亂了眾生，那些眾生就與你結了歡喜緣，雖然是犯了邪淫罪，但是這些眾生未來世看到你，還是會繼續喜歡你；假使你未來世中開始學佛了，他們遇見你時就會跟著你學佛，在未來世中總會有好的發展。可是你只要對某些眾生大發脾氣一次，他們將會永遠記住你，未來無量世中只要見到你，就會莫名其妙的討厭你，他根本不會跟著你的腳步開始學佛。所以在經中 佛說過（是哪一部經已經忘了）佛說：「對於菩薩而言，犯瞋恚的過失遠比犯邪淫罪更嚴重！」大意是如此。所以眞修菩薩道的人，瞋恚心一定要趕快斷，不要心裡想著說：「我又不妨礙人家的家庭，我對他們發大脾氣又有什麼過失？」但是這樣會障礙那些眾生未來世追隨你學佛的因緣。所以 佛說發脾氣比淫亂人家的眷屬還要嚴重，所以這個瞋恚心得要趕快斷。

平實導師說到：「佛說對於菩薩而言，犯瞋恚的過失遠比犯邪淫罪更嚴重！」例如《菩薩善戒經》卷一〈序品 第一〉中云：

> 優波離言：「世尊！犯有三種：一者貪，二者瞋，三者癡。菩薩所犯何者爲重？何者爲輕？」佛言：「優波離！若諸菩薩犯如恆河沙等貪，如是菩薩不名毀戒；若犯一瞋因緣，毀戒是名破戒。何以故？優波離！**瞋恚之心能捨眾**

生，貪愛之心能護眾生；若愛眾生不名煩惱，瞋捨眾生名重煩惱。優波離！是故如來於經中說：貪結難斷不名爲重，瞋恚易斷名之爲重。優波離！難斷非重，菩薩常有易斷重者，乃至夢中尚不爲之。優波離！愚癡菩薩，無有方便，怖畏犯愛；菩薩有智，善知方便，怖畏犯瞋，不畏犯愛。」

另外在《佛說決定毘尼經》[21]和《大乘修行菩薩行門諸經要集》[22]中都有類似的開示，大意都是在說持戒第一的優婆離尊者請問　佛陀：「**貪欲、瞋恚或愚癡，因這三者而犯戒時哪個罪業比較重？**」而　世尊回答說，如果菩薩犯了如同恆河沙數那麼多的貪，這樣的菩薩不算是毀菩薩戒；但菩薩如果因爲一念瞋心而犯戒，那就是毀戒，也就是破菩薩戒，是貪瞋癡三者中最嚴重的。因爲瞋心能夠捨棄眾生，跟眾生斷壞了關係！但是貪欲則跟眾生有親愛的關係，能夠因此而攝受眾生。

所以，雖然生起愛的諸煩惱結，但菩薩對於這樣的煩惱不應該生起畏懼，因爲愛眾生不名爲煩惱。但是對於能夠斷壞跟眾生善緣的瞋心煩惱，菩薩對此就應該生起大畏懼之心，因爲起瞋心而捨棄眾生這是極爲嚴重的煩惱。

貪欲雖然難以捨離，但是對菩薩來說算是小過失、小犯戒；然而瞋心雖容易斷除，可是卻名爲大犯戒。所以，修學大乘的菩薩可以忍受貪欲這樣的煩惱；但不應該忍受令瞋心煩惱起現行，乃至於夢境之中都不應該起瞋的心行。因此，菩薩因爲欲貪而犯戒，佛陀說這樣的人不名爲毀戒，但是因爲瞋心而犯戒者，佛陀說這樣是違犯重戒，是毀戒、破戒，是大過失，又名大墮落，在佛菩提道的修行上是個大災難。因此菩薩對於因瞋心而犯戒要生起大恐怖，對於因貪欲而犯戒則不需要太過恐怖畏懼。

當然 佛陀說：「**瞋恚之心能捨眾生，貪愛之心能護眾生。若愛眾生不名煩惱，瞋捨眾生名重煩惱。**」這意思不是叫我們去犯邪淫或貪欲的罪業，因爲邪淫也是會墮落三惡道的，貪欲也是會障礙三乘菩提的修行。佛陀的意思主要是告訴我們不要犯瞋，爲了說明犯瞋的過失有多麼嚴重，所以用貪愛的過失與瞋恚來對照而說：如果貪愛眾生那至少可以跟眾生結好緣，所以能夠攝受眾生。因此，貪愛眾生的煩惱和起瞋的煩惱相比，那只算是小事情，雖然貪欲邪淫的罪過也是很嚴重的，但相對於瞋恚的過失來說，菩薩倒不用太過畏懼。所以，菩薩應該要對眾生

有親愛之心，但不應該是在男女邪淫的貪愛上。

第四目　如何不生氣？憐憫心對待眾生

我們該怎麼樣才能不生氣呢？平實導師在《優婆塞戒經講記》第一輯中開示說：

第四件事，是要生起憐憫心來對待眾生。我有時和別人一起出去辦事時，有的人看到眾生造惡業時，心裡就會生氣：「啊！這種人太惡劣了！……」就罵起來了。我說：「你不要生氣，你應該憐憫他們。」他說：「我不得不生氣，我看了就心裡有氣啊！」我說：「還是不要生氣吧！」他說：「我怎麼能不生氣？」我說：「可以的！」他說：「有什麼道理叫我不生氣？」我說：「你心中就只要記住一句話：『**眾生本來如是**。』眾生本來就是這樣子，既然本來就是這樣子，你還要爲他們而生氣，那就是你愚癡嘛！」我說了這句話以後，他記住了：「**眾生本來如是**。」就永遠不再對眾生起瞋了：「對啊！眾生本來就是這麼愚癡的嘛！我氣他們幹什麼呢？」他從此以後不再氣眾生了，所以你們大家也記住這一句話吧！

第二講堂、第三講堂的同修們都聽見了沒：「**眾生本來如是啊！**」得要記住這句話。因爲眾生就是眾生，不同於你，否則就不叫作眾生；所以看見他們造惡業乃至謗法，你都不要生氣；你如果眞的要生氣，就氣自己，不要氣別人；氣自己沒有能力度化他們，千萬不要氣別人！因爲眾生本來就是這麼愚癡的嘛！否則就和你一樣的有智慧了！那就不叫作眾生了嘛！正因爲愚癡，所以他會作這一些惡業，也會爲了一世的世間法利益而謗法、謗人，他們不知道、或者不能確定造惡業一定會有惡果報啊！所以才會造惡業，所以你要生起憐憫心說：「他們是愚癡的眾生！」有了憐憫心，你當然就不會計較，甚至於心裡會想要去度他們進入佛法內門中。

況且不論何種因緣，能與我們相遇相會的有緣眾生，在十方世界的無量無邊不可思議有情數中，都是難可思議的稀有緣分啊！這可不是世俗人所以爲的「十年修得同船渡，百年修得共枕眠」，或另外有人加碼十倍而說的「百年修得同船渡，千年修得共枕眠」那麼簡單，其實跟我們有緣相遇的眾生都是非常稀有難得的。再說，可曾有人希望他所遇到的有情都是凶惡的瞋恚有情？或喜歡遇見總是怒目相向、惡口惡行的有緣眾生？當然不會嘛！就算是遇見了流浪狗，也希望是隻會搖著尾巴相待的溫柔小狗，而不是狂吠不止又齜牙咧嘴作勢咬人的惡犬。所以，如果我們希望遇到的都是親愛和善的有緣眾生，那就得從自己的身口意行作起，要善待一切有情、親愛一切眾生，更重要的是不可對任何有情眾生起瞋！

第五目　結語　祝福早成佛道

總之，佛陀教導我們的修行道理，不論是最基礎的「施論、戒論、生天之論」，以及「欲爲不淨、上漏爲患、出離爲要」等次法，乃至解脫道的斷我見、我執，以及佛菩提道的明心見性等內涵，其實最終目的都是爲了讓我們能夠發起想要成佛的菩提心邁向成佛之道，而甘願來當菩薩，以自度度他的修行方式來上求佛道、下化眾生，目的都是要讓我們將來可以成佛。讀者若閱讀完本書之後，對佛法的解脫道與佛菩提道想要有更深入的瞭解，歡迎來正覺同修會上課，我們在每年的四月與十月都會開設新的禪淨班課程，您將可以在課程中學習到完整的三乘菩提佛法，也就是解脫道與佛菩提道的正知正見，並學習無相念佛的憶佛、拜佛方法，成就一心不亂的動中定力功夫，進而能夠成就眞正的看話頭參禪功夫。而菩薩的六度波羅蜜課程，更能讓您降伏煩惱、成就菩薩種性，轉變成一位慈悲又有智慧的眞正菩薩；若是定力、慧力以及福德因緣成熟時，還可以開悟明心甚至眼見佛性，成爲眞實義菩薩。

您也可以在每週二晚上，親臨正覺講堂聆聽 平實導師講經課程，平常也可以閱讀 平實導師著作開示的書籍。平實導師在諸多著作中，如《心經密意》、《優婆塞戒經講記》、《維摩詰經講記》、《起信論講記》、《金剛經宗通》、《法華經講義》……等都爲我們詳細的開示介紹了佛菩提道的內涵；若想要在解脫道上有所修證，也可以請閱《阿含正義》這套法寶；若讀者想修學更深細的第三轉法輪諸唯識經論，也可以請閱 平實導師著作的《勝鬘經講記》、《楞伽經詳解》和《楞嚴經講記》等等。

總之，佛法是非常廣大深妙且精采眞實的，三乘菩提的一切佛法，也都是可以一一親證現觀而如實了知的，佛法不是空泛的文字訓詁，更不是虛幻的玄學，學人只要腳踏實地的跟隨 佛陀的教導，定能一步一腳印，穩定踏實地邁向成佛之道！

本書能夠順利出版，是許多菩薩們的大力幫忙才能完成，末學願以此書報答佛恩、師恩、父母恩與眾生恩，並於此至誠禮謝 平實導師與諸親教師們多年來的教導攝受，也感謝編譯組的眾菩薩們的幫忙，讓本書更加圓滿而能夠順利出版，共同成就法布施功德。

最後願以此功德迴向一切眾生福慧增上、早成佛道。

南無本師　釋迦牟尼佛

南無大悲　觀世音菩薩摩訶薩

南無　平實菩薩摩訶薩

南無正覺菩薩海會眾

《雜寶藏經》卷八〈**佛弟難陀為佛所逼出家得道緣**〉[1]：

【佛在迦毗羅衛國，入城乞食，到難陀舍，會值難陀與婦作粧，香塗眉間，聞佛門中，欲出外者。婦共要言：「出看如來，使我額上粧未乾頃便還入來！」難陀即出，見佛作禮，取鉢向舍，盛食奉佛。佛不為取，過與阿難，阿難亦不為取。阿難語言：「汝從誰得鉢，還與本處。」於是持鉢逐佛，至尼拘屢精舍，佛即勅剃髮師與難陀剃髮。難陀不肯，怒拳而語剃髮人，言：「迦毘羅衛一切人民，汝今盡可剃其髮也？」佛問剃髮者：「何以不剃？」答言：「畏故！不敢為剃。」佛共阿難，自至其邊，難陀畏故，不敢不剃。雖得剃髮，恆欲還家，佛常將行，不能得去。後於一日，次守房舍，而自歡喜：「今眞得便，可還家去，待佛、眾僧都去之後，我當還家。」佛入城後，作是念言：「當為汲水令滿澡瓶，然後還歸。」尋時汲水，一瓶適滿，一瓶復翻，如是經時，不能滿瓶。便作是言：「俱不可滿，使諸比丘來還自汲，我今但著瓶屋中，而棄之去。」即閉房門；適一扇閉，一扇復開，適閉一戶，一戶復開。更作是念：「俱不可閉，就置而去！縱使失諸比丘衣物，我饒財寶，足有可償。」即出僧房，而自思惟：「佛必從此來，我則從彼異道而去。」佛知其意，亦異道來。遙見佛來，大樹後藏；樹神舉樹在虛空中，露地而立。佛見難陀，將還精舍，而問之言：「汝念婦耶？」答言：「實念。」即將難陀向阿那波那山上，又問難陀：「汝婦端正不？」答言：「端正。」山中有一老瞎獼猴，又復問言：「汝婦孫陀利，面目端正，何如此獼猴也？」難陀懊惱，便作念言：「我婦端正，人中少雙，佛今何故，以我之婦比此獼猴？」佛復將至忉利天上，遍諸天宮，而共觀看，見諸天子與諸天女共相娛樂；見一宮中，有五百天女，無有天子，難陀還來問佛。佛言：「汝自往問。」難陀往問言：「諸宮殿中盡有天子，此中何以獨無天子？」天女答言：「閻浮提內，佛弟難陀，佛逼使出家，以出家因緣，命終當生於此天宮，為我天子。」難陀答言：「即我身是。」便欲即往，天女語言：「我等是天，汝今是人，還捨人壽，更生此間，便可得住。」便還佛所，以如上事具白世尊。佛語難陀：「汝婦端正，何如天女？」難陀答言：「比彼天女，如瞎獼猴比於我婦。」佛將難陀還閻浮提，難陀為生天故，懃加持戒。阿難爾時，為說偈言：「譬如羝羊鬭，將前而更却，汝為欲持戒，其事亦如是。」佛將難陀復至地獄，見諸鑊湯悉皆煮人，唯見一鑊炊沸空停，怪其所以而來問佛。佛告之言：「汝自往問。」難陀即往，問獄卒言：「諸鑊盡皆煮治罪人，此鑊何故空無所煮？」答言：「閻浮提內，有如來弟，名為難陀，以出家功德，當得生天，以欲罷道因緣之故，天壽命終，墮此地獄，是故我今欲炊鑊而待。」難陀恐怖，畏獄卒留，即作是言：「南無佛陀！唯願擁護，將我還至閻浮提內。」佛語難陀：「汝懃持戒，修汝天福。」難陀答言：「不用生天，唯願我莫墮此地獄。」佛為說法，一七日中，成阿羅漢。】（《大正藏》冊四，頁 485，下 12-頁 486，中 12）

2 《增壹阿含經》卷九〈慚愧品　第十八〉。

3 《出曜經》卷十七〈惟念品　第十六〉：【昔有婬逸之人，意專女色，不能去離覺寤。思女姿顏，欲與言語交通；眠寐夢想容貌，携手共遊。時婦遇疾，骨消肉盡、形骸獨立。爾時，彼家恆有知識道人往返。其婦白道人曰：「我今所患日夜困羸，將其意故，欲陳我情為可爾不？」時，道人曰：「但說無苦。設有隱匿之事，我當覆藏不使彰露。」婦人白言：「我夫稟性婬欲偏多，晝夜役嬈不容食息，由是生疾恐不自濟。」時，彼道人告婦人曰：「若汝夫主近汝身者，便以此語其夫曰：『須陀洹法禮應爾耶？』」後，果如所言，夫主來近婦尋語曰：「夫爲須陀洹，道爲應爾耶？」夫聞婦言甚懷慚愧，內自思惟：「我將不審是須陀洹乎？」即便息意，在閑靜處思惟校計，成斯陀含、阿那含果。自知已得道迹，便不復與女人從事。婦人問夫：「汝今何故永息欲心，不與吾從事？」夫告婦曰：「吾審見汝已，何由復共往反？」婦語其夫：「汝言審見我，我有何咎？我恒貞良，不犯女禮，何以見罵乃至於斯？」婦人即集五親宗族，告語之曰：「今我夫主意見踈薄，永息親情不復交通，復見罵詈稱言見我。今於眾前便可說之。」夫言：「且止！須我引證乃得自明。」夫主還歸，彩畫好瓶成滿糞穢，牢蓋其口，香華芬熏。還至彼眾，告其婦曰：「審愛我不？若愛我者，可抱弄此瓶如愛我身。」婦隨其語，抱瓶翫弄意不捨離。夫主見婦已愛著此瓶，即打瓶破，臭穢流溢蛆蟲現出。復語婦曰：「汝今故能抱此破瓶不耶？」婦答曰：「我寧取死，終不能近此破瓶；寧入火坑、投於深水，高山自投於下，頭足異處，終不能近此瓶。」夫告其婦：「前言見汝，正見此事耳。我觀汝身劇於此瓶，從頭至足分別思惟，三十六物有何可貪？」爾時，復重說偈曰：「**勇者入定觀，身心所興塵，見已生穢惡，如彼彩畫瓶。**」】（《大正藏》冊四，頁 699，中 5-下 10）

4 http://www.enlighten.org.tw/dharma/2/14

5 《賢愚經》卷三〈微妙比丘尼品 第十六〉：【如是我聞，一時佛在舍衛國祇陀精舍。波斯匿王崩背之後，太子流離，攝政爲王，暴虐無道，驅逐醉象，蹋殺人民，不可稱計。時諸貴姓婦女，見其如是，心中摧悴！不樂於俗，即共出家，爲比丘尼。國中人民，見諸女人，或是釋種、或是王種，尊貴端正，國中第一，悉捨諸欲，出家爲道，凡五百人。莫不嘆美，競共供養。

諸比丘尼自相謂言：「吾等今者雖名出家，未服法藥消婬怒癡。寧可共詣**偷羅難陀比丘尼**所，諮受經法，冀獲所剋。」即往其所，作禮問訊，各自陳言：「我等雖復爲道，未獲甘露，願見開悟。」時，

偷羅難陀心自念言：「我今當教令其反戒，吾攝衣鉢不亦快乎！」即語之曰：「汝等尊貴大姓，田業七寶、象馬奴婢，所須不乏，何爲捨之？持佛禁戒，作比丘尼，辛苦如是！不如還家，夫妻男女，共相娛樂。恣意布施，可榮一世！」諸比丘尼，聞說是語，心用惆然，即各涕泣，捨之而去。復至**微妙比丘尼**所，前爲作禮，問訊如法，即各啓曰：「我等在家習俗迷久；今雖出家，心意蕩逸，情欲熾燃，不能自解；願見憐愍，爲我說法，開釋罪蓋。」爾時**微妙**即告之曰：「汝於三世，欲問何等？」諸比丘尼言：「去來且置，願說現在，解我疑結。」

微妙告曰：「夫婬欲者，譬如盛火燒于山澤，蔓莚滋甚所傷彌廣！人坐婬欲，更相賊害；日月滋長，致墮三塗，無有出期！夫樂家者，貪於合會、恩愛、榮樂因緣，生老病死離別、縣官之惱，轉相哭戀，傷壞心肝，絕而復穌。家戀深固，心意纏縛，甚於牢獄！

我本生於梵志之家，我父尊貴國中第一。爾時，有梵志子，聰明智慧，聞我端正，即遣媒禮，娉我爲婦，遂成室家，後生子息。夫家父母，轉復終亡，我時妊娠，而語夫言：『今我有娠，穢污不淨。日月向滿，儻有危頓，當還我家見我父母。』夫即言善！遂便遣歸。至於道半，身體轉痛，止一樹下，時夫別臥；我時夜產，污露大出，毒蛇聞臭，即來殺夫！我時夜喚，數反無聲，天轉向曉，我自力起，往牽夫手，知被蛇毒，身體腫爛，支節解散！我時見此，即便悶絕。時我大兒，見父身死，失聲號叫，我聞兒聲，即持還穌；便取大兒，擔著項上，小兒抱之，涕泣進路。

道復曠險，絕無人民，至於中路，有一大河既深且廣，即留大兒著於河邊，先擔小兒度著彼岸，還迎大者。兒遙見我，即來入水，水便漂去，我尋追之，力不能救，浮沒而去。我時即還，欲趣小兒，狼已噉訖，但見其血流離在地！我復斷絕，良久乃穌。遂進前路，逢一梵志是父親友。即問我言：『汝從何來？困悴乃爾！』我即具以所更苦毒之事告之。爾時梵志，憐我孤苦，相對涕哭。我問梵志：『父母親里盡平安不？』梵志答言：『汝家父母大小，近日失火，一時死盡！』我時聞之，即復悶絕，良久乃穌；梵志憐我，將我歸家，供給無乏，看視如子。

時餘梵志，見我端正，求我爲婦，即相許可適共爲室。我復妊娠，日月已滿，時夫出外，他舍飲酒，日暮來歸；我時欲產，獨閉在內，時產未竟，梵志打門大喚，無人往開。梵志瞋恚，破門來入，即見撾打；我如事說，梵志遂怒，即取兒殺，以酥熬煎，逼我使食！我甚愁惱，不忍食之，復見撾打。食兒之後，心中酸結，自惟福盡，乃值斯人，便棄亡去。

至波羅捺，在於城外樹下坐息。時彼國中，有長者子，適初喪婦，乃於城外園中埋之；戀慕其婦，日往出城，塚上涕哭，彼時見我，即問我言：『汝是何人？獨坐道邊。』我如事說。復語我言：『今欲與汝入彼園觀，寧可爾不？』我便可之，遂爲夫妻。經于數日，時長者子，得病不救，奄忽壽終！時彼國法：若其生時，有所愛重，臨葬之日，并埋塚中。我雖見埋，命故未絕；時有群賊，來開其塚。爾時賊帥，見我端正，即用爲婦；數旬之中，復出劫盜，爲主所覺，即斷其頭！賊下徒眾，即持死屍而來還我，便共埋之，如國俗法，以我并埋。

時在塚中經于三日，諸狼狐狗復來開塚，欲噉死人。我復得出，重自剋責：宿有何殃，旬日之間遇斯罪苦，死而復生，當何所奉得全餘命？即自念言：『我昔常聞釋氏之子，棄家學道，道成號佛，達知去來。寧可往詣，身心自歸。』即便徑往，馳趣祇洹。遙見如來，如樹花茂、星中之月！爾時，世尊以無漏三達察我應度而來迎我，我時形露無用自蔽，即便坐地以手覆乳！佛告阿難：『汝持衣往覆彼女人。』我時得衣，即便稽首世尊足下，具陳罪厄，願見垂愍，聽我爲道！佛告阿難：『將此女人付憍曇彌，令授戒法。』時大愛道，即便受我作比丘尼；即爲我說四諦之要：苦、空、非常。我聞是法，剋心精進，自致應眞，達知去來。今我現世所更勤苦難可具陳，如宿所造毫分不差！」

時諸比丘尼，重復啓白：「宿有何咎而獲斯殃？唯願說之。」**微妙**答曰：「汝等靜聽！乃往過世，有一長者，財富無數，無有子息，更取小婦；雖小家女，端正少雙，夫甚愛念，遂便有娠；十月已滿，生一男兒，夫妻敬重，視之無厭。大婦自念：『我雖貴族，現無子息可以繼嗣。今此小兒，若其長大當領門户，田財諸物盡當攝持；我唐勞苦積聚財產，不得自在！（妒心即生）不如早殺！』內計已定，即取鐵針，刺兒囟上，令沒不現；兒漸痟瘦，旬日之間，遂便喪亡。小婦懊惱，氣絕復穌，疑是大婦妒殺我子，即問大婦：『汝之無狀，怨殺我子？』大婦即時自咒誓曰：『若殺汝子，使我世世夫爲毒蛇所殺！有兒子者，水漂狼食！身見生埋，自噉其子；父母大小失火而死！何爲謗我？何爲謗我？』當於爾時，謂無罪福反報之殃；前所咒誓，今悉受之，無相代者。欲知爾時大婦者，則我身是！」

諸比丘尼重復問曰：「復有何慶？得睹如來，就迎之耶，得在道堂，免于生死？」**微妙**答曰：「昔波羅捺國，有一大山，名曰仙山；其中恒有辟支佛、聲聞、外道神仙，無有空缺。彼時，緣覺入城分衛，有長者婦見之歡喜，即供養之。緣覺食已，飛昇虛空，身出水火，坐臥空中；婦時見之，即發誓言：『使我後世得道如是！』爾時婦者，則我身是！緣是之故，得見如來，心意開解，成羅漢道。今日我身，雖得羅漢，恒熱鐵針從頂上入，於足下出，晝夜患此，無復竟已！殃福如是，無有朽敗！」爾時五百貴姓比丘尼，聞說是法，心意悚然！觀欲之本，猶如熾火！貪欲之心，永不復生！在家之苦，甚於牢獄！諸垢消盡，一時入定，或羅漢道，各共齊心白**微妙**曰：「我等纏綿繫著婬欲，不能自拔。今蒙仁恩導，得度生死！」時佛歎曰：「快哉！**微妙**！夫爲道者，能以法教，轉相教成，可謂佛弟子！」眾會聞說，莫不歡喜，稽首奉行。】（《大正藏》冊四，頁 367，上 21-頁 368，下 4）

6 平實導師著，《阿含正義》第四輯，正智出版社，2007 年 2 月初版首刷。

7 《佛說除恐災患經》卷一：【佛與大眾，遊至柰女林樹精舍。柰女聞佛從大聖眾至其樹園，心喜無量，即便嚴駕，與其僕從詣園見佛。到下寶車如雲降雹，趨翔入園如吉利天，服飾姿容殊天玉女，園樹諸天莫不迴目。佛見其然，是魔使來，壞敗淨戒、定慧、解脫，度知見品，即以梵音告諸沙門：「柰女來至，各撿汝意，各自執持精進刀弓，皆自嚴辦智慧之矢，被定意鎧，乘禁戒車，與塵勞戰。汝等當計女人所有欺誑，一切如金塗錢，皮薄如蠅翅以覆惡穢，筋骨連綴，血肉之聚，目眵洟唾，身體汗垢，若不洗拭。作是計念：觀女人身，以制迷惑色欲之意，諦觀骨舍，束縛以筋，塗以血肉，覆以衣服，飾以華綵，猶如畫師立牆以塹渥塗，惡露畫以綵色；女人之身亦復如是，當諦計知，除滅婬心。夫欲學道，先調其心，後可獲安；不先調心，後悔無及。邪行迷旋，譬如櫪馬，臨其壽終，願與意違，終不解脫。其有視色心隨惑者，無常計常，苦有樂想，無我計我，不淨淨想，慧覺無常、苦空、不淨。達如是者，即離長途生死患難。」佛以是教，告諸弟子，皆共受持，一心奉行。】(《大正藏》冊十七，頁 556，中 26-下 18。)

8 《大乘本生心地觀經》卷六〈厭身品 第七〉：【善男子！出家菩薩住阿蘭若，求阿耨多羅三藐三菩提時，四威儀中，微細觀察是有漏身三十七種不淨穢惡，是不可愛，是不堅牢。當觀此身猶如坏器，外以雜彩、金銀七寶巧飾莊嚴，內以糞穢種種不淨塡塞充滿；兩肩擔負隨途而行，其有見者皆生愛樂，不知器中盛滿不淨。有六黑蛇常在此器，一蛇隨動，器即破壞，毒害臭惡，竟無所堪！世間之人莊嚴其身，如彼彩畫盛不淨器；貪瞋癡三名爲心病，風黃痰癊名爲身病，內外六病能害身心，如彼六蛇居於器內，一一蛇動，器即破壞，一一病發，身即無常。善男子！出家菩薩處於空閑觀察是身，名爲第一不淨觀相。】(《大正藏》冊三，頁 321，上 23-中 7。)

9 《大乘本生心地觀經》卷六〈厭身品 第七〉：【出家菩薩於日夜中又觀自身，臭穢不淨猶如死狗。

何以故？彼身亦是父母不淨爲生緣故。出家菩薩又觀自身，如蟻子臺安住眾蟻，時有白象來至臺邊，以身觸臺，臺即崩碎。善男子！此臺所謂五蘊之身，白象是爲琰魔羅使，身歸後世如象壞臺。出家菩薩又觀自身，而作是念：「我今此身從頂至足，皮肉骨髓共相和合以成其身，猶如芭蕉中無實故。」】（《大正藏》冊三，頁 321，中 7-16。）

10 《大乘本生心地觀經》卷六〈厭身品 第七〉：【出家菩薩又觀自身無有強力，皮肉薄覆如塗附牆，億萬毛髮如草生地，微細風大出入毛孔，誰有智者當樂此身？剎那剎那衰敗轉故！出家菩薩又觀自身如養毒蛇而取其害，我今雖以飲食衣服資長是身，而不識恩，畢竟還令墮於惡道。出家菩薩又觀自身譬如怨家詐作親友，伺求其便而將毒藥斷彼命根；我身如是本非眞實，終致無常非聖愛故。出家菩薩又觀自身如水上泡，雖復妙好瑠璃珠色，剎那因緣起滅無恒，有爲念念不久住故。出家菩薩又觀自身如乾闥婆城，雖現相狀而不實有，今者我身亦復如是。出家菩薩又觀自身猶如影像，我身亦爾雖有非眞。出家菩薩又觀自身譬如外國強盛怨敵；今者我身亦復如是，煩惱怨敵侵掠善根。出家菩薩又觀自身如朽舍宅，雖加修葺當必崩壞，我身亦爾，雖加愛念當必無常。出家菩薩又觀自身如近怨國城邑，人民常懷恐怖，今者我身亦復如是，於念念中畏無常怨。出家菩薩又觀自身如無量薪爲火燒爇，然是猛火曾無厭足，我身亦爾，以貪愛火燒五欲薪，其心增長亦復如是。】（《大正藏》冊三，頁 321，中 16-下 9。）

11 《大乘本生心地觀經》卷六〈厭身品 第七〉：【出家菩薩又觀自身如新生子，慈母憐愍恒加守護，我身亦爾，若不守護，病之身心，即便不能有所修證。出家菩薩又觀自身本性不淨，譬如有人厭患炭色，設諸方便，以水洗之，經無量時，黑色仍舊，乃至炭盡終無所益。我身亦爾，有漏不淨，假使海水盡未來際洗之無益，亦復如是。出家菩薩又觀自身如油沃薪，以火焚燒，又遇大風，勢不可止；

是身亦爾，名五蘊薪，沃貪愛油，縱瞋恚火，愚癡風力，無有休息。出家菩薩觀於自身猶如惡疾，四百四病所住處故。亦如大腸，八萬四千蟲所住故。是無常處，出息不還即無常故。亦如非情，神識易脫同瓦石故。亦如河水，剎那前後不暫住故。亦如壓油，於一切事受勞苦故。無所依者，猶如嬰兒失父母故。無救護者，猶如蝦蟆蛇所吞故。如穴無底，心心所法不可知故。恒不知足，於五欲樂心無厭故。恒不自在，斷常二見所繫縛故。不生慚愧，雖蒙養育棄捨主故。亦如死屍，於日夜分近滅壞故。唯受諸苦，於一切處無眞樂故。爲苦所依，一切衆苦依身住故。如空聚落，於是身中無主宰故。畢竟空寂，遍計所執妄搆畫故。如谷中響，皆是虛妄所顯現故。亦如船舶，若無船師即漂沒故。亦如大車運載財寶。何以故？乘於大乘到菩提故。善男子！出家菩薩日夜觀察，非不愛惜如是之身，欲令衆生出生死海到彼岸故。】（《大正藏》冊三，頁 321，下 9-頁 322，上 8。）

12《楞嚴經集註》卷五，《萬續藏》冊十七，頁 269，上 2。

13《增壹阿含經》卷三十六〈八難品　第四十二〉：【復次，如來出現世時，廣演法教，**然此衆生在長壽天上，不聞不覩，是謂第四之難也。**】（《大正藏》冊二，頁 747，上 16-18）

14《大般若波羅蜜多經》卷四七七〈正定品　第八十一〉：【佛告善現：「諸菩薩摩訶薩亦復如是，從初發心修行布施波羅蜜多，乃至般若波羅蜜多及餘無量無邊佛法，斷諸惡法：由此因緣，墮諸惡趣，無有是處，**生長壽天，亦無是處**，謂於彼處，諸勝善法不得現行。」】（《大正藏》冊七，頁 415，上 3-7）

14 一個三千大千世界就是指一個銀河系，也就是一佛所化的世界，例如我們所在的銀河系就是　釋迦世尊所住持教化的娑婆世界。

15《增壹阿含經》卷五十一〈大愛道般涅槃品　第五十二〉：【佛告比丘：「劫極長遠，我今與汝引譬，專意聽之，吾今當說。」爾時，比丘從佛受教。世尊告曰：「比丘當知，猶如鐵城，縱廣一由旬，芥子滿其中，無空缺處，設有人來，百歲取一芥子，其鐵城芥子猶有減盡，然後乃至為一劫，不可稱計。所以然者，生死長遠無有邊際，眾生恩愛縛著，流轉生死，死此生彼，無有窮已，我於其中厭患生死。如是，比丘！當求巧便，免此愛著之想。」……世尊告曰：「猶如大石山縱廣一由旬，高一由旬，設有人來手執天衣，百歲一拂，石猶磨滅，劫數難限。所以然者，劫數長遠，無有邊際。如此非一劫、百劫。所以然者，生死長遠，不可限量，無有邊際。眾生之類，無明所弊，流浪生死，無有出期，死此生彼，無有窮已，我於其中厭患生死。如是，比丘！當求巧便，免此愛著之想。」】（《大正藏》冊二，頁825，中19-下20）

16《起世因本經》卷九〈住世品　第十一〉：【諸比丘！於其中間，復有三災。何等為三？一者火災、二者水災、三者風災。其火災時，光音諸天，首免其災；水災之時，遍淨諸天，首免其災；風災之時，廣果諸天，首免其災。云何火災？諸比丘！火災之時，諸眾生輩，有於善行，所說如法，正見成就無有顛倒，具足而行十善業道，得無覺觀二禪，不用功修，自然而得。爾時，彼等諸眾生輩，以神通力住於虛空、住諸仙道、住諸天道、住梵行道，如是住已，受第二禪無覺觀樂，如是證知，成就具足，身壞即生光音天處。地獄眾生、畜生眾生、閻摩羅世、阿修羅世、四天王世、三十三天、夜摩、兜率、化樂天、他化自在，及魔身天，乃至梵世諸眾生輩，於人間生，悉皆成就無覺無觀，快樂證知，身壞即生光音天處。一切六道，悉皆斷絕，此則名為世間轉盡。……復次，云何有於風災？諸比丘！其風災時，諸眾生輩，如法修行成就正念，生第四禪廣果天處。其地獄中眾生，捨身還來人間，修清淨行成就四禪，亦復如是；畜生道中、閻羅世中、阿修羅中、四天王天、三十三天、夜摩、兜率、化樂、他化，及魔身天、梵世、光音、遍淨、少光等，成就四禪，廣說如上。】（《大正藏》冊一，頁409，下18-頁412，下19。）

17《增壹阿含經》卷十四〈高幢品 第二十四〉：

【聞如是：一時，佛在摩竭國道場樹下，初始得佛；爾時，世尊便作是念：「我今已得此甚深之法，難解、難了、難曉、難知，極微極妙智所覺知，我今當先與誰說法，使解吾法者是誰？」

爾時，世尊便作是念：「羅勒迦藍諸根純熟應先得度，又且待我有法。」作此念已，虛空中有天白世尊曰：「羅勒迦藍死已七日。」

是時，世尊復作念曰：「何其苦哉，不聞吾法，而取命終；設當聞吾法者，即得解脫。」

是時，世尊復作是念：「我今先與誰說法，使得解脫？今欝頭藍弗先應得度當與說之，聞吾法已，先得解脫。」世尊作是念，虛空中有天語言：「昨日夜半，已取命終。」

是時，世尊復作是念：「欝頭藍弗何其苦哉！不聞吾法，而取命過；設得聞吾法者，即得解脫。」】

（《大正藏》冊二，頁618，上27-中12）

18《阿毘達磨大毘婆沙論》卷一七七：

【問：「如契經說佛一一相百福莊嚴。何謂百福？」

答：「此中百思名爲百福。何謂百思？謂如菩薩造作增長足善住相業時，先起五十思，修治身器令淨調柔，次起一思正牽引彼，後復起五十思令其圓滿。譬如農夫先治畦壠，次下種子，後以糞水而覆溉之；彼亦如是，如足善住相業有如是百思莊嚴，乃至頂上烏瑟膩沙相業亦復如是。由此故說，佛一一相百福莊嚴。」

問：「何者是五十思耶？」

答：「依十業道各有五思，謂依離殺業道有五思：一、離殺思，二、勸導思，三、讚美思，四、隨喜思，五、迴向思。謂迴所修向菩提故，乃至正見亦爾，是名五十思。有說依十業道各起下、中、上、上勝、上極，五品善思如雜修靜慮。有說依十業道各起五思：一、加行淨，二、根本淨，三、後起淨，四、非尋所害，五、念攝受。」】（《大正藏》冊二十七，頁 889，下 8-23）

19 攝受眾生就是攝受正法，也是攝受佛土，這是《勝鬘經》〈攝受章　第四〉中所開示的正理，平實導師於《勝鬘經講記》第一輯中有一百多頁的詳細開示，其中詳述攝受眾生就是攝受佛土的正理，讀者可自行請購閱讀。

20 《瑜伽師地論》卷四十六〈菩薩功德品　第十八〉：「愛語攝事，於諸攝事最為殊勝。」（《大正藏》冊 30，頁 547，中 4-5）

21 《佛說決定毘尼經》：【優波離白佛言：「世尊！或有欲相應心而犯於戒，或有瞋相應心而犯於戒，或有癡相應心而犯於戒；世尊！菩薩犯戒，於欲相應心，瞋相應心，癡相應心，何者為重？」爾時世尊告優波離：「若有菩薩如恆河沙欲相應心而犯於戒，或有菩薩因一瞋心而犯於戒，等住菩薩大乘之道，因瞋犯者當知最重。所以者何？**因瞋恚故能捨眾生，因貪欲故於諸眾生而生親愛**。優波離！所有諸結能生親愛，菩薩於此不應生畏；所有諸結能捨眾生，菩薩於此應生大畏。優波離！如來先說欲難捨離為小犯，瞋易得離名為大犯。優波離！所有諸結犯小難離，大乘之人應當忍受。所有諸結犯大易離，大乘之人乃至夢中不應忍受。以是義故，大乘之人因欲犯者，我說是人不名為犯。因瞋犯者，我說是人名為大犯，名大過患，名大墮落，於佛法中是大留難。優波離！若有菩薩無有方便，欲相應心而犯於戒生於怖畏，於瞋犯戒不生怖畏。若有菩薩而有方便，恚相應心而犯於戒生於怖畏，

欲相應心而犯於戒不生怖畏。」】（《大正藏》冊 12，頁 40，中 17-下 10）

22《大乘修行菩薩行門諸經要集》卷上：【爾時佛告聖者優波離言：「若初修大乘行菩薩，以恆河沙劫，常犯貪欲種類罪故，若信受大乘而生一念瞋心，結罪重於貪欲。何以故？優波離！若瞋心發動則能捨棄眾生，若捨瞋，貪欲心發則攝眾生，菩薩而無厄難。何以故？優波離！佛說若犯貪欲捨離稍慢，犯罪稍輕；若犯瞋恚解離稍速，獲罪甚重；若犯愚癡解離則速得罪稍深。優波離當知：三毒輕重，如是修行，菩薩應當守護善巧方便智慧心故，無令缺犯。」】（《大正藏》冊 17，頁 943，下 20-29）

佛菩提二主要道次第概要表——二道並修，以外無別佛法

佛菩提道——大菩提道

十信位修集信心 —— 一劫乃至一萬劫

資糧位

初住位修集布施功德（以財施爲主）。

二住位修集持戒功德。

三住位修集忍辱功德。

四住位修集精進功德。

五住位修集禪定功德。

六住位修集般若功德（熏習般若中觀及斷我見，加行位也）。

外門廣修六度萬行

七住位明心般若正觀現前，親證本來自性清淨涅槃。

八住位起於一切法現觀般若中道。漸除性障。

十住位眼見佛性，世界如幻觀成就。

一至十行位，於廣行六度萬行中，依般若中道慧，現觀陰處界猶如陽焰，至第十行滿心位，陽焰觀成就。

一至十迴向位熏習一切種智；修除性障，唯留最後一分思惑不斷。第十迴向滿心位成就菩薩道如夢觀。

內門廣修六度萬行

遠波羅蜜多

見道位

初地：第十迴向位滿心時，成就道種智一分（八識心王一一親證後，領受五法、三自性、七種第一義、七種性自性、二種無我法）復由勇發十無盡願，成通達位菩薩。復又永伏性障而不具斷，能證慧解脫而不取證，由大願故留惑潤生。此地主修法施波羅蜜多及百法明門。證「猶如鏡像」現觀，故滿初地心。

二地：初地功德滿足以後，再成就道種智一分而入二地；主修戒波羅蜜多及一切種智。滿心位成就「猶如光影」現觀，戒行自然清淨。

解脫道：二乘菩提

斷三縛結，成初果解脫 →

薄貪瞋癡，成二果解脫 →

斷五下分結，成三果解脫 →

入地前的四加行令煩惱障現行悉斷，成四果解脫，留惑潤生。分段生死已斷，煩惱障習氣種子開始斷除，兼斷無始無明上煩惱。

近波羅蜜多　　大波羅蜜多　　圓滿波羅蜜多

修道位　　究竟位

三地：由二地滿心再證道種智一分，故入三地。此地主修忍波羅蜜多及四禪八定、四無量心、五神通。能成就俱解脫果而不取證，留惑潤生。滿心位成就「猶如谷響」現觀及無漏妙定意生身。

四地：由三地再證道種智一分故入四地。主修精進波羅蜜多，於此土及他方世界廣度有緣，無有疲倦。進修一切種智，滿心位成就「如水中月」現觀。

五地：由四地再證道種智一分故入五地。主修禪定波羅蜜多及一切種智，斷除下乘涅槃貪。滿心位成就「變化所成」現觀。

六地：由五地再證道種智一分故入六地。此地主修般若波羅蜜多——依道種智現觀十二因緣一一有支及意生身化身，皆自心眞如變化所現，「非有似有」，成就細相觀，不由加行而自然證得滅盡定，成俱解脫大乘無學。

七地：由六地「非有似有」現觀，再證道種智一分故入七地。此地主修一切種智及方便波羅蜜多，由重觀十二有支一一支中之流轉門及還滅門一切細相，成就方便善巧，念念隨入滅盡定。滿心位證得「如犍闥婆城」現觀。

七地滿心斷除故意保留之最後一分思惑時，煩惱障所攝色、受、想三陰有漏習氣種子全部斷盡。

八地：由七地極細相觀成就故再證道種智一分而入八地。此地主修一切種智及願波羅蜜多。至滿心位純無相觀任運恆起，故於相土自在，滿心位復證「如實覺知諸法相意生身」故。

九地：由八地再證道種智一分故入九地。主修力波羅蜜多及一切種智，成就四無礙，滿心位證得「種類俱生無行作意生身」。

十地：由九地再證道種智一分故入此地。此地主修一切種智——智波羅蜜多。滿心位起大法智雲，及現起大法智雲所含藏種種功德，成受職菩薩。

等覺：由十地道種智成就故入此地。此地應修一切種智，圓滿等覺地無生法忍；於百劫中修集極廣大福德，以之圓滿三十二大人相及無量隨形好。

煩惱障所攝行、識二陰無漏習氣種子任運漸斷，所知障所攝上煩惱任運漸斷。

妙覺：示現受生人間已斷盡煩惱障一切習氣種子，並斷盡所知障一切隨眠，永斷變易生死無明，成就大般涅槃，四智圓明。人間捨壽後，報身常住色究竟天利樂十方地上菩薩；以諸化身利樂有情，永無盡期，成就究竟佛道。

斷盡變易生死
成就大般涅槃

圓滿成就究竟佛果

佛子蕭平實　謹製
（二〇〇九、〇二　修訂）
（二〇一二、〇二　增補）

佛教正覺同修會〈修學佛道次第表〉

第一階段

* 以憶佛及拜佛方式修習動中定力。
* 學第一義佛法及禪法知見。
* 無相拜佛功夫成就。
* 具備一念相續功夫—動靜中皆能看話頭。
* 努力培植福德資糧，勤修三福淨業。

第二階段

* 參話頭，參公案。
* 開悟明心，一片悟境。
* 鍛鍊功夫求見佛性。
* 眼見佛性〈餘五根亦如是〉親見世界如幻，成就如幻觀。
* 學習禪門差別智。
* 深入第一義經典。
* 修除性障及隨分修學禪定。
* 修證十行位陽焰觀。

第三階段

* 學一切種智真實正理—楞伽經、解深密經、成唯識論…。
* 參究末後句。
* 解悟末後句。
* 透牢關—親自體驗所悟末後句境界，親見實相，無得無失。
* 救護一切眾生迴向正道。護持了義正法，修證十迴向位如夢觀。
* 發十無盡願，修習百法明門，親證猶如鏡像現觀。
* 修除五蓋，發起禪定。持一切善法戒。親證猶如光影現觀。
* 進修四禪八定、四無量心、五神通。進修大乘種智，求證猶如谷響現觀。

佛教正覺同修會 共修現況 及 招生公告　2021/04/21

一、共修現況：（請在共修時間來電，以免無人接聽。）

台北正覺講堂 103 台北市承德路三段 277 號九樓 捷運淡水線圓山站旁
Tel..**總機** 02-25957295（晚上）（**分機：九樓**辦公室 10、11；知客櫃檯 12、13。 **十樓**知客櫃檯 15、16；書局櫃檯 14。 **五樓**辦公室 18；知客櫃檯 19。**二樓**辦公室 20；知客櫃檯 21。）
Fax..25954493

第一講堂 台北市承德路三段 277 號九樓

禪淨班：週一晚班、週三晚班、週四晚班、週五晚班、週六下午班、週六上午班（共修期間二年半，全程免費。皆須報名建立學籍後始可參加共修，欲報名者詳見本公告末頁。）

增上班：瑜伽師地論詳解：單週六晚班。雙週六晚班（重播班）。17.50～20.50。平實導師講解，2003 年 2 月開講至今，僅限已明心之會員參加。

禪門差別智：每月第一週日全天　平實導師主講（事冗暫停）。

解深密經詳解　本經從六度波羅蜜多談到八識心王，再詳論大乘見道所證眞如，然後論及悟後進修的相見道位所觀七眞如，以及入地後的十地所修，乃至成佛時的四智圓明一切種智境界，皆是可修可證之法，流傳至今依舊可證，顯示佛法眞是義學而非玄談，淺深次第皆所論及之第一義諦妙義。已於 2021 年三月下旬起開講，由 平實導師詳解。每逢週二晚上開講，第一至第六講堂都可同時聽聞，歡迎菩薩種性學人，攜眷共同參與此殊勝法會現場聞法，不限制聽講資格。本會學員憑上課證進入第一至第四講堂聽講，會外學人請以身分證件換證進入聽講（此爲大樓管理處安全管理規定之要求，敬請諒解）；第五及第六講堂（B1、B2）對外開放，不需出示任何證件，請由大樓側門直接進入。

第二講堂 台北市承德路三段 267 號十樓。

禪淨班：週一晚班。

進階班：週三晚班、週四晚班、週五晚班、週六早班、週六下午班。禪淨班結業後轉入共修。

解深密經詳解：平實導師講解。每週二 18.50~20.50 影像音聲即時傳輸

第三講堂 台北市承德路三段 277 號五樓。

禪淨班：週六下午班。

進階班：週一晚班、週三晚班、週四晚班、週五晚班。

解深密經詳解：平實導師講解。每週二 18.50~20.50 影像音聲即時傳輸

第四講堂　台北市承德路三段 267 號二樓。

進階班：週一晚班、週三晚班、週四晚班（禪淨班結業後轉入共修）。

解深密經詳解：平實導師講解。每週二 18.50~20.50 影像音聲即時傳輸。

第五、第六講堂

念佛班　每週日晚上，第六講堂共修（B2），一切求生極樂世界的三寶弟子皆可參加，不限制共修資格。

進階班：週一晚班、週三晚班、週四晚班。

解深密經詳解：平實導師講解。每週二 18.50~20.50 影像音聲即時傳輸。

第五、第六講堂爲**開放式講堂**，不需以身分證件換證即可進入聽講，台北市承德路三段 267 號地下一樓、地下二樓。每逢週二晚上講經時段開放給會外人士自由聽經，請由大樓側面梯階逕行進入聽講。**聽講者請尊重講者的著作權及肖像權，請勿錄音錄影，以免違法；若有錄音錄影被查獲者，將依法處理。**

正覺祖師堂　大溪區美華里信義路 650 巷坑底 5 之 6 號（台 3 號省道 34 公里處 妙法寺對面斜坡道進入）電話 03-3886110　傳眞 03-3881692 本堂供奉 克勤圓悟大師，專供會員每年四月、十月各三次精進禪三共修，兼作本會出家菩薩掛單常住之用。開放參訪日期請參見本會公告。教內共修團體或道場，得另申請其餘時間作團體參訪，務請事先與常住確定日期，以便安排常住菩薩接引導覽，亦免妨礙常住菩薩之日常作息及修行。

桃園正覺講堂（第一、第二講堂）：桃園市介壽路 286、288 號 10 樓（陽明運動公園對面）電話：03-3749363（請於共修時聯繫，或與台北聯繫）

禪淨班：週一晚班（1）、週一晚班（2）、週三晚班、週四晚班、週五晚班。

進階班：週四晚班、週五晚班、週六上午班。

增上班：雙週六晚班（增上重播班）。

解深密經詳解：平實導師講解。每週二晚上，以台北正覺講堂所錄 DVD 放映；歡迎會外學人共同聽講，不需出示身分證件。

新竹正覺講堂　新竹市東光路 55 號二樓之一　電話 03-5724297（晚上）

第一講堂：

禪淨班：週五晚班。

進階班：週三晚班、週四晚班、週六上午班。由禪淨班結業後轉入共修

增上班：單週六晚班。雙週六晚班（重播班）。

解深密經詳解：平實導師講解。每週二晚上，以台北正覺講堂所錄 DVD 放映。歡迎會外學人共同聽講，不需出示身分證件。

第二講堂：

禪淨班：週一晚班、週三晚班、週四晚班、週六上午班。

解深密經詳解：每週二晚上與第一講堂同步播放講經 DVD。

第三、第四講堂：裝修完畢，即將開放。

台中正覺講堂　04-23816090（晚上）

第一講堂　台中市南屯區五權西路二段 666 號 13 樓之四（國泰世華銀行樓上。鄰近縣市經第一高速公路前來者，由五權西路交流道可以快速到達，大樓旁有停車場，對面有素食館）。

禪淨班：週四晚班、週五晚班。

進階班：週一晚班、週三晚班、週六上午班（由禪淨班結業後轉入共修）。

增上班：單週六晚班。雙週六晚班（重播班）。

解深密經詳解：平實導師講解。每週二晚上，以台北正覺講堂所錄 DVD 放映。歡迎會外學人共同聽講，不需出示身分證件。

第二講堂　台中市南屯區五權西路二段 666 號 4 樓

禪淨班：週一晚班、週三晚班。

第三講堂台中市南屯區五權西路二段 666 號 4 樓

禪淨班：週一晚班。

第四講堂台中市南屯區五權西路二段 666 號 4 樓。

進階班：週一晚班、週四晚班、週六上午班，由禪淨班結業後轉入共修

解深密經詳解：每週二晚上與第一講堂同步播放講經 DVD。

嘉義正覺講堂　嘉義市友愛路 288 號八樓之一　電話：05-2318228

第一講堂：

禪淨班：週四晚班、週五晚班、週六上午班。

進階班：週一晚班、週三晚班（由禪淨班結業後轉入共修）。

增上班：單週六晚班。雙週六晚班（重播班）。

解深密經詳解：平實導師講解。每週二晚上，以台北正覺講堂所錄 DVD 放映。歡迎會外學人共同聽講，不需出示身分證件。

第二講堂　嘉義市友愛路 288 號八樓之二。

第三講堂　嘉義市友愛路 288 號四樓之七。

禪淨班：週一晚班、週三晚班。

台南正覺講堂

第一講堂　台南市西門路四段 15 號 4 樓。06-2820541（晚上）

禪淨班：週一晚班、週三晚班、週四晚班、週五晚班、週六下午班。

增上班：單週六晚班。雙週六晚班（重播班）。

第二講堂　台南市西門路四段 15 號 3 樓。

解深密經詳解：每週二晚上與第三講堂同步播放講經 DVD。

第三講堂　台南市西門路四段 15 號 3 樓。

進階班：週一晚班、週三晚班、週四晚班、週五晚班（由禪淨班結業後轉入共修）。

解深密經詳解：平實導師講解。每週二晚上，以台北正覺講堂所錄 DVD 放映。歡迎會外學人共同聽講，不需出示身分證件。。

高雄正覺講堂　高雄市新興區中正三路 45 號五樓 07-2234248（晚上）

第一講堂（五樓）：

禪淨班：週一晚班、週三晚班、週四晚班、週五晚班、週六上午班。

增上班：單週六晚班。雙週六晚班（重播班）。

解深密經詳解：平實導師講解。每週二晚上，以台北正覺講堂所錄 DVD 放映。歡迎會外學人共同聽講，不需出示身分證件。

第二講堂（四樓）：

進階班：週三晚班、週四晚班、週六上午班（由禪淨班結業後轉入共修）。

解深密經詳解：每週二晚上與第一講堂同步播放講經 DVD。

第三講堂（三樓）：

進階班：週四晚班（由禪淨班結業後轉入共修）。

香港正覺講堂

香港新界葵涌打磚坪街 93 號維京科技商業中心A 座 18 樓。

電話：(852) 23262231

英文地址：18/F, Tower A, Viking Technology & Business Centre, 93 Ta Chuen Ping Street, Kwai Chung, N.T., Hong Kong.

禪淨班：雙週六下午班、雙週日下午班、單週六下午班、單週日下午班

進階班：雙週五晚上班、雙週日早上班（由禪淨班結業後轉入共修）。

增上班：每月第一週週日，以台北增上班課程錄成 DVD 放映之。

增上重播班：每月第一週週六，以台北增上班課程錄成 DVD 放映之。

大法鼓經詳解：平實導師講解。每週六、日 19:00～21:00，以台北正覺講堂所錄 DVD 放映;歡迎會外學人共同聽講,不需出示身分證件。

美國洛杉磯正覺講堂　**☆已遷移新址☆**

825 S. Lemon Ave Diamond Bar, CA 91789 U.S.A.

Tel. (909) 595-5222（請於週六 9:00~18:00 之間聯繫）

Cell. (626) 454-0607

禪淨班：每逢週末 16：00~18：00 上課。

進階班：每逢週末上午 10：00~12：00 上課。

解深密經詳解：平實導師講解。每週六下午 13：30~15：30 以台北所錄 DVD 放映。歡迎各界人士共享第一義諦無上法益，不需報名。

二、招生公告 本會台北講堂及全省各講堂、香港講堂，每逢四月、十月下旬開新班，每週共修一次（每次二小時。開課日起三個月內仍可插班）；但美國洛杉磯共修處之禪淨班得隨時插班共修。各班共修期間皆為二年半，全程免費，欲參加者請向本會函索報名表（各共修處皆於共修時間方有人執事，非共修時間請勿電詢或前來洽詢、請書），或直接從本會官方網站(http://www.enlighten.org.tw/newsflash/class)或成佛之道網站下載報名表。共修期滿時，若經報名禪三審核通過者，可參加四天三夜之禪三精進共修，有機會明心、取證如來藏，發起般若實相智慧，成為實義菩薩，脫離凡夫菩薩位。

三、新春禮佛祈福 農曆年假期間停止共修：自農曆新年前七天起停止共修與弘法，正月 8 日起回復共修、弘法事務。新春期間正月初一～初七 9.00～17.00 開放台北講堂、正月初一~初三開放新竹、台中、嘉義、台南、高雄講堂，以及大溪禪三道場（正覺祖師堂），方便會員供佛、祈福及會外人士請書。美國洛杉磯共修處之休假時間，請逕詢該共修處。

密宗四大派修雙身法，是外道性力派的邪法；又以生滅的識陰作為常住法，是常見外道，是假的藏傳佛教。

西藏覺囊巴以他空見弘揚第八識如來藏勝法，才是真藏傳佛教

佛教正覺同修會　弘法行事表　2021/04/21

1、**禪淨班**　以無相念佛及拜佛方式修習動中定力，實證一心不亂功夫。傳授解脫道正理及第一義諦佛法，以及參禪知見。共修期間：二年六個月。每逢四月、十月開新班，詳見招生公告表。

2、**進階班**　禪淨班畢業後得轉入此班，進修更深入的佛法，期能證悟明心。各地講堂各有多班，繼續深入佛法、增長定力，悟後得轉入增上班修學道種智，期能證得無生法忍。

3、**增上班 瑜伽師地論**詳解　詳解論中所言凡夫地至佛地等 17 師之修證境界與理論，從凡夫地、聲聞地……宣演到諸地所證無生法忍、一切種智之眞實正理。由平實導師開講，每逢一、三、五週之週末晚上開示，僅限已明心之會員參加。2003 年二月開講至今，預定 2021 年講畢。

4、**解深密經**詳解　本經所說妙法極爲甚深難解，非唯論及佛法中心主旨的八識心王及般若實證之標的，亦論及眞見道之後轉入相見道位中應該修學之法，即是七眞如之觀行內涵，然後始可入地。亦論及見道之後，如何與解脫及佛菩提智相應，兼論十地進修之道，末論如來法身及四智圓明的一切種智境界。如是眞見道、相見道、諸地修行之義，傳至今時仍然可證，顯示佛法眞是義學而非玄談或思想，有實證之標的與內容，非諸思惟研究者之所能到，乃是離言絕句之第八識第一義諦妙義。已於 2021 年三月下旬開講，由平實導師詳解。不限制聽講資格。

5、**精進禪三**　主三和尙：平實導師。於四天三夜中，以克勤圓悟大師及大慧宗杲之禪風，施設機鋒與小參、公案密意之開示，幫助會員剋期取證，親證不生不滅之眞實心——人人本有之如來藏。每年四月、十月各舉辦三個梯次；平實導師主持。僅限本會會員參加禪淨班共修期滿，報名審核通過者，方可參加。並選擇會中定力、慧力、福德三條件皆已具足之已明心會員，給以指引，令得眼見自己無形無相之佛性遍佈山河大地，眞實而無障礙，得以肉眼現觀世界身心悉皆如幻，具足成就如幻觀，圓滿十住菩薩之證境。

6、**阿含經**詳解　選擇重要之阿含部經典，依無餘涅槃之實際而加以詳解，令大眾得以現觀諸法緣起性空，亦復不墮斷滅見中，顯示經中所隱說之涅槃實際—如來藏—確實已於四阿含中隱說；令大眾得以聞後觀行，確實斷除我見乃至我執，證得**見到**眞現觀，乃至**身證**……等眞現觀；已得大乘或二乘見道者，亦可由此聞熏及聞後之觀行，除斷我所之貪著，成就慧解脫果。由平實導師詳解。不限制聽講資格。

7、**成唯識論**詳解　詳解一切種智眞實正理，詳細剖析一切種智之微細深妙廣大正理；並加以舉例說明，使已悟之會員深入體驗所證如來藏之微密行相；及證驗見分相分與所生一切法，皆由如來藏—阿賴耶識一直接或展轉而生，因此證知一切法無我，證知無餘涅槃之本際。將於增上班《瑜伽師地論》講畢後，由平實導師重講。僅限已明心之會員參加。

8、**精選如來藏系經典**詳解　精選如來藏系經典一部，詳細解說，以此完全印證會員所悟如來藏之眞實，得入不退轉住。另行擇期詳細解說之，由平實導師講解。僅限已明心之會員參加。

9、**禪門差別智**　藉禪宗公案之微細淆訛難知難解之處，加以宣說及剖析，以增進明心、見性之功德，啓發差別智，建立擇法眼。每月第一週日全天，由平實導師開示，僅限破參明心後，復又眼見佛性者參加（事冗暫停）。

10、**枯木禪**　先講智者大師的《小止觀》，後說《釋禪波羅蜜》，詳解四禪八定之修證理論與實修方法，細述一般學人修定之邪見與岔路，及對禪定證境之誤會，消除枉用功夫、浪費生命之現象。已悟般若者，可以藉此而實修初禪，進入大乘通教及聲聞教的三果心解脫境界，配合應有的大福德及後得無分別智、十無盡願，即可進入初地心中。親教師：平實導師。未來緣熟時將於正覺寺開講。不限制聽講資格。

註：本會例行年假，自 2004 年起，改爲每年農曆新年前七天開始停息弘法事務及共修課程，農曆正月 8 日回復所有共修及弘法事務。新春期間（每日 9.00~17.00）開放台北講堂，方便會員禮佛祈福及會外人士請書。大溪區的正覺祖師堂，開放參訪時間，詳見〈正覺電子報〉或成佛之道網站。本表得因時節因緣需要而隨時修改之，不另作通知。

佛教正覺同修會　贈閱書籍 目錄　　2018/10/20

1.**無相念佛**　平實導師著　回郵 36 元
2.**念佛三昧修學次第**　平實導師述著　回郵 52 元
3.**正法眼藏—護法集**　平實導師述著　回郵 76 元
4.**真假開悟簡易辨正法&佛子之省思**　平實導師著　回郵 26 元
5.**生命實相之辨正**　平實導師著　回郵 31 元
6.**如何契入念佛法門**（附：印順法師否定極樂世界）平實導師著　回郵 26 元
7.**平實書箋**—答元覽居士書　平實導師著　回郵 52 元
8.**三乘唯識**—如來藏系經律彙編　平實導師編　回郵 80 元
（精裝本　長 27 cm　寬 21 cm　高 7.5 cm　重 2.8 公斤）
9.**三時繫念全集**—修正本　回郵掛號 52 元（長 26.5 cm×寬 19 cm）
10.**明心與初地**　平實導師述　回郵 31 元
11.**邪見與佛法**　平實導師述著　回郵 36 元
12.**甘露法雨**　平實導師述　回郵 36 元
13.**我與無我**　平實導師述　回郵 36 元
14.**學佛之心態**—修正錯誤之學佛心態始能與正法相應 孫正德老師著 回郵52元
附錄：平實導師著**《略說八、九識並存…等之過失》**
15.**大乘無我觀**—《悟前與悟後》別說　平實導師述著　回郵 36 元
16.**佛教之危機**—中國台灣地區現代佛教之真相（附錄：公案拈提六則）
平實導師著　回郵 52 元
17.**燈　影**—燈下黑（覆「求教後學」來函等）　平實導師著　回郵 76 元
18.**護法與毀法**—覆上平居士與徐恒志居士網站毀法二文
張正圜老師著　回郵 76 元
19.**淨土聖道**—兼評選擇本願念佛　正德老師著　由正覺同修會購贈 回郵 52 元
20.**辨唯識性相**—對「紫蓮心海《辯唯識性相》書中否定阿賴耶識」之回應
正覺同修會 台南共修處法義組 著　回郵 52 元
21.**假如來藏**—對法蓮法師《如來藏與阿賴耶識》書中否定阿賴耶識之回應
正覺同修會 台南共修處法義組 著　回郵 76 元
22.**入不二門**—公案拈提集錦 第一輯（於平實導師公案拈提諸書中選錄約二十則，
合輯爲一冊流通之）平實導師著　回郵 52 元
23.**真假邪說**—西藏密宗索達吉喇嘛《破除邪說論》真是邪說
釋正安法師著　上、下冊回郵各 52 元
24.**真假開悟**—真如、如來藏、阿賴耶識間之關係　平實導師述著　回郵 76 元
25.**真假禪和**—辨正釋傳聖之謗法謬說　孫正德老師著　回郵 76 元
26.**眼見佛性**—駁慧廣法師眼見佛性的含義文中謬說
游正光老師著　回郵 52 元

27.**普門自在**—公案拈提集錦 第二輯（於平實導師公案拈提諸書中選錄約二十則，合輯爲一冊流通之）平實導師著 回郵 52 元

28.**印順法師的悲哀**—以現代禪的質疑為線索 恒毓博士著 回郵 52 元

29.**識蘊真義**—現觀識蘊內涵、取證初果、親斷三縛結之具體行門。
—依《成唯識論》及《惟識述記》正義，略顯安慧《大乘廣五蘊論》之邪謬 平實導師著 回郵 76 元

30.**正覺電子報** 各期紙版本 免附回郵 每次最多函索三期或三本。
（已無存書之較早各期，不另增印贈閱）

31.**現代人應有的宗教觀** 蔡正禮老師 著 回郵 31 元

32.**遠惑趣道**—正覺電子報般若信箱問答錄 第一輯 回郵 52 元

33.**遠惑趣道**—正覺電子報般若信箱問答錄 第二輯 回郵 52 元

34.**確保您的權益**—器官捐贈應注意自我保護 游正光老師 著 回郵 31 元

35.**正覺教團電視弘法三乘菩提 DVD 光碟（一）**

由正覺教團多位親教師共同講述錄製 DVD 8 片，MP3 一片，共 9 片。有二大講題：一爲「三乘菩提之意涵」，二爲「學佛的正知見」。內容精闢，深入淺出，精彩絕倫，幫助大眾快速建立三乘法道的正知見，免被外道邪見所誤導。有志修學三乘佛法之學人不可不看。（製作工本費 100 元，回郵 52 元）

36.**正覺教團電視弘法 DVD 專輯（二）**

總有二大講題：一爲「三乘菩提之念佛法門」，一爲「學佛正知見（第二篇）」，由正覺教團多位親教師輪番講述，內容詳細闡述如何修學念佛法門、實證念佛三昧，以及學佛應具有的正確知見，可以幫助發願往生西方極樂淨土之學人，得以把握往生，更可令學人快速建立三乘法道的正知見，免於被外道邪見所誤導。有志修學三乘佛法之學人不可不看。（一套 17 片，工本費 160 元。回郵 76 元）

37.**喇嘛性世界**—揭開假藏傳佛教譚崔瑜伽的面紗 張善思 等人合著
由正覺同修會購贈 回郵 52 元

38.**假藏傳佛教的神話**—性、謊言、喇嘛教 張正玄教授編著
由正覺同修會購贈 回郵 52 元

39.**隨 緣**—理隨緣與事隨緣 平實導師述 回郵 52 元。

40.**學佛的覺醒** 正枝居士 著 回郵 52 元

41.**導師之真實義** 蔡正禮老師 著 回郵 31 元

42.**淺談達賴喇嘛之雙身法**—兼論解讀「密續」之達文西密碼
吳明芷居士 著 回郵 31 元

43.**魔界轉世** 張正玄居士 著 回郵 31 元

44.**一貫道與開悟** 蔡正禮老師 著 回郵 31 元

45.**博愛**—愛盡天下女人 正覺教育基金會 編印 回郵 36 元

46.**意識虛妄經教彙編**—實證解脫道的關鍵經文 正覺同修會編印 回郵 36 元

47.**邪箭囈語**—破斥藏密外道多識仁波切《破魔金剛箭雨論》之邪說

陸正元老師著　上、下冊回郵各 52 元

48.**真假沙門**—依　佛聖教闡釋佛教僧寶之定義

蔡正禮老師著　俟正覺電子報連載後結集出版

49.**真假禪宗**—藉評論釋性廣《印順導師對變質禪法之批判及對禪宗之肯定》以顯示真假禪宗

附論一：凡夫知見　無助於佛法之信解行證

附論二：世間與出世間一切法皆從如來藏實際而生而顯

余正偉老師著　俟正覺電子報連載後結集出版　回郵未定

★ 上列贈書之郵資，係台灣本島地區郵資，大陸、港、澳地區及外國地區，請另計酌增（大陸、港、澳、國外地區之郵票不許通用）。尚未出版之書，請勿先寄來郵資，以免增加作業煩擾。

★ 本目錄若有變動，唯於後印之書籍及「成佛之道」網站上修正公佈之，不另行個別通知。

函索書籍請寄：佛教正覺同修會　103 台北市承德路 3 段 277 號 9 樓

台灣地區函索書籍者請附寄郵票，無時間購買郵票者可以等值現金抵用，但不接受郵政劃撥、支票、匯票。大陸地區得以人民幣計算，國外地區請以美元計算（請勿寄來當地郵票，在台灣地區不能使用）。欲以掛號寄遞者，請另附掛號郵資。

親自索閱：正覺同修會各共修處。　★請於共修時間前往取書，餘時無人在道場，請勿前往索取；共修時間與地點，詳見書末正覺同修會共修現況表（以近期之共修現況表爲準）。

註：正智出版社發售之局版書，請向各大書局購閱。若書局之書架上已經售出而無陳列者，請向書局櫃台指定洽購；若書局不便代購者，請於正覺同修會共修時間前往各共修處請購，正智出版社已派人於共修時間送書前往各共修處流通。 郵政劃撥購書及 大陸地區 購書，請詳別頁正智出版社發售書籍目錄最後頁之說明。

成佛之道 網站：http://www.a202.idv.tw　正覺同修會已出版之結緣書籍，多已登載於 成佛之道 網站，若住外國、或住處遙遠，不便取得正覺同修會贈閱書籍者，可以從本網站閱讀及下載。　書局版之《宗通與說通》亦已上網，台灣讀者可向書局洽購，售價 300 元。《狂密與眞密》第一輯~第四輯，亦於 2003.5.1.全部於本網站登載完畢；台灣地區讀者請向書局洽購，每輯約 400 頁，售價 300 元（網站下載紙張費用較貴，容易散失，難以保存，亦較不精美）。

＊＊假藏傳佛教修雙身法，非佛教＊＊

正智出版社 籌募弘法基金發售書籍目錄 2020/11/14

1.**宗門正眼**—公案拈提 第一輯 重拈 平實導師著 500 元
因重寫內容大幅度增加故，字體必須改小，並增爲 576 頁 主文 546 頁。比初版更精彩、更有內容。初版《禪門摩尼寶聚》之讀者，可寄回本公司免費調換新版書。免附回郵，亦無截止期限。（2007 年起，每冊附贈本公司精製公案拈提〈超意境〉CD 一片。市售價格 280 元，多購多贈。）

2.**禪淨圓融** 平實導師著 200 元（第一版舊書可換新版書。）

3.**真實如來藏** 平實導師著 400 元

4.**禪—悟前與悟後** 平實導師著 上、下冊，每冊 250 元

5.**宗門法眼**—公案拈提 第二輯 平實導師著 500 元
（2007 年起，每冊附贈本公司精製公案拈提〈超意境〉CD 一片）

6.**楞伽經詳解** 平實導師著 全套共 10 輯 每輯 250 元

7.**宗門道眼**—公案拈提 第三輯 平實導師著 500 元
（2007 年起，每冊附贈本公司精製公案拈提〈超意境〉CD 一片）

8.**宗門血脈**—公案拈提 第四輯 平實導師著 500 元
（2007 年起，每冊附贈本公司精製公案拈提〈超意境〉CD 一片）

9.**宗通與說通**—成佛之道 平實導師著 主文 381 頁 全書 400 頁售價 300 元

10.**宗門正道**—公案拈提 第五輯 平實導師著 500 元
（2007 年起，每冊附贈本公司精製公案拈提〈超意境〉CD 一片）

11.**狂密與真密 一～四輯** 平實導師著 西藏密宗是人間最邪淫的宗教，本質不是佛教，只是披著佛教外衣的印度教性力派流毒的喇嘛教。此書中將西藏密宗密傳之男女雙身合修樂空雙運所有祕密與修法，毫無保留完全公開，並將全部喇嘛們所不知道的部分也一併公開。內容比大辣出版社喧騰一時的《西藏慾經》更詳細。並且函蓋藏密的所有祕密及其錯誤的中觀見、如來藏見……等，藏密的所有法義都在書中詳述、分析、辨正。每輯主文三百餘頁 每輯全書約 400 頁 售價每輯 300 元

12.**宗門正義**—公案拈提 第六輯 平實導師著 500 元
（2007 年起，每冊附贈本公司精製公案拈提〈超意境〉CD 一片）

13.**心經密意**—心經與解脱道、佛菩提道、祖師公案之關係與密意 平實導師述 300 元

14.**宗門密意**—公案拈提 第七輯 平實導師著 500 元
（2007 年起，每冊附贈本公司精製公案拈提〈超意境〉CD 一片）

15.**淨土聖道**—兼評「選擇本願念佛」 正德老師著 200 元

16.**起信論講記** 平實導師述著 共六輯 每輯三百餘頁 售價各 250 元

17.**優婆塞戒經講記** 平實導師述著 共八輯 每輯三百餘頁 售價各 250 元

18.**真假活佛**—略論附佛外道盧勝彥之邪説（對前岳靈犀網站主張「盧勝彥是證悟者」之修正） 正犀居士（岳靈犀）著 流通價 140 元

19.**阿含正義**—唯識學探源 平實導師著 共七輯 每輯 300 元

20.**超意境** CD 以平實導師公案拈提書中超越意境之頌詞，加上曲風優美的旋律，錄成令人嚮往的超意境歌曲，其中包括正覺發願文及平實導師親自譜成的黃梅調歌曲一首。詞曲雋永，殊堪翫味，可供學禪者吟詠，有助於見道。內附設計精美的彩色小冊，解說每一首詞的背景本事。每片 280 元。【每購買公案拈提書籍一冊，即贈送一片。】

21.**菩薩底憂鬱** CD 將菩薩情懷及禪宗公案寫成新詞，並製作成超越意境的優美歌曲。 1.主題曲〈菩薩底憂鬱〉，描述地後菩薩能離三界生死而迴向繼續生在人間，但因尚未斷盡習氣種子而有極深沈之憂鬱，非三賢位菩薩及二乘聖者所知，此憂鬱在七地滿心位方才斷盡；本曲之詞中所說義理極深，昔來所未曾見；此曲係以優美的情歌風格寫詞及作曲，聞者得以激發嚮往諸地菩薩境界之大心，詞、曲都非常優美，難得一見；其中勝妙義理之解說，已印在附贈之彩色小冊中。 2.以各輯公案拈提中直示禪門入處之頌文，作成各種不同曲風之超意境歌曲，値得玩味、參究；聆聽公案拈提之優美歌曲時，請同時閱讀內附之印刷精美說明小冊，可以領會超越三界的證悟境界；未悟者可以因此引發求悟之意向及疑情，眞發菩提心而邁向求悟之途，乃至因此眞實悟入般若，成眞菩薩。 3.正覺總持咒新曲，總持佛法大意；總持咒之義理，已加以解說並印在隨附之小冊中。本 CD 共有十首歌曲，長達 63 分鐘。每盒各附贈二張購書優惠券。每片 280 元。

22.**禪意無限** CD 平實導師以公案拈提書中偈頌寫成不同風格曲子，與他人所寫不同風格曲子共同錄製出版，幫助參禪人進入禪門超越意識之境界。盒中附贈彩色印製的精美解說小冊，以供聆聽時閱讀，令參禪人得以發起參禪之疑情，即有機會證悟本來面目而發起實相智慧，實證大乘菩提般若，能如實證知般若經中的眞實意。本 CD 共有十首歌曲，長達 69 分鐘，每盒各附贈二張購書優惠券。每片 280 元。

23.**我的菩提路**第一輯　釋悟圓、釋善藏等人合著　售價 300 元

24.**我的菩提路**第二輯　郭正益等人合著　售價 300 元（停售，俟改版後另行發售）

25.**我的菩提路**第三輯　王美伶等人合著　售價 300 元

26.**我的菩提路**第四輯　陳晏平等人合著　售價 300 元

27.**我的菩提路**第五輯　林慈慧等人合著　售價 300 元

28.**我的菩提路**第六輯　劉惠莉等人合著　售價 300 元

29.**我的菩提路**第七輯　余正偉等人合著　售價 300 元　預定 2021/6/30 出版

30.**鈍鳥與靈龜**—考證後代凡夫對大慧宗杲禪師的無根誹謗。

平實導師著　共 458 頁　售價 350 元

31.**維摩詰經講記**　平實導師述　共六輯　每輯三百餘頁　售價各 250 元

32.**真假外道**—破劉東亮、杜大威、釋證嚴常見外道見　正光老師著　200 元

33.**勝鬘經講記**—兼論印順《勝鬘經講記》對於《勝鬘經》之誤解。

平實導師述　共六輯　每輯三百餘頁　售價250 元

34.**楞嚴經講記** 平實導師述 共**15**輯，每輯三百餘頁 售價300元

35.**明心與眼見佛性**—駁慧廣〈蕭氏「眼見佛性」與「明心」之非〉文中謬説
正光老師著 共448頁 售價300元

36.**見性與看話頭** 黃正倖老師 著，本書是禪宗參禪的方法論。
內文375頁，全書416頁，售價300元。

37.**達賴真面目**—玩盡天下女人 白正偉老師 等著 中英對照彩色精裝大本800元

38.**喇嘛性世界**—揭開假藏傳佛教譚崔瑜伽的面紗 張善思 等人著 200元

39.**假藏傳佛教的神話**—性、謊言、喇嘛教 正玄教授編著 200元

40.**金剛經宗通** 平實導師述 共九輯 每輯售價250元。

41.**空行母**—性別、身分定位，以及藏傳佛教。
珍妮·坎貝爾著 呂艾倫 中譯 售價250元

42.**末代達賴**—性交教主的悲歌 張善思、呂艾倫、辛燕編著 售價250元

43.**霧峰無霧**—給哥哥的信 辨正釋印順對佛法的無量誤解
游宗明 老師著 售價250元

44.**霧峰無霧**—第二輯—救護佛子向正道 細說釋印順對佛法的各類誤解
游宗明 老師著 售價250元

45.**第七意識與第八意識？**—穿越時空「超意識」
平實導師述 每冊300元

46.**黯淡的達賴**—失去光彩的諾貝爾和平獎
正覺教育基金會編著 每冊250元

47.**童女迦葉考**—論呂凱文〈佛教輪迴思想的論述分析〉之謬。
平實導師 著 定價180元

48.**人間佛教**—實證者必定不悖三乘菩提
平實導師 述，定價400元

49.**實相經宗通** 平實導師述 共八輯 每輯250元

50.**真心告訴您(一)**—達賴喇嘛在幹什麼？
正覺教育基金會編著 售價250元

51.**中觀金鑑**—詳述應成派中觀的起源與其破法本質
孫正德老師著 分爲上、中、下三冊，每冊250元

52.**藏傳佛教要義**—《狂密與真密》之簡體字版 平實導師 著 上、下冊
僅在大陸流通 每冊300元

53.**法華經講義** 平實導師述 共二十五輯 每輯300元
已於2015/05/31起開始出版，每二個月出版一輯

54.**西藏「活佛轉世」制度**—附佛、造神、世俗法
許正豐、張正玄老師合著 定價150元

55.**廣論三部曲** 郭正益老師著 定價150元

56.**真心告訴您(二)**—達賴喇嘛是佛教僧侶嗎？
—補祝達賴喇嘛八十大壽
正覺教育基金會編著 售價300元

57.**次法**—實證佛法前應有的條件
張善思居士著 分爲上、下二冊，每冊250元

58.**涅槃**—解說四種涅槃之實證及內涵　平實導師著 上、下冊 各 350 元
59.**山法**—西藏關於他空與佛藏之根本論
篤補巴・喜饒堅贊著　傑弗里・霍普金斯英譯
張火慶教授、張志成、呂艾倫等中譯　精裝大本 1200 元
60.**佛藏經講義**　平實導師述　2019 年 7 月 31 日開始出版　共 21 輯
每二個月出版一輯，每輯 300 元。
61.**假鋒虛焰金剛乘**—揭示顯密正理，兼破索達吉師徒《般若鋒兮金剛焰》
釋正安法師著 簡體字版 即將出版 售價未定
62.**廣論之平議**—宗喀巴《菩提道次第廣論》之平議　正雄居士著
約二或三輯　俟正覺電子報連載後結集出版　書價未定
63.**大法鼓經講義**　平實導師講述　《佛藏經講義》出版後發行，每輯 300 元
64.**不退轉法輪經講義** 平實導師講述　《大法鼓經講義》出版後發行
65.**八識規矩頌**詳解　○○居士 註解　出版日期另訂　書價未定。
66.**中觀正義**—註解平實導師《中論正義頌》。
○○法師（居士）著　出版日期未定　書價未定
67.**中論正義**—釋龍樹菩薩《中論》頌正理。
孫正德老師著　出版日期未定　書價未定
68.**中國佛教史**—依中國佛教正法史實而論。○○老師 著　書價未定。
69.**印度佛教史**—法義與考證。依法義史實評論印順《印度佛教思想史、佛教史地考論》之謬說　正偉老師著　出版日期未定　書價未定
70.**阿含經講記**—將選錄四阿含中數部重要經典全經講解之，講後整理出版。
平實導師述　約二輯　每輯 300 元　出版日期未定
71.**寶積經講記** 平實導師述　每輯三百餘頁 優惠價 300 元 出版日期未定
72.**解深密經講義**　平實導師述 約四輯　將於重講後整理出版
73.**成唯識論略解**　平實導師著　五～六輯　每輯300 元　出版日期未定
74.**修習止觀坐禪法要講記**　平實導師述　每輯三百餘頁
將於正覺寺建成後重講、以講記逐輯出版　出版日期未定
75.**無門關**—《無門關》公案拈提　平實導師著　出版日期未定
76.**中觀再論**—兼述印順《中觀今論》謬誤之平議。正光老師著 出版日期未定
77.**輪迴與超度**—佛教超度法會之真義。
○○法師（居士）著　出版日期未定　書價未定
78.**《釋摩訶衍論》平議**—對偽稱龍樹所造《釋摩訶衍論》之平議
○○法師（居士）著　出版日期未定　書價未定
79.**正覺發願文**註解—以真實大願為因 得證菩提
正德老師著　出版日期未定　書價未定
80.**正覺總持咒**—佛法之總持　正圜老師著　出版日期未定　書價未定
81.**三自性**—依四食、五蘊、十二因緣、十八界法，說三性三無性。
作者未定　出版日期未定

82.**道品**—從三自性說大小乘三十七道品　作者未定　出版日期未定
83.**大乘緣起觀**—依四聖諦七真如現觀十二緣起 作者未定　出版日期未定
84.**三德**—論解脫德、法身德、般若德。　作者未定　出版日期未定
85.**真假如來藏**—對印順《如來藏之研究》謬說之平議　作者未定 出版日期未定
86.**大乘道次第**　作者未定　出版日期未定　書價未定
87.**四緣**—依如來藏故有四緣。　作者未定　出版日期未定
88.**空之探究**—印順《空之探究》謬誤之平議　作者未定 出版日期未定
89.**十法義**—論阿含經中十法之正義　作者未定　出版日期未定
90.**外道見**—論述外道六十二見　作者未定　出版日期未定

正智出版社有限公司 書籍介紹

禪淨圓融：言淨土諸祖所未曾言，示諸宗祖師所未曾示；禪淨圓融，另闢成佛捷徑，兼顧自力他力，闡釋淨土門之速行易行道，亦同時揭櫫聖教門之速行易行道；令廣大淨土行者得免緩行難證之苦，亦令聖道門行者得以藉著淨土速行道而加快成佛之時劫。乃前無古人之超勝見地，非一般弘揚禪淨法門典籍也，先讀爲快。平實導師著 200元。

宗門正眼—**公案拈提**第一輯：繼承克勤圜悟大師碧巖錄宗旨之禪門鉅作。先則舉示當代大法師之邪說，消弭當代禪門大師鄉愿之心態，摧破當今禪門「世俗禪」之妄談；次則旁通教法，表顯宗門正理；繼以道之次第，消弭古今狂禪；後藉言語及文字機鋒，直示宗門入處。悲智雙運，禪味十足，數百年來難得一睹之禪門鉅著也。平實導師著　500元（原初版書《禪門摩尼寶聚》，改版後補充爲五百餘頁新書，總計多達二十四萬字，內容更精彩，並改名爲《宗門正眼》，讀者原購初版《禪門摩尼寶聚》皆可寄回本公司免費換新，免附回郵，亦無截止期限）（2007年起，凡購買公案拈提第一輯至第七輯，每購一輯皆贈送本公司精製公案拈提〈超意境〉CD一片，市售價格280元，多購多贈）。

禪—悟前與悟後：本書能建立學人悟道之信心與正確知見，圓滿具足而有次第地詳述禪悟之功夫與禪悟之內容，指陳參禪中細微淆訛之處，能使學人明自眞心、見自本性。若未能悟入，亦能以正確知見辨別古今中外一切大師究係眞悟？或屬錯悟？便有能力揀擇，捨名師而選明師，後時必有悟道之緣。一旦悟道，遲者七次人天往返，便出三界，速者一生取辦。學人欲求開悟者，不可不讀。平實導師著。上、下冊共500元，單冊250元。

眞實如來藏：如來藏眞實存在，乃宇宙萬有之本體，並非印順法師、達賴喇嘛等人所說之「唯有名相、無此心體」。如來藏是涅槃之本際，是一切有智之人竭盡心智、不斷探索而不能得之生命實相；是古今中外許多大師自以爲悟而當面錯過之生命實相。如來藏即是阿賴耶識，乃是一切有情本自具足、不生不滅之眞實心。當代中外大師於此書出版之前所未能言者，作者於本書中盡情流露、詳細闡釋。眞悟者讀之，必能增益悟境、智慧增上；錯悟者讀之，必能檢討自己之錯誤，免犯大妄語業；未悟者讀之，能知參禪之理路，亦能以之檢查一切名師是否眞悟。此書是一切哲學家、宗教家、學佛者及欲昇華心智之人必讀之鉅著。平實導師著 售價400元。

宗門法眼—**公案拈提**第二輯：列舉實例，闡釋土城廣欽老和尚之悟處；並直示這位不識字的老和尚妙智橫生之根由，繼而剖析禪宗歷代大德之開悟公案，解析當代密宗高僧卡盧仁波切之錯悟證據，並例舉當代顯宗高僧、大居士之錯悟證據（凡健在者，爲免影響其名聞利養，皆隱其名）。藉辨正當代名師之邪見，向廣大佛子指陳禪悟之正道，彰顯宗門法眼。悲勇兼出，強捋虎鬚；慈智雙運，巧探驪龍；摩尼寶珠在手，直示宗門入處，禪味十足；若非大悟徹底，不能爲之。禪門精奇人物，允宜人手一冊，供作參究及悟後印證之圭臬。本書於2008年4月改版，增寫為大約500頁篇幅，以利學人研讀參究時更易悟入宗門正法，以前所購初版首刷及初版二刷舊書，皆可免費換取新書。平實導師著 500元（2007年起，凡購買公案拈提第一輯至第七輯，每購一輯皆贈送本公司精製公案拈提〈超意境〉CD一片，市售價格280元，多購多贈）。

宗門道眼—**公案拈提**第三輯：繼宗門法眼之後，再以金剛之作略、慈悲之胸懷、犀利之筆觸，舉示寒山、拾得、布袋三大士之悟處，消弭當代錯悟者對於寒山大士……等之誤會及誹謗。亦舉出民初以來與虛雲和尚齊名之蜀郡鹽亭袁煥仙夫子——南懷瑾老師之師，其「悟處」何在？並蒐羅許多眞悟祖師之證悟公案，顯示禪宗歷代祖師之睿智，指陳部分祖師、奧修及當代顯密大師之謬悟，作爲殷鑑，幫助禪子建立及修正參禪之方向及知見。假使讀者閱此書已，一時尚未能悟，亦可一面加功用行，一面以此宗門道眼辨別眞假善知識，避開錯誤之印證及歧路，可免大妄語業之長劫慘痛果報。欲修禪宗之禪者，務請細讀。平實導師著 售價500元（2007年起，凡購買公案拈提第一輯至第七輯，每購一輯皆贈送本公司精製公案拈提〈超意境〉CD一片，市售價格280元，多購多贈）。

楞伽經詳解：本經是禪宗見道者印證所悟眞僞之根本經典，亦是禪宗見道者悟後起修之依據經典；故達摩祖師於印證二祖慧可大師之後，將此經典連同佛鉢祖衣一併交付二祖，令其依此經典佛示金言、進入修道位，修學一切種智。由此可知此經對於眞悟之人修學佛道，是非常重要之一部經典。此經能破外道邪說，亦破佛門中錯悟名師之謬說，亦破禪宗部分祖師之狂禪：不讀經典、一向主張「一悟即成究竟佛」之謬執。並開示愚夫所行禪、觀察義禪、攀緣如禪、如來禪等差別，令行者對於三乘禪法差異有所分辨；亦糾正禪宗祖師古來對於如來禪之誤解，嗣後可免以訛傳訛之弊。此經亦是法相唯識宗之根本經典，禪者悟後欲修一切種智而入初地者，必須詳讀。平實導師著，全套共十輯，已全部出版完畢，每輯主文約320頁，每冊約352頁，定價250元。

宗門血脈—**公案拈提第四輯**：末法怪象—許多修行人自以爲悟，每將無念靈知認作眞實；崇尚二乘法諸師及其徒眾，則將外於如來藏之緣起性空—無因論之無常空、斷滅空、一切法空—錯認爲 佛所說之般若空性。這兩種現象已於當今海峽兩岸及美加地區顯密大師之中普遍存在；人人自以爲悟，心高氣壯，便敢寫書解釋祖師證悟之公案，大多出於意識思惟所得，言不及義，錯誤百出，因此誤導廣大佛子同陷大妄語之地獄業中而不能自知。彼等書中所說之悟處，其實處處違背第一義經典之聖言量。彼等諸人不論是否身披袈裟，都非佛法宗門血脈，或雖有禪宗法脈之傳承，亦只徒具形式；猶如螟蛉，非眞血脈，未悟得根本眞實故。禪子欲知佛、祖之眞血脈者，請讀此書，便知分曉。平實導師著，主文452頁，全書464頁，定價500元（2007年起，凡購買公案拈提第一輯至第七輯，每購一輯皆贈送本公司精製公案拈提〈超意境〉CD一片，市售價格280元，多購多贈）。

宗通與說通：古今中外，錯誤之人如麻似粟，每以常見外道所說之靈知心，認作眞心；或妄想虛空之勝性能量爲眞如，或錯認物質四大元素藉冥性（靈知心本體）能成就吾人色身及知覺，或認初禪至四禪中之了知心爲不生不滅之涅槃心。此等皆非通宗者之見地。復有錯悟之人一向主張「宗門與教門不相干」，此即尚未通達宗門之人也。其實宗門與教門互通不二，宗門所證者乃是眞如與佛性，教門所說者乃說宗門證悟之眞如佛性，故教門與宗門不二。本書作者以宗教二門互通之見地，細說「宗通與說通」，從初見道至悟後起修之道、細說分明；並將諸宗諸派在整體佛教中之地位與次第，加以明確之教判，學人讀之即可了知佛法之梗概也。欲擇明師學法之前，允宜先讀。平實導師著，主文共381頁，全書392頁，只售成本價300元。

宗門正道—**公案拈提**第五輯：修學大乘佛法有二果須證解脫果及大菩提果。二乘人不證大菩提果，唯證解脫果；此果之智慧，名爲聲聞菩提、緣覺菩提。大乘佛子所證二果之菩提果爲佛菩提，故名大菩提果，其慧名爲一切種智函蓋二乘解脫果。然此大乘二果修證，須經由禪宗之宗門證悟方能相應。而宗門證悟極難，自古已然；其所以難者，咎在古今佛教界普遍存在三種邪見：1.以修定認作佛法，2.以無因論之緣起性空—否定涅槃本際如來藏以後之一切法空作爲佛法，3.以常見外道邪見（離語言妄念之靈知性）作爲佛法。如是邪見，或因自身正見未立所致，或因無始劫來虛妄熏習所致。若不破除此三種邪見，永劫不悟宗門眞義、不入大乘正道，唯能外門廣修菩薩行。平實導師於此書中，有極爲詳細之說明，有志佛子欲摧邪見、入於內門修菩薩行者，當閱此書。主文共496頁，全書512頁。售價500元（2007年起，凡購買公案拈提第一輯至第七輯，每購一輯皆贈送本公司精製公案拈提〈超意境〉CD一片，市售價格280元，多購多贈）。

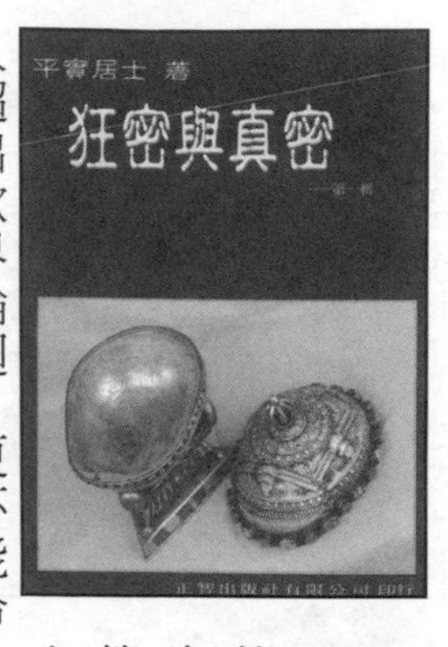

狂密與真密：密教之修學，皆由有相之觀行法門而入，其最終目標仍不離顯教經典所說第一義諦之修證；若離顯教第一義經典、或違背顯教第一義經典，即非佛教。西藏密教之觀行法，如灌頂、觀想、遷識法、寶瓶氣、大聖歡喜雙身修法、喜金剛、無上瑜伽、大樂光明、樂空雙運等，皆是印度教兩性生生不息思想之轉化，**自始至終皆以如何能運用交合淫樂之法達到全身受樂**爲其中心思想，純屬欲界五欲的貪愛，不能令人超出欲界輪迴，更不能令人斷除我見；何況大乘之明心與見性，更無論矣！故密宗之法絕非佛法也。而其明光大手印、大圓滿法教，又皆同以常見外道所說**離語言妄念之無念靈知心**錯認爲佛地之眞如，不能直指不生不滅之眞如。西藏密宗所有法王與徒眾，都尚未開頂門眼，不能辨別眞僞，以**依人不依法、依密續不依經典**故，不肯將其上師喇嘛所說對照第一義經典，純依密續之藏密祖師所說爲準，因此而誇大其證德與證量，動輒謂彼祖師上師爲究竟佛、爲地上菩薩；如今台海兩岸亦有自謂其師證量高於 釋迦文佛者，然觀其師所述，猶未見道，仍在觀行即佛階段，尚未到禪宗相似即佛、分證即佛階位，竟敢標榜爲究竟佛及地上法王，誑惑初機學人。凡此怪象皆是狂密，不同於眞密之修行者。近年狂密盛行，密宗行者被誤導者極眾，動輒自謂已證佛地眞如，自視爲究竟佛，陷於大妄語業中而不知自省，反謗顯宗眞修實證者之證量粗淺；或如義雲高與釋性圓…等人，於報紙上公然誹謗眞實證道者爲「騙子、無道人、人妖、癩蛤蟆…」等，造下誹謗大乘勝義僧之大惡業；或以外道法中有爲有作之甘露、魔術……等法，誑騙初機學人，狂言彼外道法爲眞佛法。如是怪象，在西藏密宗及附藏密之外道中，不一而足，舉之不盡，學人宜應愼思明辨，以免上當後又犯毀破菩薩戒之重罪。密宗學人若欲遠離邪知邪見者，請閱此書，即能了知密宗之邪謬，從此遠離邪見與邪修，轉入眞正之佛道。

平實導師著 共四輯 每輯約400頁（主文約340頁）每輯售價300元。

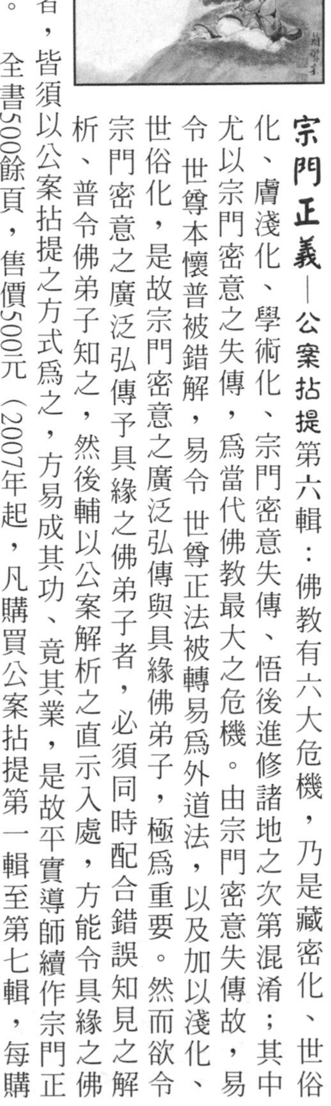

宗門正義——公案拈提第六輯：佛教有六大危機，乃是藏密化、世俗化、膚淺化、學術化、宗門密意失傳、悟後進修諸地之次第混淆；其中尤以宗門密意之失傳，爲當代佛教最大之危機。由宗門密意失傳故，易令世尊本懷普被錯解，易令 世尊正法被轉易爲外道法，以及加以淺化、世俗化，是故宗門密意之廣泛弘傳與具緣佛弟子，極爲重要。然而欲令宗門密意之廣泛弘傳予具緣之佛弟子者，必須同時配合錯誤知見之解析、普令佛弟子知之，然後輔以公案解析之直示入處，方能令具緣之佛弟子悟入。而此二者，皆須以公案拈提之方式爲之，方易成其功、竟其業，是故平實導師續作宗門正義一書，以利學人。全書500餘頁，售價500元（2007年起，凡購買公案拈提第一輯至第七輯，每購一輯皆贈送本公司精製公案拈提〈超意境〉CD一片，市售價格280元，多購多贈）。

心經密意——心經與解脫道、佛菩提道、祖師公案之關係與密意。二乘菩提所證之解脫道，實依第八識心之斷除煩惱障現行而立解脫之名；大乘菩提所證之佛菩提道，實依親證第八識如來藏之涅槃性、清淨自性、及其中道性而立般若之名；禪宗祖師公案所證之眞心，即是此第八識如來藏；是故三乘佛法所修所證之三乘菩提，皆依此如來藏心而立名也。此第八識心，即是《心經》所說之心也。證得此如來藏已，即能漸入大乘佛菩提道，亦可因證知此心而了知二乘無學所不能知之無餘涅槃本際，是故《心經》之密意，與三乘佛菩提之關係極爲密切、不可分割，三乘佛法皆依此心而立名故。今者平實導師以其所證解脫道之無生智及佛菩提之般若種智，將《心經》與解脫道、佛菩提道、祖師公案之關係與密意，以演講之方式，用淺顯之語句和盤托出，發前人所未言，呈三乘菩提之眞義，令人藉此《心經密意》一舉而窺三乘菩提之堂奧，迥異諸方言不及義之說；欲求眞實佛智者、不可不讀！主文317頁，連同跋文及序文…等共384頁，售價300元。

宗門密意—公案拈提第七輯：佛教之世俗化，將導致學人以信仰作爲學佛，則將以感應及世間法之庇祐，作爲學佛之主要目標，不能了知學佛之主要目標爲親證三乘菩提。大乘菩提則以般若實相智慧爲主要修習目標，以二乘菩提解脫道爲附帶修習之標的；是故學習大乘法者，應以禪宗之證悟爲要務，能親入大乘菩提之實相般若智慧中故，般若實相智慧非二乘聖人所能知故。此書則以台灣世俗化佛教之三大法師，說法似是而非之實例，配合眞悟祖師之公案解析，提示證悟般若之關節，令學人易得悟入。平實導師著，全書五百餘頁，售價500元（2007年起，凡購買公案拈提第一輯至第七輯，每購一輯皆贈送本公司精製公案拈提〈超意境〉CD一片，市售價格280元，多購多贈）。

淨土聖道—兼評日本本願念佛：佛法甚深極廣，般若玄微，非諸二乘聖僧所能知之，一切凡夫更無論矣！所謂一切證量皆歸淨土是也！是故大乘法中「聖道之淨土、淨土之聖道」，其義甚深，難可了知；乃至眞悟之人，初心亦難知也。今有正德老師眞實證悟後，復能深探淨土與聖道之緊密關係，憐憫眾生之誤會淨土實義，亦欲利益廣大淨土行人同入聖道，同獲淨土中之聖道門要義，乃振奮心神、書以成文，今得刊行天下。主文279頁，連同序文等共301頁，總有十一萬六千餘字，正德老師著，成本價200元。

起信論講記：詳解大乘起信論**心生滅門**與**心眞如門**之眞實意旨，消除以往大師與學人對起信論所說**心生滅門**之誤解，由是而得了知眞心如來藏之非常非斷中道正理；亦因此一講解，令此論以往隱晦而被誤解之眞實義，得以如實顯示，令大乘佛菩提道之正理得以顯揚光大；初機學者亦可藉此正論所顯示之法義，對大乘法理生起正信，從此得以眞發菩提心，眞入大乘法中修學，世世常修菩薩正行。平實導師演述，共六輯，都已出版，每輯三百餘頁，售價250元。

優婆塞戒經講記：本經詳述在家菩薩修學大乘佛法，應如何受持菩薩戒？對人間善行應如何看待？對三寶應如何護持？應如何正確地修集此世後世證法之福德？應如何修集後世「行菩薩道之資糧」？並詳述第一義諦之正義：五蘊非我非異我、自作自受、異作異受、不作不受……等深妙法義，乃是修學大乘佛法、行菩薩行之在家菩薩所應當了知者。出家菩薩今世或未來世登地已，捨報之後多數將如華嚴經中諸大菩薩，以在家菩薩身而修行菩薩行，故亦應以此經所述正理而修之，配合《楞伽經、解深密經、楞嚴經、華嚴經》等道次第正理，方得漸次成就佛道；故此經是一切大乘行者皆應證知之正法。平實導師講述，每輯三百餘頁，售價各250元；共八輯，已全部出版。

真假活佛—略論附佛外道盧勝彥之邪說：人人身中都有眞活佛，永生不滅而有大神用，但眾生都不了知，所以常被身外的西藏密宗假活佛籠罩欺瞞。本來就眞實存在的眞活佛，才是眞正的密宗無上密！諾那活佛因此而說禪宗是大密宗，但藏密的所有活佛都不知道、也不曾實證自身中的眞活佛。本書詳實宣示眞活佛的道理，舉證盧勝彥的「佛法」不是眞佛法，也顯示盧勝彥是假活佛，直接的闡釋第一義佛法見道的眞實正理。眞佛宗的所有上師與學人們，都應該詳細閱讀，包括盧勝彥個人在內。正犀居士著，優惠價140元。

阿含正義—唯識學探源：廣說四大部《阿含經》諸經中隱說之眞正義理，一一舉示佛陀本懷，令阿含時期初轉法輪根本經典之眞義，如實顯現於佛子眼前。並提示末法大師對於阿含眞義誤解之實例，一一比對之，證實唯識增上慧學確於原始佛法之阿含諸經中已隱覆密意而略說之，證實 世尊確於原始佛法中已曾密意而說第八識如來藏之總相；亦證實 世尊在四阿含中已說此藏識是名色十八界之因、之本—證明如來藏是能生萬法之根本心。佛子可據此修正以往受諸大師（譬如西藏密宗應成派中觀師：印順、昭慧、性廣、大願、達賴、宗喀巴、寂天、月稱、……等人）誤導之邪見，建立正見，轉入正道乃至親證初果而無困難；書中並詳說三果所證的**心解脫**，以及四果**慧解脫**的親證，都是如實可行的具體知見與行門。全書共七輯，已出版完畢。平實導師著，每輯三百餘頁，售價300元。

超意境CD：以平實導師公案拈提書中超越意境之頌詞，加上曲風優美的旋律，錄成令人嚮往的超意境歌曲，其中包括正覺發願文及平實導師親自譜成的黃梅調歌曲一首。詞曲雋永，殊堪翫味，可供學禪者吟詠，有助於見道。內附設計精美的彩色小冊，解說每一首詞的背景本事。每片280元。【每購買公案拈提書籍一冊，即贈送一片。】

鈍鳥與靈龜：鈍鳥及靈龜二物，被宗門證悟者說爲二種人：前者是精修禪定而無智慧者，也是以定爲禪的愚癡禪人；後者是或有禪定、或無禪定的宗門證悟者，凡已證悟者皆是靈龜。但後者被人虛造事實，用以嘲笑大慧宗杲禪師，說他雖是靈龜，卻不免被天童禪師預記「患背」痛苦而亡：「鈍鳥離巢易，靈龜脫殼難。」藉以貶低大慧宗杲的證量。同時將天童禪師實證如來藏的證量，曲解爲意識境界的離念靈知。自從大慧禪師入滅以後，錯悟凡夫對他的不實毀謗就一直存在著，不曾止息，並且捏造的假事實也隨著年月的增加而越來越多，終至編成「鈍鳥與靈龜」的假公案、假故事。本書是考證大慧與天童之間的不朽情誼，顯現這件假公案的虛妄不實；更見大慧宗杲面對惡勢力時的正直不阿，亦顯示大慧對天童禪師的至情深義，將使後人對大慧宗杲的誣謗至此而止，不再有人誤犯毀謗賢聖的惡業。書中亦舉證宗門的所悟確以第八識如來藏爲標的，詳讀之後必可改正以前被錯悟大師誤導的參禪知見，日後必定有助於實證禪宗的開悟境界，得階大乘眞見道位中，即是實證般若之賢聖。全書459頁，售價350元。

我的菩提路第一輯：凡夫及二乘聖人不能實證的佛菩提證悟，末法時代的今天仍然有人能得實證，由正覺同修會釋悟圓、釋善藏法師等二十餘位實證如來藏者所寫的見道報告，已爲當代學人見證宗門正法之絲縷不絕，證明大乘義學的法脈仍然存在，爲末法時代求悟般若之學人照耀出光明的坦途。由二十餘位大乘見道者所繕，敘述各種不同的學法、見道因緣與過程，參禪求悟者必讀。全書三百餘頁，售價300元。

我的菩提路第二輯：由郭正益老師等人合著，書中詳述彼等諸人歷經各處道場學法，一一修學而加以檢擇之不同過程以後，因閱讀正覺同修會、正智出版社書籍而發起抉擇分，轉入正覺同修會中修學；乃至學法及見道之過程，都一一詳述之。（本書暫停發售，俟改版重新發售流通。）

我的菩提路第三輯：由王美伶老師等人合著。自從正覺同修會成立以來，每年夏初、冬初都舉辦精進禪三共修，藉以助益會中同修們得以證悟明心發起般若實相智慧；凡已實證而被平實導師印證者，皆書具見道報告用以證明佛法之眞實可證而非玄學，證明佛法並非純屬思想、理論而無實質，是故每年都能有人證明正覺同修會的「實證佛教」主張並非虛語。特別是眼見佛性一法，自古以來中國禪宗祖師實證者極寡，較之明心開悟的證境更難令人信受；至2017年初，正覺同修會中的證悟明心者已近五百人，然而其中眼見佛性者至今唯十餘人爾，可謂難能可貴，是故明心後欲冀眼見佛性者實屬不易。黃正倖老師是懸絕七年無人見性後的第一人，她於2009年的見性報告刊於本書的第二輯中，爲大眾證明佛性確實可以眼見；其後七年之中求見性者都屬解悟佛性而無人眼見，幸而又經七年後的2016冬初，以及2017夏初的禪三，復有三人眼見佛性，希冀鼓舞四眾佛子求見佛性之大心，今則具載一則於書末，顯示求見佛性之事實經歷，供養現代佛教界欲得見性之四眾弟子。全書四百頁，售價300元，已於2017年6月30日發行。

我的菩提路第四輯：由陳晏平等人著。中國禪宗祖師往往有所謂「見性」之言，所言多屬看見如來藏具有能令人發起成佛之自性，並非《大般涅槃經》中 如來所說之眼見佛性。眼見佛性者，於親見佛性之時，即能於山河大地眼見自己佛性，亦能於他人身上眼見自己佛性及對方之佛性，如是境界無法爲尚未實證者解釋；勉強說之，縱使眞實明心證悟之人聞之，亦只能以自身明心之境界想像之，但不論如何想像多屬非量，能有正確之比量者亦是稀有，故說眼見佛性極爲困難。眼見佛性之人若所見極分明時，在所見佛性之境界下所眼見之山河大地、自己五蘊身心皆是虛幻，自有異於明心者之解脫功德受用，此後永不思證二乘涅槃，必定邁向成佛之道而進入第十住位中，已超第一阿僧祇劫三分有一，可謂之爲超劫精進也。今又有明心之後眼見佛性之人出於人間，將其明心及後來見性之報告，連同其餘證悟明心者之精彩報告一同收錄於此書中，供養眞求佛法實證之四眾佛子。全書380頁，售價300元，已於2018年6月30日發行。

我的菩提路第五輯：林慈慧老師等人著，本輯中所舉學人從相似正法中來到正覺同修會的過程，各人都有不同，發生的因緣亦是各有差別，然而都會指向同一個目標——證實生命實相的源底，確證自己生從何來、死往何去的事實，所以最後都證明佛法眞實而可親證，絕非玄學；本書將彼等諸人的始修及末後證悟之實例，羅列出來以供學人參考。本期亦有一位會裡的老師，是從1995年即開始追隨平實導師修學，1997年明心後持續進修不斷，直到2017年眼見佛性之實例，足可證明《大般涅槃經》中世尊開示眼見佛性之法正眞無訛，第十住位的實證在末法時代的今天仍有可能，如今一併具載於書中以供學人參考，並供養現代佛教界欲得見性之四眾弟子。全書四百頁，售價300元，已於2019年12月31日發行。

我的菩提路第六輯：劉惠莉老師等人著，本輯中舉示劉老師明心多年以後的眼見佛性實錄，供末法時代學人了知明心之異於見性本質，足可證明《大般涅槃經》中世尊開示眼見佛性之法正眞無訛。亦列舉多篇學人從各道場來到正覺學法之不同過程，以及如何發覺邪見之異於正法的所在，最後終能在正覺禪三中悟入的實況，以證明佛教正法仍在末法時代的人間繼續弘揚的事實，鼓舞一切眞實學法的菩薩大眾思之：我等諸人亦可有因緣證悟，絕非空想白思。約四百頁，售價300元，已於2020年6月30日發行。

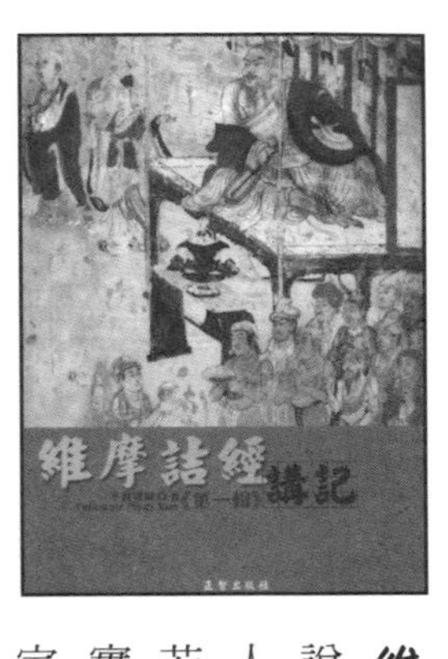

維摩詰經講記：本經係 世尊在世時，由等覺菩薩維摩詰居士藉疾病而演說之大乘菩提無上妙義，所說函蓋甚廣，然極簡略，是故今時諸方大師與學人讀之悉皆錯解，何況能知其中隱含之深妙正義，是故普遍無法爲人解說；若強爲人說，則成依文解義而有諸多過失。今由平實導師公開宣講之後，詳實解釋其中密意，令維摩詰菩薩所說大乘不可思議解脫之深妙正法得以正確宣流於人間，利益當代學人及與諸方大師。書中詳實演述大乘佛法深妙不共二乘之智慧境界，顯示諸法之中絕待之實相境界，建立大乘菩薩妙道於永遠不敗不壞之地，以此成就護法偉功，欲冀永利娑婆人天。已經宣講圓滿整理成書流通，以利諸方大師及諸學人。全書共六輯，每輯三百餘頁，售價各250元。

真假外道：本書具體舉證佛門中的常見外道知見實例，並加以教證及理證上的辨正，幫助讀者輕鬆而快速的了知常見外道的錯誤知見，進而遠離佛門內外的常見外道知見，因此即能改正修學方向而快速實證佛法。游正光老師著。成本價200元。

勝鬘經講記：如來藏爲三乘菩提之所依，若離如來藏心體及其含藏之一切種子，即無三界有情及一切世間法，亦無二乘菩提緣起性空之出世間法；本經詳說無始無明、一念無明皆依如來藏而有之正理，藉著詳解煩惱障與所知障間之關係，令學人深入了知二乘菩提與佛菩提相異之妙理；聞後即可了知佛菩提之特勝處及三乘修道之方向與原理，邁向攝受正法而速成佛道的境界中。平實導師講述，共六輯，每輯三百餘頁，售價各250元。

楞嚴經講記：楞嚴經係密教部之重要經典，亦是顯教中普受重視之經典；經中宣說明心與見性之內涵極爲詳細，將一切法都會歸如來藏及佛性—妙眞如性；亦闡釋佛菩提道修學過程中之種種魔境，以及外道誤會涅槃之狀況，旁及三界世間之起源。然因言句深澀難解，法義亦復深妙寬廣，學人讀之普難通達，是故讀者大多誤會，不能如實理解佛所說之明心與見性內涵，亦因是故多有悟錯之人引爲開悟之證言，成就大妄語罪。今由平實導師詳細講解之後，整理成文，以易讀易懂之語體文刊行天下，以利學人。全書十五輯，全部出版完畢。每輯三百餘頁，售價每輯300元。

明心與眼見佛性：本書細述明心與眼見佛性之異同，同時顯示了中國禪宗破初參明心與重關眼見佛性二關之間的關聯；書中又藉法義辨正而旁述其他許多勝妙法義，讀後必能遠離佛門長久以來積非成是的錯誤知見，令讀者在佛法的實證上有極大助益。也藉慧廣法師的謬論來教導佛門學人回歸正知正見，遠離古今禪門錯悟者所墮的意識境界，非唯有助於斷我見，也對未來的開悟明心實證第八識如來藏有所助益，是故學禪者都應細讀之。游正光老師著　共448頁　售價300元。

菩薩底憂鬱CD將菩薩情懷及禪宗公案寫成新詞，並製作成超越意境的優美歌曲。1.主題曲〈菩薩底憂鬱〉，描述地後菩薩能離三界生死而迴向繼續生在人間，但因尚未斷盡習氣種子而有極深沈之憂鬱，非三賢位菩薩及二乘聖者所知，此憂鬱在七地滿心位方才斷盡；本曲之詞中所說義理極深，昔來所未曾見；此曲係以優美的情歌風格寫詞及作曲，聞者得以激發嚮往諸地菩薩境界之大心，詞、曲都非常優美，難得一見；其中勝妙義理之解說，已印在附贈之彩色小冊中。2.以各輯公案拈提中直示禪門入處之頌文，作成各種不同曲風之超意境歌曲，值得玩味、參究；聆聽公案拈提之優美歌曲時，請同時閱讀內附之印刷精美說明小冊，可以領會超越三界的證悟境界；未悟者可以因此引發求悟之意向及疑情，眞發菩提心而邁向求悟之途，乃至因此眞實悟入般若，成眞菩薩。3.正覺總持咒新曲，總持佛法大意；總持咒之義理，已加以解說並印在隨附之小冊中。本CD共有十首歌曲，長達63分鐘，附贈二張購書優惠劵。每片280元。

禪意無限CD平實導師以公案拈提書中偈頌寫成不同風格曲子，與他人所寫不同風格曲子共同錄製出版，幫助參禪人進入禪門超越意識之境界。盒中附贈彩色印製的精美解說小冊，以供聆聽時閱讀，令參禪人得以發起參禪之疑情，即有機會證悟本來面目，實證大乘菩提般若。本CD共有十首歌曲，長達69分鐘，每盒各附贈二張購書優惠券。每片280元。

金剛經宗通：三界唯心，萬法唯識，是成佛之修證內容，是諸地菩薩之所修；般若則是成佛之道（實證三界唯心、萬法唯識）的入門，若未證悟實相般若，即無成佛之可能，必將永在外門廣行菩薩六度，永在凡夫位中。然而實相般若的發起，全賴實證萬法的實相；若欲證知萬法的眞相，則必須探究萬法之所從來，則須實證自心如來—金剛心如來藏，然後現觀這個金剛心的金剛性、眞實性、如如性、清淨性、涅槃性、能生萬法的自性性、本住性，名爲證眞如；進而現觀三界六道唯是此金剛心所成，人間萬法須藉八識心王和合運作方能現起。如是實證《華嚴經》的「三界唯心、萬法唯識」以後，由此等現觀而發起實相般若智慧，繼續進修第十住位的如幻觀、第十行位的陽焰觀、第十迴向位的如夢觀，再生起增上意樂而勇發十無盡願，方能滿足三賢位的實證，轉入初地；自知成佛之道而無偏倚，從此按部就班、次第進修乃至成佛。第八識自心如來是般若智慧之所依，般若智慧的修證則要從實證金剛心自心如來開始；《金剛經》則是解說自心如來之經典，是一切三賢位菩薩所應進修之實相般若經典。這一套書，是將平實導師宣講的《金剛經宗通》內容，整理成文字而流通之；書中所說義理，迥異古今諸家依文解義之說，指出大乘見道方向與理路，有益於禪宗學人求開悟見道，及轉入內門廣修六度萬行，已於2013年9月出版完畢，總共9輯，每輯約三百餘頁，售價各250元。

空行母——性別、身分定位，以及藏傳佛教：本書作者為蘇格蘭哲學家，因為嚮往佛教深妙的哲學內涵，於是進入當年盛行於歐美的假藏傳佛教密宗，擔任卡盧仁波切的翻譯工作多年以後，被邀請成為卡盧的空行母（又名佛母、明妃），開始了她在密宗裡的實修過程；後來發覺在密宗雙身法中的修行，其實無法使自己成佛，也發覺密宗對女性岐視而處處貶抑，並剝奪女性在雙身法中擔任一半角色時應有的身分定位。當她發覺自己只是雙身法中被喇嘛利用的工具，沒有獲得絲毫應有的尊重與基本定位時，發現了密宗的父權社會控制女性的本質；於是作者傷心地離開了卡盧仁波切與密宗，但是卻被恐嚇不許講出她在密宗裡的經歷，也不許她說出自己對密宗的教義與教制下對女性剝削的本質，否則將被咒殺死亡。後來她去加拿大定居，十餘年後方才擺脫這個恐嚇陰影，下定決心將親身經歷的實情及觀察到的事實寫下來並且出版，公諸於世。出版之後，她被流亡的達賴集團人士大力攻訐，誣指她為精神狀態失常、說謊……等。但有智之士並未被達賴集團的政治操作及各國政府政治運作吹捧達賴的表相所欺，使她的書銷售無阻而又再版。正智出版社鑑於作者此書是親身經歷的事實，所說具有針對「藏傳佛教」而作學術研究的價值，也有使人認清假藏傳佛教剝削佛母、明妃的男性本位實質，因此洽請作者同意中譯而出版於華人地區。珍妮·坎貝爾女士著，呂艾倫 中譯，每冊250元。

霧峰無霧——給哥哥的信：本書作者藉兄弟之間信件往來論義，略述佛法大義；並以多篇短文辨義，舉出釋印順對佛法的無量誤解證據，並一一給予簡單而清晰的辨正，令人一讀即知。久讀、多讀之後即能認清楚釋印順的六識論見解，與真實佛法之牴觸是多麼嚴重；於是在久讀、多讀之後，於不知不覺之間提升了對佛法的極深入理解，正知正見就在不知不覺間建立起來了。當三乘佛法的正知見建立起來之後，對於三乘菩提的見道條件便將隨之具足，於是聲聞解脫道的見道也就水到渠成；接著大乘見道的因緣也將次第成熟，未來自然也會有親見大乘菩提之道的因緣，悟入大乘實相般若也將自然成功，自能通達般若系列諸經而成實義菩薩。作者居住於南投縣霧峰鄉，自喻見道之後不復再見霧峰之霧，故鄉原野美景一一明見，於是立此書名為《霧峰無霧》；讀者若欲撥霧見月，可以此書為緣。游宗明 老師著 已於2015年出版 售價250元。

霧峰無霧—第二輯—**救護佛子向正道**：本書作者藉釋印順著作中之各種錯謬法義提出辨正，以詳實的文義一一提出理論上及實證上之解析，列舉釋印順對佛法的無量誤解證據，藉此教導佛門大師與學人釐清佛法義理，遠離岐途轉入正道，然後知所進修，久之便能見道明心而入大乘勝義僧數。被釋印順誤導的大師與學人極多，很難救轉，是故作者大發悲心深入解說其錯謬之所在，佐以各種義理辨正而令讀者在不知不覺之間轉歸正道。如是久讀之後欲得斷身見、證初果，即不爲難事；乃至久之亦得大乘見道而得證眞如，脫離空有二邊而住中道，實相般若智慧生起，於佛法不再茫然，漸漸亦知悟後進修之道。屆此之時，對於大乘般若等深妙法之迷雲暗霧亦將一掃而空，生命及宇宙萬物之故鄉原野美景一一明見，是故本書仍名《霧峰無霧》，爲第二輯；讀者若欲撥雲見日、離霧見月，可以此書爲緣。游宗明　老師著　已於2019年出版　售價250元。

假藏傳佛教的神話—**性**、**謊言**、**喇嘛教**：本書編著者是由一首名爲「阿姊鼓」的歌曲爲緣起，展開了序幕，揭開假藏傳佛教—喇嘛教—的神祕面紗。其重點是蒐集、摘錄網路上質疑「喇嘛教」的帖子，以揭穿「假藏傳佛教的神話」爲主題，串聯成書，並附加彩色插圖以及說明，讓讀者們瞭解西藏密宗及相關人事如何被操作爲「神話」的過程，以及神話背後的眞相。作者：張正玄教授。售價200元。

達賴真面目——玩盡天下女人：假使您不想戴綠帽子，請記得詳細閱讀此書；假使您不想讓好朋友戴綠帽子，請您將此書介紹給您的好朋友。假使您想保護家中的女性，也想要保護好朋友的女眷，請記得將此書送給家中的女性和好友的女眷都來閱讀。本書爲印刷精美的大本彩色中英對照精裝本，爲您揭開達賴喇嘛的眞面目，內容精彩不容錯過，爲利益社會大眾，特別以優惠價格嘉惠所有讀者。編著者：白志偉等。大開版雪銅紙彩色精裝本。售價800元。

喇嘛性世界
—揭開假藏傳佛教譚崔瑜伽的面紗
The Sexual World of Lamas

喇嘛性世界——揭開假藏傳佛教譚崔瑜伽的面紗：這個世界中的喇嘛，號稱來自世外桃源的香格里拉，穿著或紅或黃的喇嘛長袍，散布於我們的身邊傳教灌頂，吸引了無數的人嚮往學習；這些喇嘛虔誠地爲大眾祈福，手中拿著寶杵（金剛）與寶鈴（蓮花），口中唸著咒語：「唵．嘛呢．叭咪．吽……」，咒語的意思是說：「我至誠歸命金剛杵上的寶珠伸向蓮花寶穴之中」！「喇嘛性世界」是什麼樣的「世界」呢？本書將爲您呈現喇嘛世界的面貌。當您發現眞相以後，您將會唸：「噢！喇嘛．性．世界，譚崔性交嘛！」作者：張善思、呂艾倫。售價200元。

末代達賴—性交教主的悲歌：簡介從藏傳僞佛教（喇嘛教）的修行核心—性力派男女雙修，探討達賴喇嘛及藏傳僞佛教的修行內涵。書中引用外國知名學者著作、世界各地新聞報導，包含：歷代達賴喇嘛的祕史、達賴六世修雙身法的事蹟，以及《時輪續》中的性交灌頂儀式……等；達賴喇嘛書中開示的雙修法、達賴喇嘛的黑暗政治手段；達賴喇嘛所領導的寺院爆發喇嘛性侵兒童；新聞報導《西藏生死書》作者索甲仁波切性侵女信徒、澳洲喇嘛秋達公開道歉、美國最大假藏傳佛教組織領導人邱陽創巴仁波切的性氾濫；等等事件背後眞相的揭露。作者：張善思、呂艾倫、辛燕。售價250元。

第七意識與第八意識？—穿越時空「超意識」：「三界唯心，萬法唯識」是佛教中應該實證的聖教，也是《華嚴經》中明載而可以實證的法界實相。唯心者，三界一切境界、一切諸法唯是一心所成就，即是每一個有情的第八識如來藏，不是意識心。唯識者，即是人類各各都具足的八識心王——眼識、耳鼻舌身意識、意根、阿賴耶識，第八阿賴耶識又名如來藏，人類五陰相應的萬法，莫不由八識心王共同運作而成就，故說萬法唯識。依聖教量及現量、比量，都可以證明意識是二法因緣生，是由第八識藉意根與法塵二法爲因緣而出生，又是夜夜斷滅不存之生滅心，即無可能反過來出生第七識意根、第八識如來藏，當知不可能從生滅性的意識心中，細分出恆審思量的第七識意根，更無可能細分出恆而不審的第八識如來藏。本書是將演講內容整理成文字，細說如是內容，並已在〈正覺電子報〉連載完畢，今彙集成書以廣流通，欲幫助佛門有緣人斷除意識我見，跳脫於識陰之外而取證聲聞初果；嗣後修學禪宗時即得不墮外道神我之中，得以求證第八識金剛心而發起般若實智。平實導師 述，每冊300元。

黯淡的達賴—失去光彩的諾貝爾和平獎：本書舉出很多證據與論述，詳述達賴喇嘛不爲世人所知的一面，顯示達賴喇嘛並不是眞正的和平使者，而是假借諾貝爾和平獎的光環來欺騙世人；透過本書的說明與舉證，讀者可以更清楚的瞭解，達賴喇嘛是結合暴力、黑暗、淫欲於喇嘛教裡的集團首領，其政治行爲與宗教主張，早已讓諾貝爾和平獎的光環染污了。　本書由財團法人正覺教育基金會寫作、編輯，由正覺出版社印行，每冊250元。

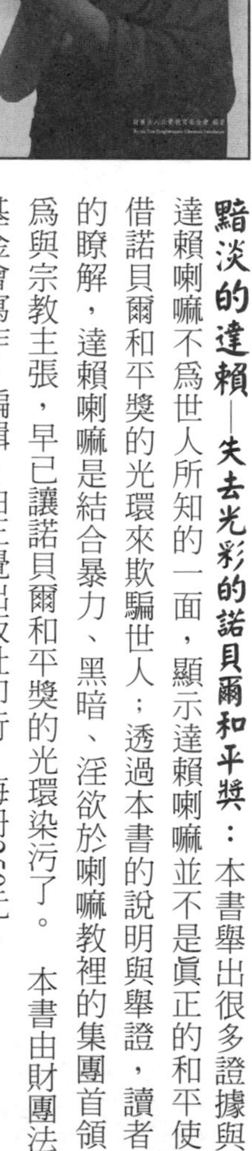

童女迦葉考—論呂凱文〈佛教輪迴思想的論述分析〉之謬：童女迦葉是佛世率領五百大比丘遊行於人間的歷史事實，是以童貞行而依止菩薩戒弘化於人間的大菩薩，不依別解脫戒（聲聞戒）來弘化於人間。這是大乘佛教與聲聞佛教同時存在於佛世的歷史明證，證明大乘佛教不是從聲聞法中分裂出來的部派佛教的產物，卻是聲聞佛教分裂出來的部派佛教聲聞凡夫僧所不樂見的史實；於是古今聲聞法中的凡夫都欲加以扭曲而作詭說，更是末法時代高聲大呼「大乘非佛說」的六識論聲聞凡夫極力想要扭曲的佛教史實之一，於是想方設法扭曲迦葉菩薩爲聲聞僧，以及扭曲迦葉童女爲比丘僧等荒謬不實之論著便陸續出現，古時聲聞僧寫作的《分別功德論》是最具體之事例，現代之代表作則是呂凱文先生的〈佛教輪迴思想的論述分析〉論文。鑑於如是假藉學術考證以籠罩大眾之不實謬論，未來仍將繼續造作及流竄於佛教界，繼續扼殺大乘佛教學人法身慧命，必須舉證辨正之，遂成此書。平實導師　著，每冊180元。

人間佛教—實證者必定不悖三乘菩提：「大乘非佛說」的講法似乎流傳已久，卻只是日本人企圖擺脫中國正統佛教的影響，而在明治維新時期才開始提出來的說法；台灣佛教、大陸佛教的淺學無智之人，由於未曾實證佛法而迷信日本人錯誤的學術考證，錯認爲這些別有用心的日本佛學考證的講法爲天竺佛教的眞實歷史；甚至還有更激進的反對佛教者提出「**釋迦牟尼佛並非眞實存在，只是後人捏造的假歷史人物**」，竟然也有少數佛教徒願意跟著「學術」的假光環而信受不疑，亦導致部分台灣佛教界人士，造作了反對中國大乘佛教而推崇南洋小乘佛教的行爲，使台灣佛教的信仰者難以檢擇，亦導致一般大陸人士開始轉入基督教的盲目迷信中。在這些佛教及外教人士之中，也就有一分人根據此邪說而大聲主張「大乘非佛說」的謬論，這些人以「人間佛教」的名義來抵制中國正統佛教，公然宣稱中國的大乘佛教是由聲聞部派佛教的凡夫僧所創造出來的。這樣的說法流傳於台灣及大陸佛教界凡夫僧之中已久，卻非眞正的佛教歷史中曾經發生過的事，只是繼承六識論的聲聞法中凡夫僧，以及別有居心的日本佛教界，依自己的意識境界立場，純憑臆想而編造出來的妄想說法，卻已經影響許多無智之凡夫僧俗信受不移。本書則是從佛教的經藏法義實質及實證的現量內涵本質立論，證明大乘佛法本是佛說，是從《阿含正義》尚未說過的不同面向來討論「人間佛教」的議題，證明「大乘眞佛說」。閱讀本書可以斷除六識論邪見，迴入三乘菩提正道發起實證的因緣；也能斷除禪宗學人學禪時普遍存在之錯誤知見，對於建立參禪時的正知見有很深的著墨。平實導師 述，內文488頁，全書528頁，定價400元。

見性與看話頭：黃正倖老師的《見性與看話頭》於《正覺電子報》連載完畢，今集結出版。書中詳說禪宗看話頭的詳細方法，並細說看話頭與眼見佛性的關係，以及眼見佛性者求見佛性前必須具備的條件。本書是禪宗實修者追求明心開悟時參禪的方法書，也是求見佛性者作功夫時必讀的方法書，內容兼顧眼見佛性的理論與實修之方法，是依實修之體驗配合理論而詳述，條理分明而且極爲詳實、周全、深入。本書內文375頁，全書416頁，售價300元。

中觀金鑑—詳述應成派中觀的起源與其破法本質：學佛人往往迷於中觀學派之不同學說，被應成派與自續派所迷惑；修學般若中觀二十年後自以爲實證般若中觀了，卻仍不曾入門，甫聞實證般若中觀者之所說，則茫無所知，迷惑不解；隨後信心盡失，不知如何實證佛法；凡此，皆因惑於這二派中觀學說所致。自續派中觀所說同於常見，以意識境界立爲第八識如來藏之境界，應成派所說則同於斷見，但又同立意識爲常住法，故亦具足斷常二見。今者孫正德老師有鑑於此，乃將起源於密宗的應成派中觀學說，追本溯源，詳考其來源之外，亦一一舉證其立論內容，詳加辨正，令密宗雙身法祖師以識陰境界而造之應成派中觀學說本質，詳細呈現於學人眼前，令其維護雙身法之目的無所遁形。若欲遠離密宗此二大派中觀謬說，欲於三乘菩提有所進道者，允宜具足閱讀並細加思惟，反覆讀之以後將可捨棄邪道返歸正道，則於般若之實證即有可能，證後自能現觀如來藏之中道境界而成就中觀。本書分上、中、下三冊，每冊250元，已全部出版完畢。

真心告訴您(一)—達賴喇嘛在幹什麼？這是一本報導篇章的選集，更是「破邪顯正」的暮鼓晨鐘。「破邪」是戳破假象，說明達賴喇嘛及其所率領的密宗四大派法王、喇嘛們，弘傳的佛法是仿冒的佛法；他們是假藏傳佛教，是坦特羅(譚崔性交)外道法和藏地崇奉鬼神的苯教混合成的「喇嘛教」，推廣的是以所謂「無上瑜伽」的男女雙身法冒充佛法的假佛教，詐財騙色誤導眾生，常常造成信徒家庭破碎、家中兒少失怙的嚴重後果。「顯正」是揭櫫眞相，指出眞正的藏傳佛教只有一個，就是覺囊巴，傳的是 釋迦牟尼佛演繹的第八識如來藏妙法，稱爲他空見大中觀。正覺教育基金會即以此古今輝映的如來藏正法正知見，在眞心新聞網中逐次報導出來，將箇中原委「眞心告訴您」，如今結集成書，與想要知道密宗眞相的您分享。售價250元。

實相經宗通：學佛之目的在於實證一切法界背後之實相，禪宗稱之為本來面目或本地風光，佛菩提道中稱之為實相法界；此實相法界即是金剛藏，又名佛法之祕密藏，即是能生有情五陰、十八界及宇宙萬有（山河大地、諸天、三惡道世間）的第八識如來藏，又名阿賴耶識心，即是禪宗祖師所說的眞如心，此心即是三界萬有背後的實相。證得此第八識心時，自能瞭解般若諸經中隱說的種種密意，即得發起實相般若——實相智慧。每見學佛人修學佛法二十年後仍對實相般若茫然無知，亦不知如何入門，茫無所趣；更因不知三乘菩提的互異互同，是故越是久學者對佛法越覺茫然，都肇因於尚未瞭解佛法的全貌，亦未瞭解佛法的修證內容即是第八識心所致。本書對於修學佛法者所應實證的實相境界提出明確解析，並提示趣入佛菩提道的入手處，有心親證實相般若的佛法實修者，宜詳讀之，於佛菩提道之實證即有下手處。平實導師述著，共八輯，已於2016年出版完畢，每輯成本價250元。

法華經講義：此書為平實導師始從2009/7/21演述至2014/1/14之講經錄音整理所成。世尊一代時教，總分五時三教，即是華嚴時、聲聞緣覺教、般若教、種智唯識教、法華時；依此五時三教區分為藏、通、別、圓四教。本經是最後一時的圓教經典，圓滿收攝一切法教於本經中，是故最後的圓教聖訓中，特地指出無有三乘菩提，其實唯有一佛乘；皆因眾生愚迷故，方便區分為三乘菩提以助眾生證道。世尊於此經中特地說明如來示現於人間的唯一大事因緣，便是為有緣眾生「開、示、悟、入」諸佛的所知所見——第八識如來藏妙眞如心，並於諸品中隱說「妙法蓮花」如來藏心的密意。然因此經所說甚深難解，眞義隱晦，古來難得有人能窺堂奧；平實導師以知如是密意故，特為末法佛門四眾演述《妙法蓮華經》中各品蘊含之密意，使古來未曾被古德註解出來的「此經」密意，如實顯示於當代學人眼前。乃至〈藥王菩薩本事品〉、〈妙音菩薩品〉、〈觀世音菩薩普門品〉、〈普賢菩薩勸發品〉中的微細密意，亦皆一併詳述之，可謂開前人所未曾言之密意，示前人所未見之妙法。最後乃至以〈法華大義〉而總其成，全經妙旨貫通始終，而依佛旨圓攝於一心如來藏妙心，厥為曠古未有之大說也。平實導師述，共有25輯，已於2019/05/31出版完畢。每輯300元。

西藏「活佛轉世」制度—附佛、造神、世俗法：歷來關於喇嘛教活佛轉世的研究，多針對歷史及文化兩部分，於其所以成立的理論基礎，較少系統化的探討。尤其是此制度是否依據「佛法」而施設？是否合乎佛法眞實義？現有的文獻大多含糊其詞，或人云亦云，不曾有明確的闡釋與如實的見解。因此本文先從活佛轉世的由來，探索此制度的起源、背景與功能，並進而從活佛的尋訪與認證之過程，發掘活佛轉世的特徵，以確認「活佛轉世」在佛法中應具足何種果德。定價150元。

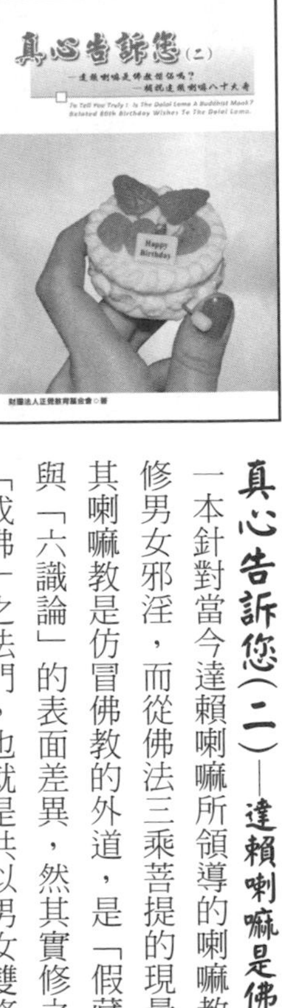

真心告訴您(二)—達賴喇嘛是佛教僧侶嗎？補祝達賴喇嘛八十大壽：這是一本針對當今達賴喇嘛所領導的喇嘛教，冒用佛教名相、於師徒間或師兄姊間，實修男女邪淫，而從佛法三乘菩提的現量與聖教量，揭發其謊言與邪術，證明達賴及其喇嘛教是仿冒佛教的外道，是「假藏傳佛教」。藏密四大派教義雖有「八識論」與「六識論」的表面差異，然其實修之內容，皆共許「無上瑜伽」四部灌頂爲究竟「成佛」之法門，也就是共以男女雙修之邪淫法爲「即身成佛」之密要，雖美其名曰「欲貪爲道」之「金剛乘」，並誇稱其成就超越於（應身佛）釋迦牟尼佛所傳之顯教般若乘之上；然詳考其理論，則或以意識離念時之粗細心爲第八識如來藏，或以中脈裡的明點爲第八識如來藏，或如宗喀巴與達賴堅決主張第六意識爲常恆不變之眞心者，分別墮於外道之常見與斷見中；全然違背　佛說能生五蘊之如來藏的實質。售價300元。

涅槃——解說四種涅槃之實證及內涵：眞正學佛之人，首要即是見道，由見道故方有涅槃之實證，證涅槃者方能出生死，但涅槃有四種：二乘聖者的有餘涅槃、無餘涅槃，以及大乘聖者的本來自性清淨涅槃、佛地的無住處涅槃。大乘聖者實證本來自性清淨涅槃，入地前再取證二乘涅槃，然後起惑潤生捨離二乘涅槃，繼續進修而在七地心前斷盡三界愛之習氣種子，依七地無生法忍之具足而證得念念入滅盡定；八地後進斷異熟生死，直至妙覺地下生人間成佛，具足四種涅槃，方是眞正成佛。此理古來少人言，以致誤會涅槃正理者比比皆是，今於此書中廣說四種涅槃、如何實證之理、實證前應有之條件，實屬本世紀佛教界極重要之著作，令人對涅槃有正確無訛之認識，然後可以依之實行而得實證。本書共有上下二冊，每冊各四百餘頁，對涅槃詳加解說，每冊各350元。

佛藏經講義：本經說明爲何佛菩提難以實證之原因，都因往昔無數阿僧祇劫前的邪見，引生此世求證時之業障而難以實證。即以諸法實相詳細解說，繼之以念佛品、念法品、念僧品，說明諸佛與法之實質；然後以淨戒品之說明，期待佛弟子四眾堅持清淨戒而轉化心性，並以往古品的實例說明，教導四眾務必滅除邪見轉入正見中，然後以了戒品的說明和囑累品的付囑，期望末法時代的佛門四眾弟子皆能清淨知見而得以實證。平實導師於此經中有極深入的解說，總共21輯，每輯300元，於2019/07/31開始發行。

我的菩提路第七輯：余正偉老師等人著，本輯中舉示余老師明心二十餘年以後的眼見佛性實錄，供末法時代學人了知明心異於見性之本質，並且舉示其見性後與平實導師互相討論眼見佛性之諸多疑訛處；除了證明《大般涅槃經》中 世尊開示眼見佛性之法正眞無訛以外，亦得一解明心後尚未見性者之所未知處，甚爲精彩。此外亦列舉多篇學人從各不同宗教進入正覺學法之不同過程，以及發覺諸方道場邪見之內容與過程，最終得於正覺精進禪三中悟入的實況，足供末法精進學人借鑑，以彼鑑己而生信心，得以投入了義正法中修學及實證。凡此，皆足以證明不唯明心所證之第七住位般若智慧及解脫功德仍可實證，乃至第十住位的實證與當場發起如幻觀之實證，於末法時代的今天皆仍有可能。本書約四百頁，售價300元，將於2021年6月30日發行。

大法鼓經講義：本經解說佛法的總成：法、非法。由開解法、非法二義，說明了義佛法與世間戲論法的差異，指出佛法實證之標的即是法——第八識如來藏；並顯示實證後的智慧，如實擊大法鼓、演深妙法，演說如來祕密教法，非二乘定性及諸凡夫所能得聞，唯有具足菩薩性者方能得聞。正聞之後即得依於 世尊大願而拔除邪見，入於正法而得實證；深解不了義經之方便說，亦能實解了義經所說之眞實義，得以證法——如來藏，而得發起根本無分別智，乃至進修而發起後得無分別智；並堅持布施及受持清淨戒而轉化心性，得以現觀眞我如來藏之各種層面。此爲第一義諦聖教，於末法最後餘四十年時，一切世間樂見離車童子將繼續護持此經所說正法。平實導師於此經中有極深入的解說，總共約六輯，每輯300元，於《佛藏經講義》出版完畢後開始發行，每二個月發行一輯。

解深密經講義：本經係　世尊晚年第三轉法輪，宣說地上菩薩所應熏修之唯識正義經典，經中所說義理乃是大乘一切種智增上慧學，以阿陀那識—如來藏—阿賴耶識為主體。禪宗之證悟者，若欲修證初地無生法忍乃至八地無生法忍者，必須修學《楞伽經、解深密經》所說之八識心王一切種智；此二經所說正法，方是眞正成佛之道；印順法師否定如來藏之後所說萬法緣起性空之法，是以誤會後之二乘解脫道取代大乘眞正成佛之道，亦已墮於斷滅見中，不可謂為成佛之道也。平實導師曾於本會郭故理事長往生時，於喪宅中從初七至第十七，宣講圓滿，作為郭老之往生佛事功德，迴向郭老早證八地、速返娑婆住持正法；茲為今時後世學人故，將擇期重講《解深密經》，以淺顯之語句講畢後將會整理成文，用供證悟者進道；亦令諸方未悟者，據此經中佛語正義，修正邪見，依之速能入道。平實導師述著，全書輯數未定，每輯三百餘頁，將於未來重講完畢後逐輯出版。

修習止觀坐禪法要講記：修學四禪八定之人，往往錯會禪定之修學知見，欲以無止盡之坐禪而證禪定境界，卻不知修除性障之行門才是修證四禪八定不可或缺之要素，故智者大師云「性障初禪」；性障不除，初禪永不現前，云何修證二禪等？又：行者學定，若唯知數息，而不解六妙門之方便善巧者，欲求一心入定，未到地定極難可得，智者大師名之為「事障未來」：障礙未到地定之修證。又禪定之修證，不可違背二乘菩提及第一義法，否則縱使具足四禪八定，亦不能實證涅槃而出三界。此諸知見，智者大師於《修習止觀坐禪法要》中皆有闡釋。作者平實導師以其第一義之見地及禪定之實證證量，曾加以詳細解析。將俟正覺寺竣工啓用後重講，不限制聽講者資格；講後將以語體文整理出版。欲修習世間定及增上定之學者，宜細讀之。平實導師述著。

阿含經講記——小乘解脫道之修證：數百年來，南傳佛法所說證果之不實，所說解脫道之虛妄，所弘解脫道法義之世俗化，皆已少人知之；從南洋傳入台灣與大陸之後，所說法義虛謬之事，亦復少人知之；今時台灣全島印順系統之法師居士，多不知南傳佛法數百年來所說解脫道之義理已然偏斜、已然世俗化、已非眞正之二乘解脫正道，猶極力推崇與弘揚。彼等南傳佛法近代所謂之證果者皆非眞實證果者，譬如阿迦曼、葛印卡、帕奧禪師、一行禪師……等人，悉皆未斷我見故。近年更有台灣南部大願法師，高抬南傳佛法之二乘修證行門爲「捷徑究竟解脫之道」者，然而南傳佛法縱使眞修實證，得成阿羅漢，至高唯是二乘菩提解脫之道，絕非究竟解脫，無餘涅槃中之實際尚未得證故，法界之實相尚未了知故，習氣種子待除故，一切種智未實證故，焉得謂爲「究竟解脫」？即使南傳佛法近代眞有實證之阿羅漢，尚且不及三賢位中之七住明心菩薩本來自性清淨涅槃智慧境界，則不能知此賢位菩薩所證之無餘涅槃實際，仍非大乘佛法中之見道者，何況普未實證聲聞果乃至未斷我見之人？謬充證果已屬逾越，更何況是誤會二乘菩提之後，以未斷我見之凡夫知見所說之二乘菩提解脫偏斜法道，焉可高抬爲「究竟解脫」？而且自稱「捷徑之道」？又妄言解脫之道即是成佛之道，完全否定般若實智、否定三乘菩提所依之如來藏心體，此理大大不通也！平實導師爲令修學二乘菩提欲證解脫果者，普得迴入二乘菩提正見、正道中，是故選錄四阿含諸經中，對於二乘解脫道法義有具足圓滿說明之經典，預定未來十年內將會加以詳細講解，令學佛人得以了知二乘解脫道之修證理路與行門，庶免被人誤導之後，未證言證，梵行未立，干犯道禁自稱阿羅漢或成佛，成大妄語，欲升反墮。本書首重斷除我見，以助行者斷除我見而實證初果爲著眼之目標，若能根據此書內容，配合平實導師所著《識蘊眞義》《阿含正義》內涵而作實地觀行，實證初果非爲難事，行者可以藉此三書自行確認聲聞初果爲實際可得現觀成就之事。此書中除依二乘經典所說加以宣示外，亦依斷除我見等之證量，及大乘法中道種智之證量，對於意識心之體性加以細述，令諸二乘學人必定得斷我見、常見，免除三縛結之繫縛。次則宣示斷除我執之理，欲令升進而得薄貪瞋痴，乃至斷五下分結…等。平實導師將擇期講述，然後整理成書。共二冊，每冊三百餘頁。每輯300元。

總經銷： 聯合發行股份有限公司

231 新北市新店區寶橋路 235 巷 6 弄 6 號 4F

Tel.02－2917-8022（代表號） Fax.02－2915-6275（代表號）

零售：1.**全台連鎖經銷書局：**

三民書局、誠品書局、何嘉仁書店

敦煌書店、紀伊國屋、金石堂書局、建宏書局

諾貝爾圖書城、墊腳石圖書文化廣場

2.**台北市：**佛化人生 **大安區**羅斯福路 3 段 325 號 6 樓之 4 台電大樓對面

3.**新北市：**春大地書店 **蘆洲區**中正路 117 號

4.**桃園市：**御書堂 **龍潭區**中正路 123 號

5.**新竹市：**大學書局 **東區**建功路 10 號

6.**台中市：**瑞成書局 **東區**雙十路 1 段 4 之 33 號

佛教詠春書局 **南屯區**永春東路 884 號

文春書店 **霧峰區**中正路 1087 號

7.**彰化市：**心泉佛教文化中心 南瑤路 286 號

8.**高雄市：**政大書城 **前鎮區**中華五路 789 號 2 樓（高雄夢時代店）

明儀書局 **三民區**明福街 2 號

青年書局 **苓雅區**青年一路 141 號

9.**台東市：**東普佛教文物流通處 博愛路 282 號

10.**其餘鄉鎮市經銷書局：**請電詢總經銷**聯合**公司。

11.**大陸地區請洽：**

香港：樂文書店

旺角店 :香港九龍旺角西洋菜街 62 號 3 樓

電話 : (852) 2390 3723 email: luckwinbooks@gmail.com

銅鑼灣店 :香港銅鑼灣駱克道 506 號 2 樓

電話 : (852) 2881 1150 email: luckwinbs@gmail.com

廈門：廈門外圖臺灣書店有限公司

地址：廈門市思明區湖濱南路 809 號 廈門外圖書城 3 樓 郵編：361004

電話：0592-5061658（臺灣地區請撥打 86-592-5061658）

E-mail：JKB118＠188.COM

12.**美國：世界日報圖書部：**紐約圖書部 電話 7187468889#6262

洛杉磯圖書部 電話 3232616972#202

13.**國內外地區網路購書：**

正智出版社 書香園地 http://books.enlighten.org.tw/

（書籍簡介、經銷書局可直接聯結下列網路書局購書）

三民 網路書局 http://www.sanmin.com.tw

誠品 網路書局 http://www.eslitebooks.com

博客來 網路書局 http://www.books.com.tw

金石堂 網路書局　http://www.kingstone.com.tw

聯合 網路書局　http:// www.nh.com.tw

附註：1.請儘量向各經銷書局購買：郵政劃撥需要八天才能寄到（本公司在您劃撥後第四天才能接到劃撥單，次日寄出後第二天您才能收到書籍，此六天中可能會遇到週休二日，是故共需八天才能收到書籍）若想要早日收到書籍者，請劃撥完畢後，將劃撥收據貼在紙上，旁邊寫上您的姓名、住址、郵區、電話、買書詳細內容，直接傳眞到本公司 02-28344822，並來電 02-28316727、28327495 確認是否已收到您的傳眞，即可提前收到書籍。 **2**.因台灣每月皆有五十餘種宗教類書籍上架，書局書架空間有限，故唯有新書方有機會上架，通常每次只能有一本新書上架；本公司出版新書，大多上架不久便已售出，若書局未再叫貨補充者，書架上即無新書陳列，則請直接向書局櫃台訂購。 **3**.若書局不便代購時，可於晚上共修時間向正覺同修會各共修處請購（共修時間及地點，詳閱**共修現況表**。每年例行年假期間請勿前往請書，年假期間請見共修現況表）。 **4**.郵購：郵政劃撥帳號 19068241。 **5**.正覺同修會會員購書都以八折計價（戶籍台北市者爲一般會員，外縣市爲護持會員）都可獲得優待，欲一次購買全部書籍者，可以考慮入會，節省書費。入會費一千元（第一年初加入時才需要繳），年費二千元。**6.尚未出版之書籍，請勿預先郵寄書款與本公司，謝謝您！** **7**.若欲一次購齊本公司書籍，或同時取得正覺同修會贈閱之全部書籍者，請於正覺同修會共修時間，親到各共修處請購及索取；**台北市讀者**請洽：103 台北市承德路三段 267 號 10 樓（捷運淡水線 圓山站旁）請書時間：週一至週五爲 18.00~21.00，第一、三、五週週六爲 10.00~21.00，雙週之週六爲 10.00~18.00 請購處專線電話：25957295-分機 14（於請書時間方有人接聽）。

敬告大陸讀者：

大陸讀者購書、索書捷徑（尚未在大陸出版的書籍，以下二個途徑都可以購得，電子書另包括結緣書籍）：

1.**廈門外國圖書公司**：廈門市思明區湖濱南路 809 號 廈門外圖書城 3F
　郵編：361004　電話：0592-5061658　網址：http://www.xibc.com.cn/

2.**電子書**：正智出版社有限公司及正覺同修會在台灣印行的各種局版書、結緣書，已有『**正覺電子書**』陸續上線中，提供讀者於手機、平板電腦上購書、下載、閱讀正智出版社、正覺同修會及正覺教育基金會所出版之電子書，詳細訊息敬請參閱『正覺電子書』專頁：http://books.enlighten.org.tw/ebook

關於平實導師的書訊，請上網查閱：

成佛之道　http://www.a202.idv.tw

正智出版社 書香園地　http://books.enlighten.org.tw/

中國網採訪佛教正覺同修會、正覺教育基金會訊息：

http://big5.china.com.cn/gate/big5/fangtan.china.com.cn/2014-06/19/content_32714638.htm

http://pinpai.china.com.cn/

★ 正智出版社有限公司售書之稅後盈餘，全部捐助財團法人正覺寺籌備處、佛教正覺同修會、正覺教育基金會，供作弘法及購建道場之用；懇請諸方大德支持，功德無量。

★ 聲 明 ★

本社於 2015/01/01 開始調整本目錄中部分書籍之售價，以因應各項成本的持續增加。

＊ 喇嘛教修外道雙身法、墮識陰境界，非佛教 ＊

＊ 弘揚如來藏他空見的覺囊派才是真正藏傳佛教 ＊

售後服務—換書啓事（免附回郵） 2017/12/05

《楞伽經詳解》第三輯初版免費調換新書啓事：茲因 平實導師弘法早期尚未回復往世全部證量，有些法義接受他人的說法，寫書當時並未察覺而有二處（同一種法義）跟著誤說，如今發現已將之修正。茲爲顧及讀者權益，已開始免費調換新書；敬請所有讀者將以前所購第三輯（不論第幾刷），攜回或寄回本公司免費換新；郵寄者之回郵由本公司負擔，不需寄來郵票。因此而造成讀者閱讀、以及換書的不便，在此向所有讀者致上萬分的歉意，祈請讀者大眾見諒！

《楞嚴經講記》第 14 輯初版首刷本免費調換新書啓事：本講記第 14 輯出版前因 平實導師諸事繁忙，未將之重新閱讀而只改正校對時發現的錯別字，故未能發覺十年前所說法義有部分錯誤，於第 15 輯付印前重閱時才發覺第 14 輯中有部分錯誤尚未改正。今已重新審閱修改並已重印完成，煩請所有讀者將以前所購第 14 輯初版首刷本，寄回本公司免費換新（初版二刷本無錯誤），本公司將於寄回新書時同時附上您寄書來換新時的郵資，並在此向所有讀者致上最誠懇的歉意。

《心經密意》初版書免費調換二版新書啓事：本書係演講錄音整理成書，講時因時間所限，省略部分段落未講。後於再版時補寫增加 13 頁，維持原價流通之。茲爲顧及初版讀者權益，自 2003/9/30 開始免費調換新書，原有初版一刷、二刷書籍，皆可寄來本公司換書。

《宗門法眼》已經增寫改版爲 464 頁新書，2008 年 6 月中旬出版。讀者原有初版之第一刷、第二刷書本，都可以寄回本公司免費調換改版新書。改版後之公案及錯悟事例維持不變，但將內容加以增說，較改版前更具有廣度與深度，將更能助益讀者參究實相。

換書者**免附回郵**，亦無截止期限；舊書請寄：111 台北郵政 73-151 號信箱 或 103 台北市承德路三段 267 號 10 樓 正智出版社有限公司。舊書若有塗鴨、殘缺、破損者，仍可換取新書；但缺頁之舊書至少應仍有五分之三頁數，方可換書。所有讀者不必顧念本公司是否有盈餘之問題，都請踴躍寄來換書；本公司成立之目的不是營利，只要能眞實利益學人，即已達到成立及運作之目的。若以郵寄方式換書者，免附回郵；並於寄回新書時，由本公司附上您寄來書籍時耗用的郵資。造成您不便之處，再次致上萬分的歉意。

正智出版社有限公司 啓

國家圖書館出版品預行編目(CIP)資料

次法 : 實證佛法前應有的條件 / 張善思作. -- 初版. -- 臺北市 : 正智, 2017.06-2017.08
冊 ; 公分
ISBN 978-986-93725-8-9(上冊 : 平裝)
ISBN 978-986-94970-5-3(下冊 : 平裝)

1.佛教修持

225.7 106008764

次法

——實證佛法前應有的條件（下冊）

作者：張善思居士
出版者：**正智出版社**有限公司
電話：○二 28327495 28316727（白天）
傳眞：○二 28344822
111 台北郵政 73-151 號信箱
郵政劃撥帳號：一九○六八二四一
正覺講堂：總機 ○二 25957295（夜間）
總經銷：聯合發行股份有限公司
231 新北市新店區寶橋路 235 巷 6 弄 6 號 4 樓
電話：○二 29178022（代表號）
傳眞：○二 29156275
初版首刷：二○一七年八月三十日 二千冊
初版八刷：二○二一年四月二十日 二千冊
定價：新台幣二五○元